Arjuna Ardagh

Radikal gelebte Meisterschaft

Das Geheimnis wahrer Größe

RADICAL BRILLIANCE

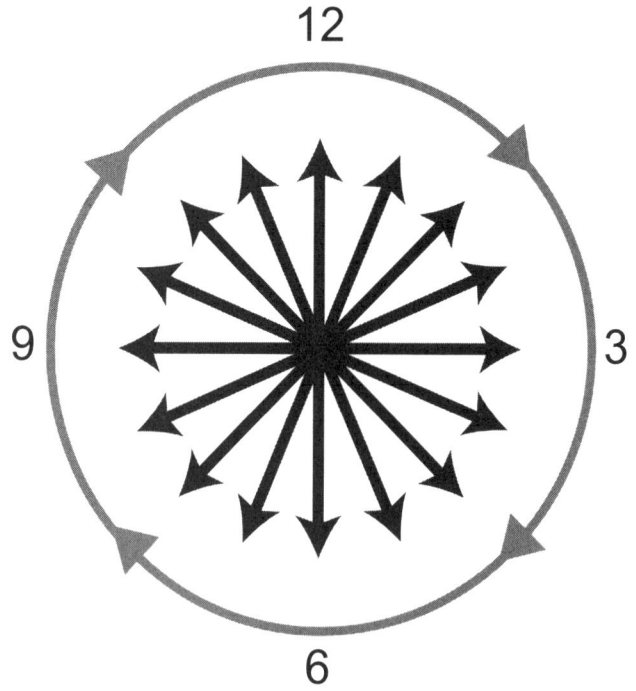

Arjuna Ardagh

RADIKAL GELEBTE MEISTERSCHAFT

Das Geheimnis wahrer Größe

Übersetzung
von
Astrid Gravert

Titel der Originalausgabe:
Radical Brilliance
Copyright © 2018 Arjuna Ardagh
Originally published by Self X Press. An Imprint of Awakening World LLC, 420 Nursery St, Nevada City CA 95959, USA
ISBN 978-1-890909-44-4

Bibliografische Information der Deutschen Bibliothek
Die Deutsche Bibliothek verzeichnet diese Publikation in der Deutschen Nationalbibliothek; detaillierte Daten sind im Internet über http://dnb.ddb.de abrufbar.

1. Auflage 2018
Copyright © 2018 Sheema Medien Verlag,
Inh.: Cornelia Linder, Hirnsbergerstr. 52, D - 83093 Antwort
Tel.: +49 (0)8053 – 7992952, Fax: +49 (0)8053 – 7992953
http://www.sheema-verlag.de
Copyright © 2018 Arjuna Ardagh

ISBN 978-3-931560-64-5

Übersetzung: Astrid Gravert
Lektorat: Monika Stolina-Wolf
Umschlaggestaltung: Sheema Medien Verlag, Schmucker-digital
Gesamtkonzeption: Sheema Medien Verlag, Cornelia Linder
Druck und Bindung: FINIDR, s.r.o., Český Těšín

Allgemeine Hinweise:
Das gesamte Werk ist im Rahmen des Urheberrechts geschützt. Jede vom Verlag nicht genehmigte Verwertung ist unzulässig. Dies gilt auch für die Verbreitung durch Tonträger jeglicher Art, elektronische Medien, Internet, photomechanische, und digitalisierte Wiedergabe sowie durch Film, Funk, Fernsehen einschließlich auszugsweisem Nachdruck und Übersetzung. Anfragen für Genehmigungen im obigen Sinn sind zu richten an den Sheema Medien Verlag unter Angabe des gewünschten Materials, des vorgeschlagenen Mediums, gegebenenfalls der Anzahl der Kopien und des Zweckes, für den das Material gewünscht wird.
Hauftungsausschluss:
Dieses Buch dient keinem rechtlichen, medizinischen oder sonstigen berufsorientierten Zweck. Die hier gegebenen Informationen ersetzen keine fachspezifische Beratung oder Behandlung. Wer rechtlichen, medizinischen oder sonstigen speziellen Rat oder Hilfe sucht, sollte sich an einen geeigneten Spezialisten wenden. Autor und Verlag übernehmen keine Haftung für vermeintliche oder tatsächliche Schäden irgendeiner Art, die in Verbindung mit dem Gebrauch oder dem Vertrauen auf irgendwelche in diesem Buch enthaltenen Informationen auftreten könnten.
Jeder Mensch ist für sich selbst verantwortlich. Weder Autor noch Verlag befürworten die Nutzung von Drogen jeglicher Art!
Im Buch finden Sie Links zu Websites Dritter, auf deren Inhalte weder Autor noch Verlag Einfluss haben, deshalb können wir für diese fremden Inhalte keine Gewähr übernehmen. Für die Inhalte der verlinkten Seiten ist stets der jeweilige Anbieter oder Betreiber der Seiten verantwortlich. Die verlinkten Seiten wurden zum Zeitpunkt der Verlinkung auf mögliche Rechtsverstöße überprüft. Rechtswidrige Inhalte waren zum Zeitpunkt der Veröffentlichung nicht erkennbar.

Widmung

In unauslöschlicher Erinnerung an Leonard Cohen
Mit Respekt, Dankbarkeit und Bewunderung

Radical Brilliance Interaktiv

Dies hier ist ein Buch!

Wir haben unser Bestes gegeben, um so viele brillante Informationen wie möglich zwischen seine Buchdeckel zu presen. Es gibt aber auch zahlreiche Details, die wir nicht unterbringen konnten: Manche Inhalte brauchen Videos oder Audioaufnahmen, um klar dargestellt zu werden, zu einigen Themen haben wir Auflistungen zusammengestellt, die den Rahmen hier sprengen würden, und letztendlich gibt es Bereiche, die so regelmäßig erneuert werden, dass eine Website besser geeignet ist.

Deshalb hast du hier die Möglichkeit, dich nach dem Kauf des Buches mit deinem Namen, deiner E-Mail-Adresse und der Rechnungsnummer deines Kaufbeleges zu registrieren:

radicalbrilliance.com/register

Du erhältst dann sofort Zugang zu zusätzlichen Materialien, die den Inhalt des Buches wunderbar ergänzen und die regelmäßig erweitert und erneuert werden. Momentan sind die Inhalte noch in englischer Sprache gehalten, sie werden aber nach und nach auf Deutsch erstellt.

Bei allen Fragen kannst du dich gerne an den Verlag wenden. Bitte schreib an info@sheema.de mit dem Betreff „Radical Brilliance".

Der Autor aktualisiert den Inhalt seines Buches „Radical Brilliance" laufend, dies ist für die deutsche Auflage nicht möglich. Alle Aktualisierungen findest du nach deiner Registrierung auf seiner Website.

Inhalt

- 8 Vorwort von Veit Lindau
- **11 Erster Teil – Die Landkarte**
- 12 Kapitel 1: Mein Leben als Außenseiter
- 16 Kapitel 2: Der magische Schalter
- 25 Kapitel 3: Nicht alle Gedanken sind gleich
- 36 Kapitel 4: Der Brillanz-Kreislauf
- 53 Kapitel 5: Stecken bleiben
- 71 Kapitel 6: Das Kleingedruckte
- 94 Kapitel 7: Brillante Übungen
- 135 Kapitel 8: Dein brillantes Gehirn
- **149 Zweiter Teil – Das Gelände**
- 151 Kapitel 9: Brillante Routine
- 160 Kapitel 10: Brillanter Schlaf
- 170 Kapitel 11: Brillanter Urlaub
- 176 Kapitel 12: Brillanter Sex
- 185 Kapitel 13: Brillante Ernährung
- 199 Kapitel 14: Nahrungsergänzungsmittel für Brillanz
- 214 Kapitel 15: Verbotene Substanzen
- 223 Kapitel 16: Brillanz jenseits von Glaubenssätzen
- 229 Kapitel 17: Sitzen
- 235 Kapitel 18: Gebet, Andacht, Hingabe
- 240 Kapitel 19: Brillante Freundschaften
- 245 Kapitel 20: Beharrlichkeit und brillante Einladungen
- 250 Kapitel 21: Rechne nicht mit einem Bestseller
- 255 Kapitel 22: Brillantes Mentoring und Coaching
- 261 Kapitel 23: Hier geht es nicht um dich
- 269 Kapitel 24: Du willst hier raus?

Vorwort

Ich liebe Bücher, die Brücken bauen, und ich liebe Ideen, die so einfach und klar sind, dass sie am besten mit dem Wort „brillant" zu beschreiben sind. Beides trifft auf dieses Buch von Arjuna zu.

Es baut Brücken zwischen sehr verschiedenen Welten. Der Spitzensportler wird sich in den beschriebenen vier Phasen der Schöpfung – das sind sie für mich – genauso wiederfinden wie eine erfolgreiche Unternehmerin, ein Neurowissenschaftler oder ein zutiefst spiritueller Mensch. Als Arjuna sie mir das erste Mal in einem Gespräch beschrieb, dachte ich nur: „Ja. Ja. Ja. Ja." Ich konnte sofort einen Bezug zu meinem Leben herstellen und das macht die Brillanz dieses so einfachen und logischen Modells aus.

Es ist ein inspirierendes und zugleich praktisches Buch für alle, die herausfinden wollen, wie weit sie sich in diesem Leben wirklich entwickeln und entfalten können. Für alle, die spüren: Da geht noch mehr!

Wer sehnt sich nicht danach, sein volles Potenzial zu entfalten?

Und wer von uns kennt nicht die frustrierenden Momente, wenn wir gefühlt festhängen und nicht verstehen, warum?

Oder die schmerzhafte Erfahrung, begeistert und mutig wie Ikarus durchzustarten, um uns dann die Flügel an der Sonne zu verbrennen und mit einem Burn-out abzustürzen?

Die meisten Leser*innen dürften genau wie ich mit einer falschen Landkarte aufgewachsen sein – einem starren, linearen, mechanistischen Weltbild des Lebens.

Ich halte Arjunas Konzept für brillant,

- weil es uns einfach und elegant an die (eigentlich) so offensichtlichen Rhythmen des Lebens erinnert.

- weil es uns schnell und präzise hilft zu erkennen, wo und wie sich unsere Kreativität verhakt hat.

- weil es aufzeigt, welche der vier Phasen wir überstrapaziert und welche wir vernachlässigt haben.

So hoffe ich, dass das Buch vielen Hardcore-Meditierern hilft, aus der kultivierten Stille aufzubrechen, ihre Energien ins Fließen zu bringen und den Rest des Kreises mutig zu bewohnen. Den Multikulturell-Kreativen möge dieses Buch den letzten Kick in die so erfüllende Erfahrung des Auf-die-Erde-Bringens ihrer Projekte bescheren. Ich wünsche den Machern unter uns ein sanftes Loslassen ihrer Angst vor dem Loslassen. Und allen, die bis eben noch dem Nichtwissen und Nichtstun skeptisch gegenüberstehen, wird dieses Buch hoffentlich deutlich machen, dass nichts eben nicht nichts, sondern der Ursprung von allem ist.

Ich rechne es Arjuna hoch an, dass er Spiritualität entstaubt und die heilsamen Erfahrungen im essenziellen Raum so auch überzeugten Atheisten näherbringt. Er entmystifziert die Höchstleistungen von Menschen, die wir gern auf ein für uns unerreichbares Podest stellen, und zeigt uns mit vielen konkreten, praktischen Anregungen einen Weg, unser kreatives Rad sanft in Schwung zu bringen und so aus dem Staunen über uns und unsere Möglichkeiten bis zum Ende unseres Lebens nicht mehr herauszukommen.

Leben ist eine unendlich kostbare Chance, immer wieder tiefer herauszufinden, wer wir sind und zu was wir fähig sind.

Möge das Buch, welches du gerade in deinen Händen hältst, dich daran erinnern und dich liebevoll verführen, den nächsten Schritt zu gehen.

Egal, was du heute über dich glaubst, du bist viel, viel mehr.

Ich wünsche dir ein freudiges Entdecken.

Veit Lindau
November 2017

| Erster Teil |

Die Landkarte

Ich ging auf eine Wanderung im nördlichen Polarkreis, ohne Karte oder Kompass. Zum Glück habe ich mich nur stundenlang verlaufen, nicht tagelang.

– John Burnside

Kapitel 1
Mein Leben als Außenseiter

Immer, wenn ich auf ein neues Buch, einen Podcast oder auf jemanden stoße, der mir etwas Essenzielles erzählen möchte, interessiert mich nicht nur: „Was kann es mich lehren?", sondern: „Wer steckt dahinter? Wer bist du? Wie sieht dein Leben aus? Erzähl mir von deiner persönlichen Reise, die dazu geführt hat, dass du das Gefühl hast, du hättest etwas Wichtiges mitzuteilen. Welche Herausforderungen hast du auf dem Weg überwunden? Erzähl mir von deinen persönlichen Erfolgen."

Für den Fall, dass du ähnliche Fragen hast, bevor du weiterliest – hier sind meine Referenzen:

Dieses Buch ist die Frucht meiner lebenslangen Erfahrung als Außenseiter. Ich wurde als Kind sehr intellektueller und sehr neurotischer Eltern in den 1950ern in London geboren. Die Welt meiner Kindheit war mit Büchern gepflastert. An meinem ersten Geburtstag, wenn andere Kinder ein Stofftier oder ein Quietschspielzeug geschenkt bekommen, erhielt ich die *Gesammelten Werke von William Shakespeare* und das *Oxford Book of English Verse*. Meine Eltern und ihre Freunde diskutierten über Filme, Romane und Philosophie. Der Wert eines Menschen wurde nicht nach seiner Fähigkeit zu lieben oder seiner finanziellen Unabhängigkeit beurteilt, sondern nach seinen besonderen intellektuellen und kreativen Leistungen. Unter enormem Druck, auf dieser „Bühne" etwas zu erreichen und zu leisten, wurde ich gut in diesem „Spiel" und erwarb einen erstklassigen Abschluss in englischer Literatur an der Universität Cambridge. Zugleich fühlte ich mich jedoch leer und spürte, dass ich nicht in jene intellektuelle Welt gehörte. Irgendetwas fehlte.

Dieses Gefühl der Leere hatte ich bereits als Teenager. Ich besuchte die King's School in Canterbury – eine der ältesten Schulen Englands – im Schatten der Kathedrale gelegen. Als ich eines Tages durch die Kreuzgänge ging, in Schuluniform mit Kläppchenkragen, schwarzer Jacke und Strohhut, traf ich einen Hare-Krishna-Mönch, der nahe der Mauer der Kathedrale saß und „Hare Krishna Hare Krishna Hare Krishna, Hare Hare" sang. Ich war fasziniert und wartete geduldig, bis er fertig war. Dann näherte ich mich ihm schüchtern. „Entschuldigen Sie, Sir, sprechen Sie Englisch?", fragte ich den indisch aussehenden heiligen Mann. „Ja, Mann, setz dich, ich erzähl dir alles darüber: Krishna ... Wiedergeburt ... Erleuchtung." Mein Mönch war ein Cockney aus dem Londoner East End.

Ich war überglücklich. Alles, was er sagte, ergab Sinn. Das eigentliche Ziel des Lebens war geistige Befreiung. Abends rief ich meine Mutter aus der Telefonzelle vor den Schulmauern an. „Es gibt großartige Neuigkeiten, Mummy", sagte ich. „Ich habe meine wahre Bestimmung im Leben gefunden. Ich werde ein Hare Krishna!" Sie „kannte" diese Leute, denn sie waren zur allgemeinen Missbilligung singend die Oxford Street rauf- und runtergezogen, und drohte deshalb sofort mit Selbstmord, was sie immer bei unliebsamen Neuigkeiten tat. Also schlossen wir einen Kompromiss: Ich würde stattdessen Transzendentale Meditation lernen.

Spirituelle Suche wurde die nächsten Jahre das Wichtigste in meinem Leben. Ich meditierte, begab mich auf lange Retreats, reiste viele Male nach Indien, lernte Yoga und Mudras. Ich änderte meine Ernährungsgewohnheiten, trug Perlenketten und nahm einen indischen Namen an. Aber das Gefühl, dass etwas fehlte, war noch immer da. Nach Nirwana zu streben und sich ganz der Leere zu verschreiben, fühlte sich ebenfalls unvollständig an. Ich bemerkte, dass die meisten spirituellen Menschen, die ich kannte – und die natürlich viel weiter waren als ich – immer noch auf die Karotte der Erleuchtung warteten, die am Ende des Stockes baumelte. Jeder war auf einem Weg, aber niemand war angekommen. Spiritualität bedeutete, das Persönliche hinter sich zu lassen, das Menschsein zu umgehen. Und so war ich auch in der großen spirituellen Schar nicht wirklich zu Hause.

Die spirituelle Suche brachte mich mit meinen Schattenanteilen in Kontakt. Mir wurde bewusst, dass ich Wunden aus der Kindheit mit mir herumtrug und dass ich unbewusst sowohl mir als auch anderen unnötig Schmerzen bereitete. Das brachte mich dazu, mich noch einer anderen Subkultur anzuschließen: der Psychotherapie und dem „Arbeiten an sich selbst". Bestimmt kennst du diese kostenlosen Zeitschriften, die man überall in der Szene findet: Normalerweise enthalten sie ein paar Artikel, aber ansonsten scheinbar endlos Werbung für Rolfing, Chakraausgleich, Reinkarnationstherapie, Channeling und vieles mehr. Um ehrlich zu sein, im Laufe der Zeit habe ich fast jedes der seltsamen Angebote ausprobiert, die in diesen Zeitschriften angepriesen wurden. Was auch immer auf dem Markt ist und verspricht, dich zu heilen, dir zu helfen oder dich zu optimieren, ich habe es wahrscheinlich ausprobiert. Aber genauso hatte ich nach langen Jahren fleißigen Bemühens, mich selbst zu vervollkommnen, das Gefühl, dass es mehr gab. Zwar ist Selbstoptimierung unglaublich wichtig, aber für mich erwies es sich als ein weiteres Hamsterrad.

Als ich Ende zwanzig war, wurde mir schließlich bewusst, dass ich bis dahin die meiste Zeit mit Meditieren und Selbstreflexion verbracht hatte. Ich musste mein Leben geregelt bekommen und Geld verdienen. Also machte ich mit einer anderen Subkultur Bekanntschaft: mit den Menschen, die es lieben, etwas zu erreichen. Produktiv sein, auffallen, Reichtum schaffen, das Gesetz der Anziehung aktivieren, gesund, wohlhabend und einflussreich sein. Das war tatsächlich gar nicht so schwierig. 1987 gründete ich eine Schule in Seattle, um Psychotherapeuten darin auszubilden, Hypnotherapie in ihre Arbeit zu integrieren. In drei Jahren bildete ich mehr als 300 Leute aus. Außerdem kaufte ich ein Haus, dessen Wert sich verdoppelte, und das 150.000 Dollar einbrachte, als ich es verkaufte. Ich hatte in drei Jahren genug Reichtum angehäuft, um in Rente zu gehen, wenn ich anspruchslos lebte. Geld zu verdienen und „erfolgreich" zu sein wurde jedoch auch schnell ein sinnloses Ziel. Meine Klienten bewiesen, dass es offensichtlich nicht zuverlässig glücklich machte, das materielle Spiel zu gewinnen.

Während all dieser verschiedenen Phasen hatte ich auch immer ein starkes Interesse an politischen und sozialen Aktionen. Ich stellte meine Stimme, meine Zeit und mein Geld gerne in den Dienst von Umweltschutzaktionen, widmete mich dem Einsatz für Frauenrechte und vielen anderen wichtigen Anliegen. So wichtig all diese Dinge sind: Ich hatte doch Zweifel, ob ich mit meinem Engagement wirklich viel veränderte. Selbst wenn wir einige Bäume retten oder neue Gesetze erlassen: Wird es mir wirklich das Gefühl geben, dass ich mein kurzes Leben sinnvoll verbracht habe?

Tatsächlich habe ich festgestellt, dass all diese Dinge: intellektuelle und künstlerische Kreativität, spirituelle Praxis, Selbstreflexion, Produktivität, weltlicher Erfolg sowie soziales und politisches Engagement – wichtige Aspekte eines einzigartigen brillanten Lebens sind. Aber keines davon ist allein der Schlüssel.

Mein lebenslanges Forschen, was ein wirklich erfülltes Leben ausmacht, ist Gegenstand der nachfolgenden Seiten.

KAPITEL 2
Der magische Schalter

Warum liest du dieses Buch? Was erhoffst du dir davon? Deine Antworten darauf gehören vermutlich in die Themenbereiche „Selbstoptimierung" oder „Selbsthilfe". Hast du schon andere Bücher dazu gelesen, Podcasts heruntergeladen, Videos angeschaut, an Onlinekursen und -kongressen teilgenommen oder sogar Liveseminare besucht? Der *Small Business Chronicle* schreibt: „Die Selbstoptimierungsindustrie ist eine Sparte, die alle Aspekte der Selbstoptimierung umfasst – wie man Selbstachtung erlangt, Gewicht verliert, reich wird, die Liebe seines Lebens findet, erfolgreich und körperlich fit wird. Alle diese Informationen werden in diversen Medien vermittelt – Büchern, Seminaren, CDs, DVDs, Webinars, Seminaren und Onlinekursen. Selbstoptimierung ist ein großes Geschäft und die Industrie wird weiter wachsen." Mit einem derzeitigen Umsatz von 10,8 Milliarden Dollar im Jahr werden Selbstoptimierungsunternehmen voraussichtlich weiterhin jährlich um 6 % wachsen.

Aber warum machen wir das alles? Warum verwenden wir so viel Zeit und Energie darauf, uns auf irgendeine Art zu optimieren? Soweit wir wissen, sind wir die einzige der 8,3 Millionen Arten auf diesem Planeten, die sich damit beschäftigt. Unsere Katze Angel ist siebzehn Jahre alt. Sie hat ihr ganzes Leben bei uns verbracht. Sie liegt in der Sonne, frisst, macht häufig ein Nickerchen, klettert hin und wieder auf Bäume, macht all das, was Katzen tun. Wir haben nie Anzeichen dafür bemerkt, dass Angel denkt: „Ich weiß, ich könnte eine bessere Katze sein. Ich weiß, ich könnte einzigartig sein. Ich weiß, wenn ich mich wirklich anstrenge, habe ich mehr Potenzial als Katze." Ich glaube auch nicht, dass Mücken Motivationsseminare besuchen, um angespornt zu werden, mehr Blut zu saugen.

Dass wir Menschen uns ständig damit beschäftigen, wie wir vollkommener werden können, hängt mit der Entwicklung des präfrontalen Cortex zusammen, in dem eine dynamische Spannung zwischen dem Bewusstsein zweier gegensätzlicher Dinge herrscht. Einerseits haben wir die Fähigkeit, unseren gegenwärtigen Zustand zusammenzufassen und einzuschätzen: *Nun, ich bin in den 40ern, nehme um den Bauch herum ein bisschen zu. Ich weiß, ich treibe nicht genug Sport und ich könnte mich besser ernähren. Meine Ehe ist in Ordnung, irgendwie, aber ich weiß, wir könnten mehr Sex haben und mehr Spaß. Als Elternteil gebe ich mir alle Mühe, aber ich weiß nicht, ob meine Kinder wirklich spüren, wie sehr ich sie liebe.* Andererseits haben wir alle ein intuitives Gespür für unsere Möglichkeiten: wie wir sein könnten und wie das Leben sein könnte, mit etwas mehr Klarheit und anderen Gewohnheiten. *Ich weiß, dass ich mein Übergewicht loswerden würde, wenn ich ein paarmal die Woche zum Sport gehen würde. Und der Trainer mir erklären würde, wie ich mich besser ernähren könnte. Ich lese dieses Buch über Beziehung von John Gray und bin inspiriert. Es ist niemals zu spät, eine Liebe wieder aufflammen zu lassen.* Zwischen beiden, dem Bewusstsein unseres gegenwärtigen Zustands und dem Bewusstsein, wie er sein könnte, herrscht eine dynamische Spannung. Vergleichbar mit der Energie zwischen den beiden Polen eines Magnets oder zwischen zwei elektrischen Kabeln treibt diese dynamische Spannung uns dazu an, uns zu verändern bzw. uns verändern zu wollen.

Die Intuition, die wir alle bezogen auf unsere Möglichkeiten haben, wirkt wie ein Stachel. Es ist eine Sehnsucht nach etwas, das du nicht formulieren kannst, aber dein Herz lässt nicht zu, dass du es vergisst. Als hättest du Heimweh, könntest dich aber nicht erinnern, wo du lebst. So, als wärst du verliebt und würdest deine Geliebte oder deinen Geliebten schrecklich vermissen, kannst dich aber nicht erinnern, wer es ist. Aus meiner langen Erfahrung als Coach und als Ausbilder von Coachs weiß ich, dass wir alle ein Gespür für eine zentrale Entscheidung haben, die jeder treffen könnte und die alles verändern würde. Wir haben eine Art Instinkt für einen magischen Schalter, der, wenn er betätigt wird, alle Lichter am Weihnachtsbaum auf einmal zum Leuchten bringt. Die Sehnsucht danach, diesen magischen Schalter zu finden, ist genauso wie das Wissen, dass es ihn gibt, universal.

Da wir nicht genau sagen können, wonach wir uns sehnen, wissen wir auch nicht, wie wir am schnellsten dort hinkommen. Wir verlassen uns schließlich darauf, dass andere uns sagen, wohin wir gehen sollen und wie wir dort hingelangen. Daher die Selbstoptimierungsindustrie. Wir lesen Bücher, engagieren Berater und Coachs, besuchen Seminare, hören Podcasts – ständig auf der Suche nach dem magischen Schalter. Was das Ganze jedoch verwirrend und frustrierend macht, ist, dass jeder eine andere Idee hat, was der magische Schalter ist und was wir tun sollten, um ihn zu aktivieren.

Ich denke, es ist wirklich wichtig, dass wir uns darüber unterhalten, du und ich, bevor wir weitergehen. Es macht keinen Sinn, mit großer Entschlossenheit einen Weg entlangzulaufen, der in die falsche Richtung führt. Deshalb betrachten wir nochmals die populärsten Annahmen darüber, was nötig ist, um unsere Sehnsucht nach Erfüllung zu stillen.

In den 1980er- und 90er-Jahren war die Ansicht verbreitet, dass du mit Geld alles kaufen kannst. Der Markt wurde mit Büchern über Erfolg überschwemmt. Zu einem erfolgreichen Leben gehörten ein Ferrari, eine Jacht, eine Villa und Designerschmuck.

Ein anderer sehr beliebter Mythos, der in der Selbstoptimierungsindustrie tief verankert ist, ist die Suche nach deinem Seelenpartner. Zugrunde liegt die Idee, dass es irgendwo da draußen in dem verwirrenden und überwältigenden Meer der Menschheit eine Person gibt, die perfekt zu dir passt. Dass du dich nur deshalb elend und einsam fühlst und dich selbst verabscheust, weil du diese eine Person noch nicht gefunden hast, die weiß, wie du geliebt werden willst, um glücklich zu sein.

Ein weiterer Mythos ist das Streben nach vollkommener Gesundheit, langem Leben und körperlicher Schönheit. Das Internet ist voll von Nahrungsergänzungsmitteln, die du nach neuesten Erkenntnissen nehmen solltest, nicht nur für vollkommene Gesundheit, sondern auch, um dein Gehirn so zu versorgen, dass du ständig in Topform bist. Viele dieser Ergänzungsmittel werden über Netzwerkmarketing verkauft und haben sich als nachhaltige Finanzspritzen für die Bankkonten der Vertreiber erwiesen.

Wir könnten endlos fortfahren. Jedes Jahr gibt es Tausende von Publikationen, die den neuesten, tollsten ultimativen Schlüssel zu wirklichem, dauerhaftem Glück anbieten. Die Hohepriesterin unter den lebensverändernden Praktiken ist Spiritualität und die Suche nach Erleuchtung. Das war die besondere Droge, von der ich den größten Teil meines erwachsenen Lebens abhängig war. Die zugrundeliegende Idee ist, dass du „in deinem Ego gefangen" bist, und wenn du nur genug meditierst/dich zurückziehst/mit dem Lehrer sitzt/achtsam wirst, wirst du letztendlich die schwindelerregenden Höhen des Nirvana erreichen und kannst entspannen und für immer glückselig und frei sein.

Sobald wir in eine dieser Mythen einsteigen, verlieren wir schnell die Fähigkeit zu überprüfen, wie gut sie tatsächlich funktionieren. Wir hypnotisieren uns selbst mit den eigenen Mythen darüber, was funktioniert, und dann überlagern diese „alternativen Fakten" jegliches Interesse an der Realität. Lass uns deshalb einige beliebte Annahmen der Selbstoptimierungsindustrie betrachten und zusammen auf ihren Realitätsgehalt prüfen.

Es ist inzwischen unglaublich viel über den Zusammenhang von Wohlbefinden und Geld geforscht worden. Martin Seligman und sein Team vom Zentrum für Positive Psychologie an der Penn State University haben gezeigt, dass die Beziehung von Geld und Wohlbefinden sich anhand einer Glockenkurve abbilden lässt. Diese besagt: Wenn man 25.000 Dollar im Jahr verdient und das Einkommen auf 30.000 Dollar steigt, steigert sich auch das Wohlbefinden. Das geht so weiter bis zu einem Einkommen von ungefähr 75.000 Dollar in Amerika, in Ländern mit staatlicher medizinischer Versorgung und höherer Bildung weniger.

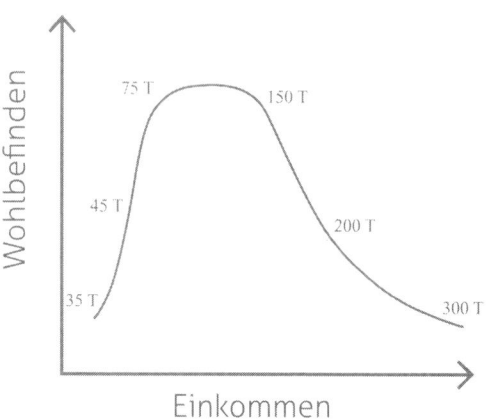

Danach macht eine Steigerung des Einkommens einen relativ geringen bis keinen Unterschied für das Wohlbefinden. Aber jetzt kommt die große Überraschung: Über ein bestimmtes Maß hinaus bewirkt die Steigerung des Einkommens sogar eine Verringerung des Wohlbefindens. Das heißt, wenn das Einkommen von 250.000 Dollar im Jahr auf 300.000 Dollar ansteigt, nimmt die Wahrscheinlichkeit von Drogenmissbrauch, Scheidung, stressbedingter Krankheit, Entfremdung von der Familie und einer Menge anderer Hindernisse für das Wohlbefinden zu. Wer hätte das gedacht?

Wir könnten mit jedem einzelnen Mythos der Selbstoptimierungsindustrie einen Faktencheck durchführen. Tatsächlich müssen wir das! Was geschieht, wenn du die Beziehung zu einer bestimmten Person zum Zentrum deines Wohlbefindens machst? Hast du das schon einmal getan? Hast du erlebt, dass andere es tun? Du triffst jemanden und sagst: „Das ist der oder die eine. Jetzt werden wir für immer zusammen glücklich sein." Du weißt, was passiert, oder? Man nennt es den Lauf der romantischen Liebe. In der Anfangszeit erlebst du rauschende Flitterwochen mit viel Sex, doch dann erscheinen Risse auf der Oberfläche. Die andere Person beginnt Dinge zu tun und zu sagen, die nicht zu deiner Vorstellung von Glück passen. Die Bewunderung wandelt sich in Abneigung und du fühlst dich verraten und ebenso leidenschaftlich, wie du den Wunsch hattest, für immer mit dieser Person zusammenzusein, willst du sie jetzt loswerden.

Auch der Mythos der Spiritualität hält selten einer strengen Überprüfung stand. Die große Mehrheit der Menschen, die sich als „spirituell" bezeichnet, hat die Vorstellung von einem zukünftigen Zustand des Angekommenseins. Er wird für gewöhnlich auf einen unbestimmten Zeitpunkt in der Zukunft projiziert oder auf einen Lehrer oder Guru. Spiritualität zum Mittelpunkt deines Lebens zu machen, kann leicht dazu führen, dass du dich wie ein Hamster im Laufrad fühlst. *Ich arbeite hart, ich arbeite hart, ich arbeite hart ..., aber ich bin noch nicht angekommen.* Menschen, die auf dem spirituellen Weg sind, frage ich immer: „Wie wirkt sich deine Spiritualität auf dein Frühstück aus?" Daraufhin runzeln sie die Stirn und schauen ein bisschen verwirrt. „Wie bitte?" „Diese Überzeugung, dass du irgendwann in der Zukunft erleuchtet sein wirst, woran du hart arbeitest, welchen Einfluss hat sie auf dein Frühstück? Hilft sie dir, den Geschmack der Erdbeeren auf dem Pfannkuchen zu genießen?"

Das ist eine wichtige Frage, die wir uns stellen müssen. Wenn wir die Vorstellung haben, noch nicht vollkommen oder noch nicht vollständig geheilt zu sein, noch nicht „den einen" getroffen zu haben oder noch nicht erleuchtet zu sein, und etwas Besseres in der Zukunft erwarten, welchen Einfluss hat das auf unsere Fähigkeit, das Frühstück zu genießen? Oder das Sonnenlicht, das die Bäume durchflutet?

Alle diese Mythen erweisen sich auf irgendeine Art als labil. Wir schaffen die Vorstellung, dass der gegenwärtige Moment verglichen mit etwas Möglichem ungenügend, ungeeignet und unbefriedigend ist. Wir arbeiten hart daran, etwas zu erreichen, und verschließen uns gleichzeitig der Frage, ob wir irgendeinen Beweis dafür haben, dass es bei uns funktionieren wird oder wirklich bei irgendjemandem funktioniert hat.

An diesem Punkt könnten wir mutlos werden, nahe daran, uns einer Malaise hinzugeben wie Jean-Paul Sartre, zu Mittelmäßigkeit verdammt, zu wiederholen und zu befolgen, was man uns gesagt hat. Aber immer mit der Ruhe, denn die Wahrheit ist, dass es tatsächlich eine Menge glücklicher Menschen auf der Welt **gibt**, die Erfüllung gefunden haben und für die fast alles gut läuft. Auf die Gefahr hin, ein bisschen selbstherrlich zu klingen, würde ich mich dazu zählen ... und meine Frau ... und die meisten meiner Freunde. Es gibt heute unglaublich viele Menschen, bei denen alles stimmt. Sie haben liebevolle Beziehungen, eine gute Gesundheit, genug Geld und spirituelle Praxis und Erfahrung haben ihre Funktion im Leben, stehen aber nicht im Mittelpunkt.

Wir alle kennen zumindest Momente in unserem Leben, in denen wir uns vollkommen erfüllt gefühlt haben. Uns allen sind schon Menschen begegnet, die vor Wohlbefinden gestrahlt haben. Du kennst „Erfülltsein" aus eigener Erfahrung. Was ist also ein verlässliches Rezept für ein wirklich gutes Leben, ein Leben ohne Bedauern? Diese Frage habe ich mehr oder weniger zur zentralen Frage meines Lebens gemacht. Ich führte in den letzten zwei Jahrzehnten Interviews mit Hunderten von Menschen, die den Eindruck vermitteln, überdurchschnittlich viel Erfüllung, Energie und Sinn im Leben zu finden. Dabei wollte ich herausfinden, was der gemeinsame Nenner ist, den sie alle gemeinsam haben.

Bevor ich ihn verrate, schlage ich vor, du legst dieses Buch ein paar Minuten beiseite und betrachtest die Frage für dich. Wenn es etwas gibt, das höchst erfüllte, energiegeladene, motivierte und glückliche Menschen gemein haben, was, denkst du, könnte das sein? Was trägt am meisten zu einem erfüllten Leben bei?

Mach dir bitte einige Notizen und dann werden wir vergleichen, was du denkst und was diese Menschen mir erzählt haben.

Das Ergebnis meiner Forschung war ziemlich eindeutig. Nicht alle der Befragten sind glücklich verheiratet. Einige sind alleinstehend und viele leben in Beziehungen, die Höhen und Tiefen haben. Nicht alle sind vollkommen gesund. Einige sind sehr reich, viele jedoch nicht, Geld scheint für die Erfüllung keine Rolle zu spielen. Nicht jeder meditiert oder betet oder praktiziert Yoga. Nicht alle sind Vegetarier oder Veganer und nicht jeder treibt Sport.

Hier einige Antworten, die ich über die Jahre auf die Frage erhielt: „Was trägt am meisten zu einem (sinn-)erfüllten, energiegeladenen Leben bei?"

- *Ein Sendungsbewusstsein zu haben. Für etwas zu brennen.*
- *Deine Leidenschaft auszuleben.*
- *Zu wissen, wozu ich hier bin, und es jeden Tag zu tun.*
- *Authentisch zu leben.*
- *Mich etwas Größerem als ich selbst hinzugeben.*
- *Das Gefühl, von einer schöpferischen Kraft erfasst zu werden, gegen die ich mich entweder wehren kann – und Leiden verursachen – oder mit der ich fließen kann.*
- *So begeistert darüber zu sein, was ich zu bieten habe, dass ich aufhöre, über mich nachzudenken.*
- *Das Gefühl, von etwas Größerem bewegt zu werden als der Beschäftigung mit meinem Ego.*

Das nenne ich **„Brillanz"** und ist das Geheimnis wahrer Größe. Damit meine ich die unwiderrufliche, tiefe, bleibende Erkenntnis, dass wir nicht hier auf der Erde sind, um irgendetwas für uns zu bekommen. Wir sind nicht in erster Linie hier, um Geld anzuhäufen, Liebe zu erfahren oder Sex oder Vergnügen oder Ruhm oder Macht. Die auf Erwerb ausgerichtete Beziehung zum Leben ist tatsächlich ein großes Missverständnis. Wir sind in Wahrheit hier, um etwas zu verschenken, das einzig und allein durch jeden Einzelnen von uns fließt. Wenn wir diese Gabe entdecken und zum Mittelpunkt unseres Lebens machen, fügt sich alles.

Stell dir vor, die Erde wäre eine riesige Zusammenkunft, zu der jeder etwas zu essen mitbringt. Jedem von uns ist ein bestimmtes Gericht zugeteilt worden. Und wenn sich jeder danach richtet und mit seiner Gabe erscheint, wird es das absolut großartigste Fest aller Zeiten.

Aber hier liegt der Hase im Pfeffer. Obwohl ich jetzt nicht mehr den geringsten Zweifel habe, dass jeder eine einzigartige, glänzende, außerordentliche Gabe hat, gelingt es nur sehr wenigen Menschen, so zu leben, dass diese Gabe wirklich leuchten kann. Nur wenige Menschen wie Albert Einstein, Steve Jobs und die Sängerin Maggie Rogers (die ich gerade entdeckt habe …) landen einen Volltreffer und setzen uns in Erstaunen. Viele andere leben ein Leben stummer Wiederholung und Nachahmung. Warum?

Es wird allgemein angenommen, dass die Art von Brillanz, um die es hier geht, auf genetischem Zufall oder purem Glück beruht: Wenige Menschen seien dazu bestimmt, besonders herauszuragen, dem Rest von uns bliebe nur, am Spielfeldrand zu stehen und höflich zu applaudieren. Ich wage zu widersprechen. Ich habe viele Jahre damit verbracht, Menschen zu vermitteln, wie es gelingen kann, radikal brillant zu sein und wahre Meisterschaft zu leben. Aus dieser Erfahrung habe ich einiges gelernt: Ich habe festgestellt, dass es zweier ganz bestimmter Komponenten bedarf, die zusammenkommen müssen, damit das Leben entflammt und brillant wird. Jede dieser Komponenten kann durch bewusste und gezielte Übungen aktiviert werden.

Jedes großartige Buch, jeder neue Film, jedes Album, jede neue App, jede Erfindung und Neuerung beginnt mit einem Ereignis im Bewusstsein, einem Gedanken im Kopf von jemandem. Damit wollen wir beginnen.

KAPITEL 3
Nicht alle Gedanken sind gleich

Großartiges, Inspirierendes und Wahres, alles, was die Entwicklung der Menschheit vorangebracht hat, begann mit einem Ereignis im Bewusstsein – einem Gedanken. Der Eiffelturm, Beethovens Neunte, das iPhone – allem, was wir in jeder Hinsicht als großartig betrachten, musste ein solches Ereignis im Kopf von jemandem vorausgehen.

Jeder kennt den Eiffelturm. Er war zu seiner Zeit ein Wunder der Technik, beispiellos in Architektur und Design. Seitdem wurde er unzählige Male kopiert. Aber das Original in Paris war keine Kopie von etwas: Es war ein Beispiel radikaler Brillanz. Bevor die Arbeit am Turm beginnen konnte, mussten natürlich genaue Baupläne angefertigt werden. Diese Pläne zeichneten Gustave Eiffel und seine Kollegen. Vorher erstellte Monsieur Eiffel grobe Skizzen in seinem Notizbuch. Davor hatte er eine Vorstellung davon im Kopf. Da es sich nicht um eine Kopie von etwas anderem handelte, beruhte diese Vorstellung nicht auf Nachahmung, sondern kam aus ihm selbst.

Dasselbe gilt für Beethovens Neunte, die er komponierte, als er schon taub war. Fast jeder kennt den Refrain. Und so wie oben beschrieben ist es auch hier: Bevor ein Orchester die Musik spielen konnte, wurde eine Partitur geschrieben. Bevor die Noten 1823 in Wien auf Papier gebracht wurden, musste der Maestro den Refrain im Kopf haben. Aber es war nichts, was er schon einmal gehört hatte. Es entstand als Ereignis in seinem Bewusstsein und hatte kein Vorbild.

Nicht jedes Ereignis im Bewusstsein führt zum Eiffelturm, einer großen Symphonie oder dem iconbasierten System des Macintosh Computers. Forscher am Labor für Neuroimaging der University of Southern California schätzen, dass jeder von uns ungefähr 48 Gedanken pro Minute hat. Das sind ungefähr 2880 Gedanken in der Stunde und in etwa 70.000 Gedanken an einem Tag, wenn man annimmt, dass diese Ereignisse sich auch im Schlaf fortsetzen – was der Fall ist. Bei sieben Milliarden Menschen auf der Erde bedeutet das, dass jeden Tag 483.840.000.000.000 Gedanken entstehen. 176.601.600.000.000.000 Ereignisse im menschlichen Bewusstsein pro Jahr. Was meinst du, wie viele dieser Gedanken werden zu radikal brillanten lebensverändernden Ideen? Aus wie vielen wird großartige Musik, Spitzentechnologie, große Kunst oder Architektur? Wie viele dieser Ereignisse im Bewusstsein beenden für immer Leiden oder tragen zur Weiterentwicklung menschlichen Lebens bei? Offensichtlich sehr, sehr wenige.

Nun behaupte ich, dass es zweierlei Arten von Gedanken gibt. Oberflächlich betrachtet ähneln sie sich, insofern sich beide in Sprache, Schrift, Handlung und sichtbare materielle Ergebnisse verwandeln. Die Quelle der beiden Arten von Gedanken ist jedoch ganz unterschiedlich.

Eine Art von Gedanken, die mit Abstand häufigsten, nennen wir „recycelte Gedanken". Das sind nachahmende Gedanken, die wiederholen, was man gehört oder gelesen hat und woran man sich erinnert. Ein Beispiel: Du öffnest Facebook, scrollst beiläufig durch deine Chronik und stößt auf eines dieser inspirierenden Zitate: „Bevor du dich über etwas beklagst, denk an all das Gute in deinem Leben." Häufig kombiniert mit einem Sonnenuntergang oder der Hand eines alten Menschen, die die Hand eines Babys hält, oder einem Mann im Businessanzug, der unerklärlicherweise mit ausgebreiteten Armen von einem Felsen in der Wüste springt. Etwas später kommt dein Partner oder deine Partnerin nach Hause. „Wie war dein Tag?", fragst du. „Schrecklich! Heute Morgen stand ich auf dem Weg zur Arbeit im Stau. Ich kam zu spät zum Meeting und alle starrten mich an, als ich eintrat. Ich konnte meinen Bericht nicht rechtzeitig abgeben und mein Chef sagte zu mir, dass mein Job auf der Kippe steht. Ich hatte schreckliche Kopf- und Rückenschmerzen und auf dem Weg nach Hause auch noch einen platten Reifen." In dem Moment erinnerst du dich an den Spruch, den du bei Facebook gelesen hast. Lächelnd sagst du: „Ach, Schatz, bevor du dich beklagst, denk an all das Gute in deinem Leben." Aber das ist keine frische, lebendige Reaktion. Es ist lediglich neu verpackt, secondhand, geborgt. Du hast etwas wiederholt, was du vorher gehört hast. Das ist recycelte Brillanz und wird nicht unbedingt die Stimmung deines Partners oder deiner Partnerin aufhellen.

Die meisten Gedanken sind Wiederholungen von etwas, das wir zuvor gehört haben. Jede große Weltreligion besteht aus den recycelten Gedanken und Aussagen ihres Gründers. Erziehung besteht zum größten Teil aus der Weitergabe von recycelten Gedanken. Das gilt auch für einen Großteil der Philosophie, der Kunst und der Art, wie Menschen Geschäfte machen und neue Technologien entwickeln. Die Art, wie wir Beziehungen führen, wie wir unsere Kinder erziehen, wie wir unser Geld ausgeben und wie wir es verdienen, das alles beruht darauf, dass wir recycelte Gedanken akzeptieren und danach handeln: Überzeugungen, die wir von anderen übernehmen und gehorsam in ein vorhersehbares Leben einfließen lassen.

Irgendwann jedoch war auch jeder recycelte Gedanke original, frisch, neu und brillant. Zu irgendeinem Zeitpunkt muss er zum ersten Mal gedacht worden sein, ohne Vorläufer. Wenn du zum Beispiel mit dem Christentum als Religion in deiner Familie aufgewachsen bist, hast du wahrscheinlich den Spruch gehört: „Seht euch die Lilien an: Sie arbeiten nicht und spinnen nicht. Doch ich sage euch: Selbst Salomo war in all seiner Pracht nicht gekleidet wie eine von ihnen." Diese Worte sind aus der Bergpredigt. Wie viele Male, glaubst du, sind sie wiederholt und zitiert worden, seitdem die King-James-Bibel 1611 gedruckt wurde? An einem Tag ungefähr im Jahr 30 n. Chr., als Jesus mit seinen Jüngern auf einem Berg saß, begann er völlig unerwartet: „Selig sind die, die arm sind vor Gott, denn ihnen gehört das Himmelreich."

„Das gefällt mir, Jesus", erwiderte Simon. „Sprich weiter ..."
Da machte Jesus eine weitere kostbare Bemerkung übers Trauern.
„Ausgezeichnet!", sagte Andreas.
„Fantastisch!", rief Jakobus.
„Glücklich zu preisen sind die Sanftmütigen", fuhr Jesus fort und fühlte sich ermutigt. Jetzt wurden auch Johannes und Philippus munter.
„Ja. Das ist gut. Sprich weiter."
„Denn sie werden die Erde als Besitz erhalten."
„Ganz richtig!", stimmten alle gleichzeitig zu.

Auf diese Weise fuhr Jesus fort, Sanftmut, Barmherzigkeit und Reinheit des Herzens anders zu betrachten als üblich, während alle zwölf Jünger und andere Freunde begeistert reagierten. Du kannst dir vorstellen, dass die Menge außer Rand und Band war, als er zu der Stelle mit den Lilien kam. Alle jubelten, klatschten und pfiffen. Das muss ein vollkommen unvergleichlicher, brillanter Moment gewesen sein. Atemberaubend. Aber wenn man es hunderttausendmal gehört hat, ist es schon etwas angestaubt. Die bloße Wiederholung nimmt den Worten ihre Brillanz. Dasselbe gilt für die Worte, die Buddha am Ende seines Lebens zu seinem Freund und Schüler Ananda sprach: „Sei dir selbst ein Licht." Du kannst dir vielleicht vorstellen, dass Ananda sich in dem Moment vollkommen verwandelt fühlte. Aber sobald die Worte oft genug recycelt wurden, haben sie ihre Kraft verloren.

Es gibt aber diesen einen Moment, wenn ein Ereignis im Bewusstsein zum ersten Mal stattfindet, ohne Vorgänger. Woher kommt ein Gedanke, der nichts wiederholt oder recycelt? Ein Schaubild kann das verdeutlichen: Du kannst dir recycelte Gedanken horizontal vorstellen, wie kleine Blasen, die auf der Oberfläche eines Sees treiben. Ein Gedanke führt zu einem anderen, der zu einem anderen führt, der zu einem anderen führt. Jedem Gedanken geht einer voraus.

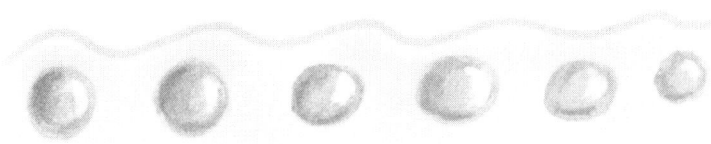

Ein originaler Gedanke entsteht nicht an der Oberfläche des Sees, sondern in der Tiefe. Wir können das einen vertikalen Gedanken nennen. Er entsteht auf dem Grund des Sees und steigt in größer werdenden Bläschen an die Oberfläche. Gedanken, die so entstehen, beginnen als äußerst subtile, feine Impulse, aber wenn sie an die Oberfläche steigen, werden sie lebendiger und deutlicher.

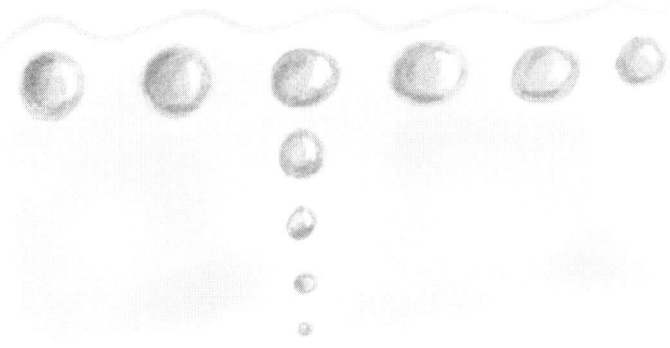

Sobald wir beginnen, den Unterschied dieser zwei Arten von Gedanken zu akzeptieren, kann es sein, dass wir uns fragen, warum so viele Menschen das Nachahmen und Wiederholen wählen, wenn es doch die Möglichkeit der Innovation gibt.

Dazu führte ich ein inspirierendes Gespräch mit Barnet Bain, er ist Filmproduzent und Autor und unterrichtet in Columbia *Kunst und Spiritualität*. Er sagt: „Die Möglichkeit, sich zu entfalten, sodass wir etwas wahrnehmen und konzipieren können und unsere Kreativität entwickeln können, ist in uns allen angelegt. Es ist in das eingebrannt, was ein menschliches Wesen ausmacht. Auf die Art jedoch, wie wir insbesondere in jungen Jahren aufgewachsen und konditioniert worden sind, werden wir durch andere Menschen „kodiert" – mit deren Gedanken und Gefühlen, Wahlen, Mustern und Glaubenssätzen, mit ihrer Musik und Kunst und Urteilen darüber, was Kreativität ist. Eine Konsequenz daraus ist, dass unsere unermessliche Beziehung zu Wahrnehmungsvermögen und Vorstellungsgabe in eine winzige Perspektive gepresst worden ist, die wir „kreativ" nennen und die noch dazu nur für eine bestimmte Sorte Menschen reserviert ist. Wir wurden dahin geführt zu glauben, dass Kreativität einen begrenzten Umfang an Ausdrucksweisen kennt, der sich lediglich auf die sieben schönen Künste bezieht."

Bain fährt fort: „Aber Kreativität ist Bewusstseinsarbeit: Es gibt nichts, was unkreativ ist – keine Handlung, keinen Gedanken, kein Gefühl, keine Wahl, keine Entscheidung, keine Einstellung – nichts von alledem ist in irgendeiner Weise unkreativ. Durch die Wirksamkeit unserer eingeprägten Konditionierungen, entziehen wir uns selbst einfach den wahren innovativen Erkundungen. Wir jagen denen nach, die ‚an erster Stelle stehen', um zweiter zu sein und imitieren andere. Wir begrenzen sowohl unsere Wahrnehmung als auch unser Empfangen auf die Art und Weise wie wir es bei anderen sehen. Es ist ein gewaltiger Bewusstseinssprung, überhaupt zu verstehen, dass das, was wir für freien Willen und Möglichkeit halten, in Wirklichkeit die Produkte von Konditionierungen und Inputs außerhalb unseres Selbstes sind. Erst dann können wir beginnen zu erforschen, was wirkliche Erkenntnis und wahres Empfangen ist. Und wir können uns fragen: ‚Was kann ich empfangen, was jenseits meiner Glaubenssätze, jenseits meiner Muster und konditionierten Ideen liegt – jenseits dessen, was ich von anderen übernommen habe?'"

Woher stammen die Blubberbläschen?

Wo also entstehen Gedanken, die nicht einem anderen Gedanken entspringen? Wenn wir diese Frage zusammen durchdringen können, werden wir besser verstehen, wie radikale Brillanz und Meisterschaft funktionieren.

Ich erinnere mich noch gut daran, wie ich als Siebenjähriger in der Schule einen Preis für das Vorlesen eines Gedichtes gewann – es war ein Buch, das noch heute in meinem Regal steht. Meine Mutter war so stolz auf mich, dass sie mich nach der Preisverleihung ins „Dionysos", ein griechisches Restaurant bei uns am Ort, zu Baklava und Coca Cola einlud. In den frühen 1960ern war Coca Cola in England noch nicht so verbreitet – nicht so wie in Amerika –, ich hatte es jedenfalls noch nie getrunken. Das war eine große Sache. Der Kellner brachte die Cola und stellte sie vor mich auf den Tisch. Ich blickte fasziniert auf mein Glas und die aufsteigenden Blubberbläschen, die an der Oberfläche zerplatzten. Sie fingen am Boden des Glases ganz klein an und wurden beim Aufsteigen größer. Mir schmeckte das Getränk nicht besonders und am Abend wurde mir sogar übel – ich habe seitdem keine Cola mehr getrunken! Fasziniert hatte mich jedoch, woher die Bläschen stammten. Sie schienen vom Boden des Glases zu kommen und ich sah unter dem Glastisch nach, an dem wir saßen. Da war jedoch nichts – keine Möglichkeit, wie die Blasen von unterhalb des Tisches ins Glas gelangen konnten. Woher kamen sie dann?

Den Ursprung eines originalen brillanten lebensverändernden Gedankens zu untersuchen ist ganz ähnlich. An der Oberfläche sind Worte, Bilder, Musik und neue Erfindungen, die ins Leben „platzen". Unter der Oberfläche sind Gedanken – Ereignisse im Bewusstsein – ziemlich klar formuliert. Tiefer unten sind feinere, subtilere Gedanken. Noch tiefer sind feinste Impulse, kaum wahrnehmbar. Noch tiefer liegt die Quelle, von der diese Impulse ausgehen.

Genau wie bei meiner Cola im Restaurant bleibt die Quelle dieser feinsten Impulse geheimnisvoll und faszinierend. Wenn wir herausfinden, wie wir für die Vorgänge auf diesen feinsten Ebenen der Aktivität bewusster und sensibler werden, werden wir meisterlich darin, die Kraft authentischer Kreativität an ihrer Quelle zu nutzen. Wir gewinnen ein tieferes Verständnis vom Ursprung radikaler Brillanz und haben leichter Zugang dazu.

Hierzu eine nützliche Parallele aus der Physik: Die erste Art Gedanken, die wir hier als recycelte, imitierende beschrieben haben, ist in etwa vergleichbar mit der Art, wie Isaac Newton das Universum als berechenbar erkannte und grundlegende Gesetze formulierte. Newton saß unter einem Baum, als er einen Apfel auf den Boden fallen sah. Ihm wurde klar, dass es eine unsichtbare Kraft gab, die bewirkte, dass der Apfel fiel. Seine Erkenntnis war die Basis physikalischer Berechenbarkeit. Wenn man das Gewicht des Apfels kennt, den Windwiderstand, die Entfernung des Apfels vom Boden, kann man genau die Stärke des Aufpralls berechnen, mit der der Apfel den Boden trifft. Genauso wird bei einem Autounfall ein Versicherungsgutachter die Fahrzeuge untersuchen. Du könntest sagen: „Ich bin sehr langsam gefahren, weniger als 50 km/h." Aber der Gutachter könnte dir antworten: „Auf der Grundlage des Verbiegungsgrades des Metalls können wir berechnen, dass das Auto 80 km/h gefahren ist." Erwischt! Wir nehmen das Universum so wahr, dass es mit unseren Erwartungen von Berechenbarkeit übereinstimmt.

Mit unseren Gedanken und den Gedanken unserer Nächsten ist es meistens genauso. Sobald du jemanden ziemlich gut kennst, kannst du mehr oder weniger vorhersehen, wie diese Person reagieren wird und was sie als Nächstes sagen wird, weil unsere Gedanken ebenfalls auf berechenbare Art ablaufen. Du kannst vorhersehen, dass ein Gedanke einen anderen hervorrufen wird und dass ein bestimmter Reiz eine bestimmte Reaktion erzeugen wird. Das ist die Wissenschaft der Vorhersagbarkeit, die Isaac Newton begründet hat.

In den letzten 80 Jahren haben wir die Entwicklung einer anderen Art von Physik beobachtet: die Quantenphysik. Sie beschäftigt sich mit den kleinsten Bausteinen der Materie, den subatomaren Teilchen, aus denen sich Atome zusammensetzen, und dann Moleküle und dann all die Dinge, die wir kennen. Subatomare Teilchen verhalten sich nicht so wie die physikalische Welt, an deren Berechnung wir gewohnt sind. Unter den Alpen, in einem Vorort von Genf in der Schweiz, unterhält das Europäische Kernforschungszentrum CERN den großen Hadronen-Speicherring

(LHC), den größten Teilchenbeschleuniger der Welt. Er besteht aus einem 27 Kilometer langen Ring supraleitender Magneten mit einer Anzahl von Beschleunigungsstrukturen, um die Energie der Teilchen unterwegs zu erhöhen. In einem Experiment schossen die Forscher ein subatomares Teilchen durch den Teilchenbeschleuniger, in dem Vakuum herrscht. In der Mitte des langen Tunnels befand sich eine Bleiwand mit zwei Schlitzen. Man würde annehmen, dass das subatomare Teilchen einen der beiden Schlitze passiert, bevor es an seinem Ziel am anderen Ende des Tunnels ankommt. Tatsächlich ergaben die Messungen jedoch (die seitdem viele Male wiederholt wurden), dass das Teilchen beide Schlitze gleichzeitig passiert hat. Das bedeutet, dass es sich in der Mitte des Tunnels wie eine Welle verhalten hat, während es sich am Anfang und am Ende wie ein Teilchen verhalten hat. Der deutsche Physiker Werner Heisenberg sagte diese Ergebnisse bereits in den 1930er-Jahren in seiner „Unschärferelation" voraus.

Subatomare Physik zeigt uns, dass die kleinsten Elemente, aus denen Materie besteht, zugleich Teilchen und Wellen sind. Das bedeutet, dass ein subatomares Teilchen einen Ort in Zeit und Raum hat, wenn es gemessen werden soll, aber eigentlich eine Welle ist, die überall zugleich ist. Heisenberg sagte voraus, dass die Erscheinung als Teilchen zum Teil dem Bedürfnis des Wissenschaftlers nach Messbarkeit entspringt. Ohne dieses Bedürfnis nach einem Ort in Zeit und Raum werden die Teilchen wellenartig. Man nennt das den „Observer-Effekt".

Bruno Sciolla ist einer unserer geprüften Awakening Coachs und zugleich außerordentlicher Professor, der an der Universität von Lyon in Frankreich Quantenphysik lehrt. Nach dem Ende eines unserer Kurse in Deutschland blieben Bruno und ich noch im Seminarzentrum. Wir trafen uns in der Sauna und sprachen fast fünf Stunden über Quantenphysik. Am Ende waren wir sehr runzelig. Ich fragte Bruno, was sich am Verständnis des Teilchen-/Wellencharakters subatomarer Teilchen verändert hatte, seitdem Heisenberg in den 1930er-Jahren zum ersten Mal seine Erkenntnis formuliert hatte. Brunos Antwort war: „Wir dachten immer, dass diese Welleneigenschaft nur auf subatomare Teilchen zutrifft. Jetzt wissen wir, dass sie für alles gilt. Alle Elektronen, Protonen, Quarks und Gluonen verhalten sich wie Teilchen, wenn wir versuchen, sie zu berechnen, aber sonst haben sie die Eigenschaften von Wellen. Das bedeutet, dass alles überall ist und alles immer existiert. Die Dinge werden nur fest an einem Ort in Raum und Zeit aufgrund unseres Bedürfnisses, sie so zu betrachten."

Newtonsche Physik und die Quantenphysik untersuchen genau dieselbe physische Welt. Die eine betrachtet die Dinge als berechenbar und körperlich, mit einem festen Ort in Zeit und Raum. Die andere erkennt, dass alles aus einem einheitlichen Feld entsteht, nur kurz als etwas Festes erscheint und sich dann wieder in das einheitliche Feld auflöst. Es ist genau dasselbe physikalische Universum, das auf beide Arten berechnet wird, nur auf verschiedene Weise betrachtet.

Wie lässt sich das auf unser Modell horizontaler und vertikaler Gedanken anwenden? Horizontale Gedanken verhalten sich auf newtonsche Weise. Sie sind vorhersagbar, wiederkehrend, größtenteils, weil unsere Sehgewohnheiten es verlangen. Vertikale Gedanken kommen als kleinste Impulse aus dem Nichts, wo vorher nichts war, nur ein einheitliches Feld der Leere und Formlosigkeit. Vertikale Gedanken erscheinen, ohne durch etwas Vorhergehendes angestoßen worden zu sein. Sie sind „von selbst entstanden". Sie erscheinen und steigen in Bläschen an die Oberfläche, Gedanken, die noch nie zuvor gedacht worden sind. Sie werden zu Worten, die nie zuvor gesprochen wurden, zu Handlungen, die nie zuvor getätigt wurden. Sie werden Lieder, die nie zuvor gesungen wurden. Sie sind die Saat radikaler Brillanz und Meisterschaft.

Durch Üben können wir lernen und trainieren, sensibler für diese subtilen Ereignisse im Bewusstsein zu sein, die die Saat originaler Brillanz sind. Genauso wie Quantenphysik die newtonsche Physik verändert hat, bedarf es Neugier und der Bereitschaft, auf die kleinsten Bauteile des Bewusstseins zu achten, um radikal brillant zu werden.

Im nächsten Kapitel werden wir erfahren, wie diese Art Wachsamkeit in unser Leben integriert werden kann, sodass Brillanz kein Zufall ist, sondern der Grund, warum wir leben. Später werden wir ganz praktische Instrumente kennenlernen, um die ungeheure Kraft auf den subtilen Ebenen geistiger Aktivität zu nutzen.

KAPITEL 4
Der Brillanz-Kreislauf

Wir wollen uns jetzt genauer damit beschäftigen und den Mechanismus betrachten, durch den es uns immer vertrauter wird, originale Gedanken aufzugreifen, wenn sie als frischer Impuls aus dem reinen Bewusstsein erscheinen.

Es gehört eine ganze Menge dazu. Es ist nicht nur eine Sache von „sich hinsetzen und eine bestimmte Technik für zehn Minuten am Tag anwenden". Radikale Brillanz erfordert eine Kombination von Mechanismen, zu denen nicht nur eine Reihe verschiedener Praktiken gehört, die in verschieden Phasen anzuwenden sind, sondern auch ein tiefes Verständnis, warum unsere Kreativität blockiert ist und wie wir sie wiederherstellen können. Viele der Gewohnheiten, die wir von religiösen und philosophischen Traditionen, von unserem politischen und sozialen System und unserer Erziehung übernommen haben, stören auf die eine oder andere Weise den freien Fluss ursprünglichen kreativen Ausdrucks.

Seit fast 25 Jahren leite ich Menschen dazu an, ihre „einzigartige Gabe" zu entdecken und auszudrücken. Während dieser Zeit habe ich festgestellt, dass der Mechanismus, der leichten, wiederholten Zugang zu ursprünglichen Gedanken ermöglicht, kein einzelner ist, sondern ein Ablauf, der ständig wiederholt werden muss. Um das zu erklären, benutze ich als Analogie das Zifferblatt einer Uhr, mit 12:00 Uhr oben, 3:00 Uhr rechts, 6:00 Uhr unten und 9:00 Uhr links. Diese Analogie impliziert praktischerweise, dass eine unendliche Anzahl von Punkten zwischen den Polen liegt, sodass wir ein schrittweises, kontinuierliches Vorrücken erkennen können.

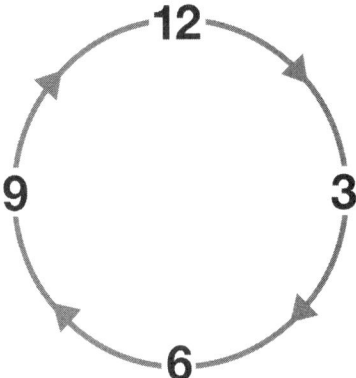

Wenn wir verstehen wollten, was ein gutes Leben ausmacht, würden wir nicht sagen, dass Wohlbefinden nur vom Frühstück abhängt. Sicher ist es wichtig, gut zu frühstücken. Aber es gehört noch mehr dazu, um glücklich, gesund und erfolgreich zu sein. Wir würden auch nicht sagen, dass es für ein gutes Menschenleben reicht, auf die Toilette zu gehen. Klar, wenn man gar nicht mehr auf die Toilette gehen würde, würde man schnell gesundheitliche Probleme bekommen. Aber es gehört mehr zum Leben als Stuhlgang. Zu einem guten Menschenleben gehört Freundschaft ebenso wie Einsamkeit, Sport ebenso wie Schlaf, konzentrierte Arbeit genauso wie Zeit zum Entspannen und Erholen. Gut zu leben bedeutet nicht, sich auf einen Aspekt zu konzentrieren, sondern die gegensätzlichen Dinge gleichermaßen zu berücksichtigen und in Balance zu bringen. Ein gutes Leben ist wie ein Kreislauf, in dem jede Phase gleich wichtig ist. Wenn du den Schlaf auslässt, wirst du deine wachen Stunden nicht voll genießen können. Wenn du dich nicht aktiv für etwas engagierst, wirst du wahrscheinlich nicht besonders gut schlafen.

Genauso gehört zu den Komponenten, die zusammen die Fähigkeit ausmachen, Zugang zu ursprünglichen, kreativen Gedanken zu haben und sie zum Ausdruck zu bringen, jeder Aspekt des Kreislaufs, nicht nur ein Teil. Wie beim Wachen und Schlafen werden wir feststellen, dass die Elemente des Brillanz-Kreislaufs gegensätzlich zu sein scheinen und einander widersprechende Ziele zu haben scheinen.

Wir gehen jetzt die verschiedenen Phasen des Kreislaufs durch und erfahren die wichtigsten Merkmale jeder einzelnen. In nachfolgenden Kapiteln werden wir verstehen, warum wir sowohl Widerstände gegen als auch besondere Neigungen für verschiedene Phasen des Kreislaufs haben und inwiefern das problematisch für wahre Originalität ist. Wir werden außerdem viele Übungen und Regeln kennenlernen, die uns helfen, den Kreislauf jeden Tag, jede Woche, jedes Jahr und auch während des ganzen Lebens als kreatives Projekt zu durchlaufen.

12:00 Uhr: Erwachen

Wir starten oben, um 12:00 Uhr. Darüber haben wir schon im vorigen Kapitel begonnen zu sprechen: die Fähigkeit, „reines Bewusstsein" zu erlangen, den Zustand des Bewusstseins, in dem es nicht auf äußere Objekte fixiert ist. Die Frage ist, wo die Blasen auf dem Grund des Cola-Glases entstehen. Woher stammt ein Gedanke, der nicht einem früheren Gedanken, einer Überzeugung oder Feststellung entsprungen ist, sondern zum ersten Mal aufkommt?

Du weißt, es gibt nur diese zwei Möglichkeiten: Entweder bleibst du im Wiederholen recycelter Gedanken stecken, die wiederkäuen, was du gehört hast, einer zum anderen führend auf der Oberfläche des Sees, oder du lässt dich auf die größere Tiefe ein – du lernst, aufmerksam dort zu verweilen, wo Stille und die ersten Anfänge von Gedanken zusammentreffen.

12:00 Uhr ist im Kreislauf der Ort des Wachseins für das freie, reine Bewusstsein. Wir können es nennen, wie wir wollen, es gibt viele Bezeichnungen dafür. Es wird „wahres Wesen", „reines Bewusstsein", „Ursprung" oder „Quelle" genannt. Das wesentlichste Merkmal dieser Phase ist vielleicht, dass es keine Worte dafür gibt, dass es sich jenseits davon befindet. Aber um der Nomenklatur willen nennen wir es „Erwachen".

Wenn wir diese Phase des Kreislaufs verstehen wollen, müssen wir uns mystischen Traditionen zuwenden und uns darauf verlassen. Ein Moment des Erwachens ist ein Moment, in dem die Aufmerksamkeit von der Gedankentätigkeit (und damit zugleich von der Zeit, denn wir erleben Zukunft und Vergangenheit nur in Gedanken) und dem reaktiven Gefühl zu dem wechselt, was sich der Gedanken gewahr ist. Gewahrsein von Bewegung ist bewegungslos. Gewahrsein von Lärm ist still. Gewahrsein von Grenzen und Einschränkungen ist in sich selbst grenzenlos.

Die Erkenntnis vom Wesen des Bewusstseins selbst, vom Wesen der Bewusstheit, des Gewahrseins, wurde in den mystischen Traditionen aller Kulturen an verschiedenen geografischen Orten und zu verschiedenen Zeiten erlangt. Jede religiöse Tradition hat ihren Ursprung in dieser Erfahrung der „Erweckung" und des „Erwachens".

Erwachen ist kein Weg zur Erleuchtung

Es gibt zwei unterschiedliche Vorstellungen von „sich auf einem Weg befinden", die einen riesigen Unterschied ausmachen: entweder eine Reise zu einem zukünftigen Zustand des Erwachtseins – oder die Aufmerksamkeit darauf zu richten, was jetzt in diesem Moment schon erwacht und damit bewusst ist. Betrachtungsweisen, die aus der Vorstellung abgeleitet sind, auf einem Weg mit einem zukünftigen Ziel zu sein, unterscheiden sich grundsätzlich von jenen, die auf einer unmittelbaren Neugier an der Erfahrung des gegenwärtigen Moments beruhen.

Es handelt sich um zwei völlig verschiedene Sichtweisen, die leicht miteinander verwechselt werden. Ein Moment des Erwachens ist nur möglich, wenn wir die Annahme eines zukünftigen Zustands der „Erleuchtung" aufgeben. Ansonsten ist unsere Aufmerksamkeit gefangen in der Erwartung eines zukünftigen Zustands oder der Vorstellung eines anderen angestrebten Zustands und nur ein Rest von Aufmerksamkeit bleibt neugierig auf das, was gegenwärtig wirklich ist.

Die Erkenntnis unseres „wahren Wesens" kann als ein Zustand der Meditation gedacht werden. Die Bedeutung von Meditation wurzelt im Sanskritwort dhyana, was übersetzt „kein Geist/kein Verstand" heißt und sich auf einen Zustand des Bewusstseins bezieht, in dem gesteigerte Wachsamkeit herrscht und Gedanken, die kommen und gehen, keine Aufmerksamkeit geschenkt wird. Es bedeutet, die Aufmerksamkeit von geistiger Aktivität auf die Stille zu lenken. Es ist, als würde man die Aufmerksamkeit von den Wellen auf der Oberfläche des Ozeans auf das Nass des Ozeans selbst richten.

Das Wichtige an diesem reinen Bewusstsein ist, dass es keinerlei unterscheidende Eigenschaften hat, die in Zeit und Raum gemessen werden können. Es ist weder männlich noch weiblich, es hat kein Alter, weder ein Geräusch noch eine Vibration ist damit verbunden, es hat kein Glaubenssystem, keine Überzeugung und keine Präferenz. Es ist einfach bewusst.

Reines Gewahrsein zu erreichen ist weder angenehm noch schmerzlich. Manchmal widersprechen Menschen dieser Aussage und berichten, dass sie in der Meditation „glückselige Zustände" erfahren hätten. Wir werden später noch sehen, warum das so sein kann. Im reinen Gewahrsein zu ruhen ist für die mentalen und emotionalen Vorgänge, die normalerweise unser Leben bestimmen, völlig belanglos. Diese sind auf Vergnügen (mehr Stoff, mehr Macht, mehr Sicherheit, mehr Intimität, mehr sexuelle oder emotionale Stimulation, mehr von fast allem, was die Ausschüttung von Dopamin und Serotonin im Gehirn anregt) und Vermeidung von Schmerz ausgerichtet (weniger Unsicherheit, weniger Schwäche, weniger Einsamkeit, weniger ungewollte physische und emotionale Erfahrung, die eine Vielzahl von Neuropeptiden im Gehirn anregen, die mit Schmerz verbunden sind).

Im Kreislauf ist 12:00 Uhr die Phase mit folgenden Merkmalen: *flach, still, ruhig, leer, kein Ich-Gefühl, mühelos, keine Grenzen, unendlicher Raum, zeitlos* (siehe die Skizze auf der nächsten Seite). Jedoch: Die genaue Beschreibung eines guten irischen Whiskeys kann niemals einen Tropfen auf der Zunge – den wirklichen Geschmack – ersetzen.

3:00 Uhr: kreativer Flow

Aus dem Nichts, aus unendlichem Raum und Stille sprießen ursprüngliche Impulse, die nicht das Ergebnis vorhergehender Gedanken und Entscheidungen sind. Subjektiv erscheint es, als würde man geduldig warten und zulassen, dass Impulse von selbst entstehen. Diese feinen Vibrationen beginnen eine Sekunde nach 12:00 Uhr und nehmen allmählich an Intensität und Schwung zu, während sie den ersten Teil des Kreislaufs durchlaufen. Der Höhepunkt kreativer Schwingungen ist um 3:00 Uhr erreicht.

Während 12:00 Uhr flach, still, geschlechtslos, ruhig und leer ist, herrscht um 3:00 Uhr nahezu grenzenlose Energie. Astrophysiker beschreiben den Urknall als ein Ereignis, bei dem aus dem Nichts unendliche Energie entsteht. Das ganze Universum wurde ursprünglich aus einer Explosion initiiert, die sich nicht in Zeit, Raum und Materie ereignete. Die unzähligen Sonnen, die wir als Sterne am Himmel sehen, sind nur kleine Funken der ursprünglichen Explosion. Das ursprüngliche Ereignis geschah aus dem Nichts und im Nichts, ohne Rohmaterial. So funktioniert auch Kreativität. Jedes Mal, wenn deine Aufmerksamkeit sich

Leere nähert, wenn sie formlos wird, besteht die Möglichkeit, dass sich wieder ein Urknall im Bewusstsein ereignet und eine weitere brillante Galaxie hervorbringt.

3:00 Uhr ist die Phase maximaler Energie und auch die angenehmste des Kreislaufs. Es ist der Palast der Energie, der Freude, der Farbe, des Lachens und der unendlichen Vorstellungskraft.

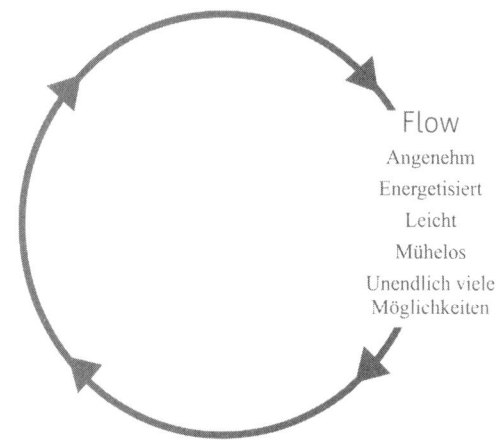

Flow
Angenehm
Energetisiert
Leicht
Mühelos
Unendlich viele
Möglichkeiten

Obwohl fast unendliche Energie herrscht, wird diese Phase als mühelos erfahren. Es gibt nichts, was „du" tun musst, außer zu entspannen und sozusagen aus dem Weg zu gehen. Nichts scheint unmöglich. Alles entsteht von selbst. William Blake gilt als einer der produktivsten und genialsten Dichter englischer Sprache. Was uns von seinem Werk bleibt, macht jedoch nur ein Zehntel dessen aus, was er geschrieben hat, denn bevor er starb, verbrannte er 90 Prozent. Man sagt, Blakes Frau Catherine beobachtete, wie er nachts schrieb: Sie fand ihren Mann über den Tisch gebeugt, die Hand bewegte sich hektisch und schrieb automatisch. Das *Buch von Urizen* entstand auf diese Weise. Ich habe meine Abschlussarbeit in Cambridge darüber geschrieben: Es sind in Alliteration, Versmaß und Reim perfekt komponierte Gedichte, die nie redigiert wurden. Sie flossen ihm aus der Feder, er musste sich einfach nur hingeben und es zulassen. Wer aber schrieb sie dann? Genau das ist der Punkt.

Wenn Menschen von dieser Phase sprechen, betrachten sie es zu Recht nicht als persönliches Verdienst. „Ich habe nichts getan, ich habe nur den Weg frei gemacht und zugesehen, was geschieht." Wenn du geduldig wartest, fließt es durch dich hindurch. Eine meiner wichtigsten Lehrerinnen in dieser Hinsicht ist meine Frau Chameli. Sie reist um die Welt und lehrt Frauen die Grundlagen weiblicher spiritueller Praxis. Sie ist Wegbereiterin auf diesem Gebiet, hat in mehreren Filmen mitgewirkt, einen Tedx-Vortrag gehalten und wird von ihren Kolleginnen als Pionierin angesehen. Als jemand, der mit ihr zusammenlebt, weiß ich jedoch, dass ihre größte, am stärksten ausgeprägte Fähigkeit ist auszuruhen und nichts zu tun. Mehr als jeder, den ich kenne, versteht sie es, zu entspannen, ruhig zu sein und zu warten, die Dinge nicht zu pushen. Manchmal sagt sie: „Ich weiß, dass etwas Neues kommt, ich spüre es, ich gehe damit schwanger. Ich weiß nicht, was es ist, aber ich weiß, es wird sich zur richtigen Zeit zeigen." Viele Menschen würden unter solchen Umständen ungeduldig oder kopflos werden und versuchen, das Ganze voranzutreiben. Sie wartet. Schließlich, manchmal nach Monaten, ist die Zeit reif und sie schreibt mühelos einen kurzen Artikel und postet etwas bei Facebook, woraus plötzlich ein völlig neuer Tsunami ihrer Arbeit wie von selbst entsteht. Chameli weiß, wie man entspannt, sich der Bewegung hingibt und den Prozess nicht stört. Es beginnt als Kitzeln und die Kunst ist, nicht zu schnell zu kratzen, sondern zu warten und zuzulassen, dass es von allein wächst, bis es sich bewegt und deutlich genug ist, um zu sichtbarem und hörbarem Ausdruck zu kommen.

Im kaschmirischen Shivaismus wird das „Spanda" genannt, was im Englischen oft mit „tremoring" übersetzt wird: die erste feine Vibration. Zuerst ist Nichts – Ruhe – Leere, und dann die allererste Vibration. Sie entsteht wie der Urknall aus diesem Nichts. Jener Moment des ursprünglichen Impulses ist in alten tantrischen Texten wie der *Spandakarika* oft beschrieben und bestätigt worden. Unsere Aufgabe ist es, ihn aus eigener Erfahrung zu verifizieren.

Diese kleinste Vibration ist unendlich ekstatisch und köstlich. Sie hat so viel Energie, wie du dir nur vorstellen kannst. Unendliche Energie.

Je mehr sie körperlich wird, je mehr sie Form annimmt, desto weniger Energie hat sie. Eine atomare Explosion ist der Zusammenstoß zweier subatomarer Teilchen. Es ist ein Zusammenstoß, der sich auf submikroskopischer Ebene ereignet. Ein unendlich kleines Ereignis – zu klein, um im Mikroskop sichtbar zu sein – kann eine Stadt in die Luft sprengen. In dieser winzigen Begegnung ist unendliche Energie, genug, um eine Bombe zu erschaffen. Wir wollen keine Städte in die Luft sprengen, sondern Explosionen ursprünglicher, authentischer Kreativität auslösen. Auf der untersten materiellen Ebene entsteht am meisten Energie. Genau das geschieht, wenn wir uns von 12:00 Uhr nach 3:00 Uhr bewegen.

6:00 Uhr: Produktivität und Handeln

6:00 Uhr ist der Gegensatz zu 12:00 Uhr. Um 12:00 Uhr sind Stille und Ruhe, um 6:00 Uhr ist Aktivität. Um 12:00 Uhr gibt es kein Gefühl eines getrennten „Ich", es gibt dort kein Gefühl von irgendjemandem. Um 6:00 Uhr wird gehandelt – es gibt Verantwortungsgefühl. Um 12:00 Uhr gibt es keine Zeit, um 6:00 Uhr gibt es Termine, Zeitpläne und Druck. Um 12:00 Uhr gibt es keine Grenzen, um 6:00 Uhr gibt es Limits. Um 12:00 Uhr herrscht Einheit, um 6:00 Uhr besteht die Möglichkeit der Zusammenarbeit, was Verhandlungen, Abmachungen und Verträge erfordert und daher potenziell Trennung und Konflikt mit sich bringt. Um 6:00 Uhr nimmt alles vollständig Form an. Um 12:00 Uhr gibt es kein Du. Um 6:00 Uhr gibt es Mann oder Frau mit menschlichen Körpern.

Jetzt beginnen wir, den Kreislauf zu verstehen: Um 12:00 Uhr herrscht Stille, dann ist da eine winzig kleine Schwingung, eine kaum hörbare Melodie, die immer deutlicher wird, bis sie um 3:00 Uhr vollständig fließt – du spielst die Melodie, sie ist vollkommen realisiert. Um 6:00 Uhr nimmst du die CD auf. Du buchst das Studio, besorgst das Geld, engagierst die Studiomusiker, machst einen Vertrag mit einem Musiklabel, hast einen Produzenten, arbeitest mit Zeit- und Terminvorgaben, stellst etwas auf die Beine. 6:00 Uhr bedeutet Absprachen, Verantwortung, Versprechen und

Kostenrahmen einhalten. Um 6:00 Uhr werden Dinge erledigt. Du buchst Flugtickets, gibst Geld aus, handelst unter bestimmten Rahmenbedingungen. Um 6:00 Uhr geht es nur um Grenzen und Limits.

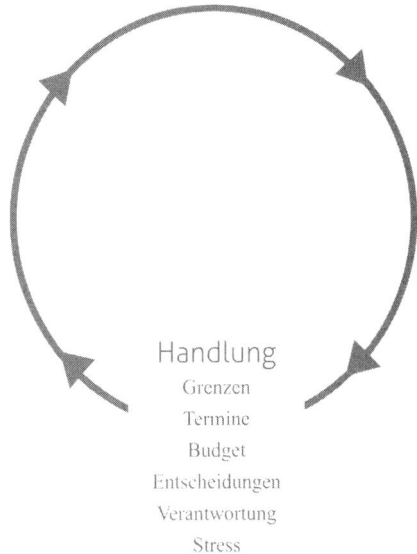

Handlung
Grenzen
Termine
Budget
Entscheidungen
Verantwortung
Stress

Um 6:00 Uhr wird dir klar, warum du lebst: Dein Streben nach Sinn und Zweck wird erfüllt. In den Momenten, in denen du all die unangenehmen Überraschungen bewältigst, die das Leben dir unvermeidlich beschert, und du es schaffst, alle Räder am Laufen zu halten und zugleich auszutarieren, wirst du zumindest für Momente ein Erfolgserlebnis haben. Dein kleines vergängliches Leben erscheint lebenswert.

Wenn du aber in einer Welt der Limits und Grenzen bleibst, wo du rechtzeitig kommen, gehen und Arbeit erledigen musst, was passiert dann? Du kannst um 6:00 Uhr nicht handeln ohne ein gut entwickeltes Bewusstsein der eigenen Person, ohne ein klar definiertes „Ich". Wenn du zu lange bleibst, sind verschiedene Level von Stress vorprogrammiert. Wenn du Tag für Tag, Woche für Woche in dieser Welt verbringst, wirst du irgendwann ein Burn-out haben.

9:00 Uhr: Loslassen und Auflösen

9:00 Uhr ist ein wichtiger Teil des Prozesses und sollte nicht vernachlässigt werden – die „Auflösung". Um 9:00 Uhr geht es um die Rückkehr von erzwungener Form zu Formlosigkeit. Es ist eine Art Identitätstod. Du kannst nicht direkt von 6:00 Uhr zu 12:00 Uhr übergehen. Bei 9:00 Uhr geht es um Auflösung von Grenzen. 12:00 Uhr bis 6:00 Uhr war eine Bewegung von Formlosigkeit zu Form. Von 6:00 Uhr bis 12:00 Uhr ist eine Rückkehr von Form zu Formlosigkeit. Nachdem du engagiert gehandelt hast, hältst du inne und spürst die Wirkung all dieser Grenzen. Wenn du die ganze Woche hart arbeitest, viel von dir verlangst und dann an einem Samstag- oder Sonntagmorgen eine Pause machst, um zu entspannen, was fühlst du dann? Wie geht es dir? Du sagst dir vielleicht: „Ich habe hart gearbeitet, ich werde sogar lange aufbleiben, um alles zu erledigen, und dann ein schönes, entspanntes Wochenende mit meinem Partner oder meiner Partnerin verbringen." Und das tust du: Du arbeitest bis 2:00 Uhr morgens, erledigst alles und gehst dann schlafen, in der Erwartung, einen wunderschönen romantischen Tag zu verbringen. Aber was passiert? Du fühlst dich beschissen und womöglich gibt es statt des Geplanten einen fürchterlichen Streit.

Eine ähnliche Erfahrung machen viele, wenn sie in Urlaub fahren. Sie wählen einen schönen Ort, treffen alle notwendigen Reisevorbereitungen. Der Flug ist für Sonnabend gebucht. Es kostet viel Anstrengung, alles zu erledigen und zu regeln, damit es der schönste Urlaub wird. Du wachst den ersten Morgen im Paradies auf, gehst hinaus an den Strand, um vorm Frühstück zu schwimmen, und dann findet bestimmt jemand irgendeinen Grund zu streiten. Da hast du es: Streit im Paradies. Deshalb trinken viele im Urlaub eine Menge Alkohol, um den angestauten Stress zu kompensieren, der freigesetzt wird, sobald sie eine Pause machen und entspannen.

Der Teil des Kreislaufs, wenn du 6:00 Uhr verlässt, ist naturgemäß schmerzlich und unangenehm. Burn-out fühlt sich schrecklich an, wenn du dir so viel abverlangt hast, dass du erschöpft bist. Selbst wenn es dir gelingt, nachts zu schlafen, wachst du morgens energielos auf. Alles scheint zu viel. Es ist vielleicht die schlimmste Hölle, in der sich ein Mensch befinden kann. Aber schließlich, wenn du den Stress hinter dir lässt, dich in die Auflösung begibst und dich erholst, verwandelt sich das Gefühl der Erschöpfung in ein Nachlassen, eine tiefe Erleichterung. Jetzt entdeckst du, was 9:00 Uhr dir schenkt: ein Gefühl der Unschuld, Vertrauen und Entspannung. Hier findet alle Einsicht statt. Es ist der Teil des Kreislaufs, wo wir uns einer Kraft ergeben, die stärker ist als unser kleiner, beschränkter Geist.

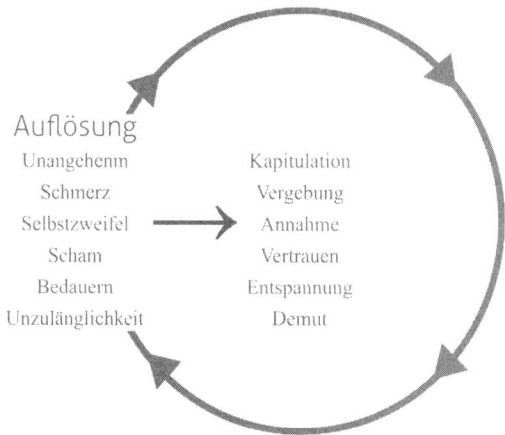

Im 5. Kapitel werden wir entdecken, woran es liegt, wenn wir in einzelnen Phasen des Kreislaufs stecken bleiben und unsere naturgegebene Brillanz und Meisterschaft lahmlegen.

Zuvor möchte ich jedoch von der bedeutsamsten Begegnung meines Lebens erzählen, die zur Entwicklung dieses Modells entscheidend beigetragen hat.

Begegnung mit Leonard Cohen

Eine der größten Segnungen meines Lebens war die Zeit, die ich mit Leonard Cohen verbringen durfte. In vielerlei Hinsicht handelt dieses Buch von ihm. Er war und ist das Musterbeispiel für radikale Brillanz in allen Phasen. Auf seine Art lebte er jede einzelne Phase des Kreislaufs in seinem Leben vollkommen aus.

Ursprünglich wollte ich Leonard für mein Buch *Die lautlose Revolution* interviewen. Es enthielt ein Kapitel über „Transluzente Kreativität" und sein 2002 erschienenes Album *Ten New Songs* war ein perfektes Beispiel für das, was ich sagen wollte. Manchmal stößt man auf ein Album, auf dem ein eingängiger Song ist, kauft die CD und alles ist bestens – aber den einen Song spielt man immer wieder ab. Bei *Ten New Songs* ist jeder einzelne Song der eine. Ich glaube nicht, dass in der Menschheitsgeschichte jemals eine bessere CD produziert worden ist.

Ich kontaktierte also seine Managerin und bat um einen Termin für ein Interview. Wir gingen im Terminkalender Monat für Monat vorwärts und rückwärts durch: Entweder war Leonard in einem Retreat oder er war beschäftigt oder er schrieb oder es war Hanukkah. Immer ein anderer Grund. Dann antwortete sie gar nicht mehr. Ich wollte unbedingt ein Interview mit Leonard bekommen, war aber schließlich nahe am Aufgeben. Plötzlich änderte sich alles. Ich bekam eine E-Mail von einer Frau namens Kateri. Sie sagte mir, dass die Managerin Leonard nicht mehr vertrat, sie seine neue Assistentin wäre und dass sie mir sehr gerne behilflich wäre, ein Interview zu arrangieren. Wow! Das waren großartige Neuigkeiten. Wir gingen ebenfalls zusammen gründlich den Kalender durch, um einen günstigen Zeitpunkt zu vereinbaren, zu dem ich nach Los Angeles fliegen könnte. Diesmal war es ganz anders. Kateri beantwortete meine E-Mail um zwei Uhr morgens, dann früh an einem Sonntag. Sie reagierte manchmal so schnell, dass unsere E-Mails echten Gesprächen ähnelten. Um ehrlich zu sein, obwohl ich verheiratet bin und sie Leonards Assistentin, muss ich zugeben, dass der Ton unseres

Mailverkehrs an einen Flirt erinnerte. Jetzt hab ich es ausgesprochen. Ich bin nicht stolz darauf, aber es ist wahr. Schließlich vereinbarten wir einen Termin und ich machte mich auf den Weg, um Leonard zu treffen. Ich flog nach Los Angeles, mietete ein Auto und fuhr zur angegebenen Adresse. Es war ein heruntergekommener Stadtteil, keiner, in dem die Reichen und Berühmten verkehren. Das fragliche Haus war ein kleines Zweifamilienhaus, eine Wohnung oben, eine unten.

Leonard begrüßte mich an der Tür mit dem typisch „schrägen" Grinsen, das immer sein besonderes Markenzeichen war. Er bot mir reichliche Erfrischungen an und war sehr großzügig, was seine Bereitwilligkeit anlangte, jede einzelne meiner Fragen zu beantworten. Wir saßen in seiner winzigen Küche mit abgenutzten Möbeln, die gut bei einem Garagenverkauf erstanden worden sein konnten. Wir schlürften Tee und unterhielten uns stundenlang über alles Mögliche. Schließlich kamen wir auf *Ten New Songs* zu sprechen. Ich erklärte ihm, warum ich die Absicht gehabt hatte, das Album zum zentralen Thema in einem Kapitel meines Buches zu machen.

„Leonard, das Album ist wunderbar", sagte ich zu ihm.

„Ja, ja", erwiderte er abwehrend.

„Nein, wirklich, Leonard", protestierte ich, „du musst zugeben, es ist wie der Gipfel des Gipfels des Gipfels."

„Nee." Er tat es mit einer Handbewegung ab. Wieder sein spezielles Grinsen.

So ging es eine halbe Stunde zwischen uns hin und her. Ich konnte es nicht auf sich beruhen lassen, ich wollte nur, dass er zugab, dass das Album brillant wäre. Er lauschte geduldig, wischte mein Lob aber jedes Mal weg. Seiner Meinung nach war es nur ein Haufen Songs, die er zusammengeworfen hatte. Ich ließ nicht locker. Mit Eifer bestand ich darauf, dass *Ten New Songs* beinahe biblisch wäre. Ich verglich es mit den *Upanishaden*, einen jener seltenen Momente, wenn etwas von der „anderen Seite" herüberkommt und unsere Welt erhellt. Jeder einzelne Song perfekt.

Leonard und ich gerieten fast in Streit. Je mehr er mein Lob abwehrte, desto mehr beharrte ich darauf, recht zu haben. Nach ungefähr einer halben Stunde gab Leonard schließlich den Kampf auf. Er sah mich an, wieder mit breitem Grinsen, und stimmte mir zu. „Ich glaube, du hast recht", sagte er. „Es ist wirklich etwas herübergekommen auf dem Album."

Seine Wortwahl ist bedeutsam. *Etwas ist herübergekommen.* Es war kein bewusstes Handeln oder Bemühen. Er hatte so gezögert, es für sich in Anspruch zu nehmen, weil er wusste, dass er eigentlich nicht der Urheber des Albums war. Es war durch ihn gekommen, nicht aus ihm.

Genau das geschieht in der Phase zwischen 12:00 Uhr und 3:00 Uhr. Es ist, als würde eines Tages das Telefon klingeln und eine unbekannte Stimme am anderen Ende der Leitung fragen: „Könnten Sie eine Nachricht entgegennehmen?"

„Okay", sagst du und suchst nach einem Stift, „bleiben Sie dran, wie lautet die Nachricht?"

Dann diktiert die Stimme die Nachricht und du schreibst sie Wort für Wort auf. Es ist das schönste Gedicht, das je geschrieben wurde. Perfekt. Später findet dein Mitbewohner den Zettel.

„Wow! Du bist ein außergewöhnlicher Dichter! Genial!", bekommst du zu hören.

„Nein, nein!", protestierst du. „Ich habe nur eine Nachricht entgegengenommen."

So geht es. Das ist der Flow-Zustand. Flow kommt ganz natürlich, aus dem unendlichen Raum, wo es niemanden gibt, der sich etwas als Verdienst anrechnet.

Leonard beschrieb anschaulich in allen Einzelheiten, wie das Album entstanden war. Er lebte als Mönch im Mount Baldy Zen Zentrum, stand morgens um 4:30 Uhr auf, um mit den anderen Mönchen Zazen zu praktizieren. Er bewohnte ein winziges Zimmer und verfügte außer einem kleinen Notizbuch und einem Stift über keine Besitztümer. Viel Zeit um 12:00 Uhr.

Er erzählte mir, dass die Texte und Melodien für das Album im Laufe von zwei Jahren, in denen er täglich viele Stunden am Tag meditiert hätte, in kleinen Schwingungen und Bildern gekommen wären. Er schrieb sie einfach auf, wenn sie erschienen, wie ein pflichtbewusster Schreiber. 3:00 Uhr.

Später, erzählte er mir, wäre ihm klar geworden, dass er nicht für ein Mönchsdasein geboren wäre. Er sprach mit seinem Lehrer Kyozan Joshu Sasaki (zu der Zeit schon über 100 Jahre alt) und traf die notwendigen Vorbereitungen, um das Kloster zu verlassen und in sein Haus in Los Angeles zurückzukehren. Nichts als das kleine Notizbuch in der Hand begann er dort, die feinen Impulse, die er in der Meditation empfangen hatte, in das zu verwandeln, was für mich das größte lyrische und musikalische Werk ist, das ich kenne. Er brauchte noch zwei weitere Jahre in dem kleinen Studio an der Rückseite seines Hauses, um diesen Impulsen einen eindeutigen Sound, Rhythmus und Form zu geben. Mit unnachgiebiger Genauigkeit nahm er die Songs immer wieder auf. Backgroundsänger, Technik, Software und Hardware beschaffen und damit umzugehen lernen, einen Vertrag mit Sony abschließen. 6:00 Uhr.

Leonard kennt Depressionen, Selbstzweifel und Verzweiflung und hat sowohl vor als auch nach dem Album mehr als genug davon erlebt, genauso wie auf der anderen Seite süße Hingabe, Vertrauen und Demut. Alle seine Alben sind von diesen Gefühlen durchdrungen.

I make my plans
Like I always do
But when I look back
I was there for you.

I walk the streets
Like I used to do
And I freeze with fear
But I'm there for you.

Die Geschichte hat ein entzückendes Ende. Nachdem wir unser nachmittägliches Gespräch beendet hatten (einer der wichtigsten Tage meines Lebens), zeigte er mir sein kleines Apartment. Es dauerte nicht lange. Er öffnete die Tür seines Büros, wo eine Plastikarbeitsplatte mit zusammenklappbaren Beinen stand, auf der sich Pappkartons stapelten. „Das ist also das Büro", sagte ich. „Wo arbeitet Kateri?"

„Kateri …", sagte Leonard. Wieder ein schelmisches Grinsen. „Ich stell dir Kateri vor." Ich dachte an den leicht flirtenden Ton meiner zum Teil nächtlichen Mails an Katari und wurde für einen Moment rot vor Verlegenheit. Leonard führte mich in die Küche. Er öffnete einen Hängeschrank über dem Waschbecken. Im obersten Fach war die Figur einer jungen Indianerin. „Das ist Kateri." Ich sah Leonard kurz an und blickte dann auf den Boden. Langsam begriff ich. Ich hatte nachts mit niemand anderem als Leonard selbst geflirtet. Er schmunzelte über mein Unbehagen und erklärte mir dann, dass seine frühere Managerin ihn um sein gesamtes Vermögen betrogen habe, während er im Kloster war, mehr als zwölf Millionen Dollar. Er hätte kein Geld mehr, um eine Assistentin zu bezahlen. Deshalb habe er als Fassade Kateri erfunden und mir in ihrem Namen Mails geschickt.

Kapitel 5
Stecken bleiben

Seit ich das Modell des Kreislaufs vor mir habe – der Kreislauf sozusagen *herübergekommen ist* –, kann ich ihn immer mehr bei mir selbst beobachten. Ich merke, dass es sehr selten vorkommt, dass der Kreis ungehindert und reibungslos läuft. Wenn du Kenntnisse über chinesische Medizin hast, weißt du, dass alle Energie in Meridianen fließt. Es kommt fast nie vor, dass ein chinesischer Arzt deinen Puls fühlt und feststellt, dass alle Energie frei in allen Meridianen strömt. Das wäre ein Zustand vollkommener Gesundheit. In der Regel ist es um den Körper so bestellt, dass irgendwo im System entweder eine Art Überfluss oder ein Mangel an Energie herrscht. Ungleichgewicht gehört zur Natur allen Lebens.

So auch beim Brillanz-Kreislauf: Weil ich mir ein Bild davon gemacht habe, verstehe ich, dass ich noch niemanden getroffen habe, der perfekt alle vier Phasen durchläuft, sich frei von einer zur anderen bewegt. Der Unterschied zwischen uns Menschen ist nicht, ob wir blockiert sind oder im Fluss, sondern wo im Kreislauf wir blockiert sind.

Das kann ganz unterschiedlicher Art sein: Die erste Möglichkeit ist, eine Neigung zu einer der Phasen zu haben. Die zweite, die (Be-)Wertung des Gegenteils. Eine dritte, die nächste Phase anzustreben und sich gleichzeitig dagegen zu sträuben. Aus allen drei Möglichkeiten ergibt sich eine vierte, die verbreitete Angewohnheit des „Hin und Her" (Looping).

Wir wollen jetzt die Arten, Brillanz zu blockieren, näher beleuchten und uns dann ansehen, wie man sie an jedem Punkt im Kreislauf erkennt. Sobald wir voll und ganz verstehen, wie und warum wir im Kreislauf blockiert sind und welchen Preis wir dafür zahlen, haben wir die nötige Einsicht für eine fast unendliche Vielfalt von Übungen und Regeln und sehen, wie sie ins Konzept passen.

Neigung, Vorliebe

Ein Grund, warum man an jeder Stelle des Kreislaufs stecken bleiben kann, ist, dass man dort immer noch tiefer eintauchen könnte. Da ist dieses Gefühl, dass man etwas noch nicht vollkommen erforscht hat. Die Versuchung ist stark, länger an der Stelle zu verweilen, statt im Kreis weiterzugehen.

Um 12:00 Uhr könntest du dich immer noch tiefer entspannen und dich in einen unendlich stillen meditativen Zustand versenken. Es gibt stets unendlich viel mehr Unendlichkeit.

Der kreative Prozess ist um 3:00 Uhr niemals abgeschlossen oder vollständig. Es könnten ständig noch mehr Songs geschrieben, mehr Dinge geschaffen, mehr herausgegeben werden.

Um 6:00 Uhr nimmt die Liste der zu erledigenden Dinge kein Ende. Mehr noch führt die Erfüllung einer bestimmten Aufgabe häufig dazu, der Liste am Ende drei weitere Dinge hinzuzufügen.

Um 9:00 Uhr sind wir niemals mit der Arbeit an uns selbst fertig. Wir müssen immer noch mehr Dinge loslassen, uns noch mehr vervollkommnen.

In jeder einzelnen Phase des Zyklus gehst du weiter, nicht weil du fertig bist, sondern weil du erkennst, dass ein ausgeglichenes Leben erfordert, in allen Phasen zu leben – sonst bleibst du an irgendeinem Punkt des Kreislaufs auf unbestimmte Zeit stecken und bewegst dich dort in Endlosschleifen.

Urteil, Wertung

Ursache für die zweite Art stecken zu bleiben sind Urteile und Wertungen. Egal, wo im Kreis du dich am meisten festbeißt, der gegenüberliegende Punkt erscheint dir höchst fremd. Du (be-)wertest ihn und urteilst häufig auch über die Menschen, die sich dort befinden.

Streben/Widerstand

Die letzte Art stecken zu bleiben ist eine Mischung aus dem Wunsch, in die nächste Phase überzugehen, und Widerstand dagegen. Eine Haltung von „ich weiß, ich *sollte* weitergehen ..., aber ich bin noch nicht fertig". Du steckst in einer Phase fest, du strebst die nächste Phase im Kreis an, aber du hast Schwierigkeiten weiterzugehen. Du willst es und sträubst dich gleichzeitig dagegen. Ein Beispiel: Jemand, der bei 6:00 Uhr feststeckt, an seiner „To-do-Liste" hängt, Dinge abhakt, weiß, dass er ausruhen sollte und es auch will, aber er verschiebt es immer wieder in die Zukunft.

Looping

Das führt zu der verbreiteten Angewohnheit des Looping, des Hin und Her, der Endlosschleife. Das heißt, du beginnst, dich durch den Kreislauf zu bewegen, was natürlich ist, um in Balance zu bleiben, aber du kommst nicht weit. Du kehrst immer wieder um und verfolgst deine Schritte zurück. So durchläufst du dieselbe Phase des Kreislaufs wieder und wieder – Looping ist ein verbreitetes Phänomen.

Das Gute an einem Modell wie dem Brillanz-Kreislauf ist, dass wir auf die Weise unsere Erfahrungen besser verstehen können, aber wir müssen aufpassen, dass wir nicht dogmatisch werden. Im Folgenden werden wir lernen, jede dieser Blockadearten in jeder Phase des Kreislaufs zu erkennen: Neigung, Urteil, Streben/Widerstand und Looping.

Bitte glaube mir nicht blind, sondern überprüfe immer selbst anhand deiner eigenen Erfahrung und frage dich, ob es stimmt. Sobald wir die Natur von Blockaden und Neigungen verstehen, können wir für den ganzen Kreislauf bewusste Übungen finden, um den Weg frei zu machen.

Wenn du als Coach tätig bist, dann ist dies eine brillante Methode. Sie ist für Menschen hilfreich, die eine Firma gründen, ein Produkt auf den Markt bringen, Musik machen, Kunst schaffen, einen Roman schreiben oder sich sozial engagieren wollen. Wenn sich jemand in irgendeiner Art kreativen Prozesses befindet, kannst du ihm helfen zu erkennen, wo er feststeckt, und dann geeignete Praktiken entwickeln.

Bei 12:00 Uhr (Erwachen) stecken bleiben

Vorliebe für 12:00 Uhr – Erwachen

Für manche Menschen ist die Vorstellung erschreckend, dass man nach der spirituellen Phase des Kreislaufs süchtig sein könnte. Das scheint so endgültig, so radikal. Man denkt dabei an Menschen, die häufig auf Pilgerfahrt oder Retreats gehen, vielleicht einen spirituellen Lehrer haben und mit allem anderen abgeschlossen haben. Es gibt eine philosophische und pragmatische Vorliebe für Formlosigkeit gegenüber Form. Seit sich der Buddhismus in den letzten paar Jahrzehnten aus dem Orient in den Westen ausgebreitet hat, erleben wir eine ungeheure Beliebtheit buddhistischer Statuen. Heute werden sie sogar in Super- oder Baumärkten verkauft. Diese Art Statuen, die sich wie Konfetti in der spirituellen Subkultur verstreut haben, zeigen eine Figur, die Formlosigkeit der Form vorzieht: mit geschlossenen Augen und einem bewegungslosen Körper in Meditationshaltung. Nur ganz wenige Statuen stellen eine tanzende oder völlig lebendige Figur dar. Die Ikonografie bewertet Inaktivität höher als Aktivität. Aufgrund des starken männlichen Einflusses auf Spiritualität ist außerdem Nichtempfinden, Nichtanhaftung und Loslösung verherrlicht worden.

Für ein radikal brillantes Leben ist das problematisch, denn sobald der erste kreative Impuls aufkommt, wird er durch den ideologischen Vorrang der Formlosigkeit unterdrückt. *Hör auf zu denken ... Gedanken sind der Feind ... Gib Gedankenlosigkeit den Vorzug ... Werde formlos* ... Wenn diese Einstellung auf jede Regung im Bewusstsein angewendet wird, dann war's das mit deinem Flow, er bleibt auf der Strecke. Jeder kleinste Spross wird durch das Diktat der Leere unterdrückt.

Schon in jungen Jahren habe ich jedes Mal, wenn ich meditiert und mich in einen gelassenen, weiten Bewusstseinszustand versenkt habe, die Erfahrung gemacht, dass eine Melodie oder eine Idee oder der Anfang eines Gedichts aufkeimte. Aber über die Jahre war ich konditioniert worden, jede Aktivität zu ignorieren und die Aufmerksamkeit auf den Beobachter, den Zeugen, die Stille zu richten. Jahrelang dachte ich, ich wäre schlecht im Meditieren. Je ruhiger und weiter ich wurde, desto mehr ging ein Feuerwerk in meinem Gehirn los. Seitdem habe ich erfahren, dass viele meiner Kunden, Kollegen und Freunde dieselbe Erfahrung machen. Wenn sie sich zum Meditieren hinsetzen, beginnt ein kreativer Prozess, sobald die Ruhe eintritt.

Verurteilung von 6:00 Uhr – Handlung

Wenn du eine Neigung zu 12:00 Uhr hast, wird es gleichzeitig Urteile für die gegenüberliegende Seite des Kreislaufs geben, von 6:00 Uhr. Jemand, der süchtig nach 12:00 Uhr ist, blickt oft auf sehr aktive Menschen herab, als zwanghaft und sich im Kreis drehend. Wenn du eine Vorliebe für einen Teil des Kreises hast, wirst du eine Abneigung gegen das Gegensätzliche entwickeln. Menschen, die sich gerne für lange Zeit von der Welt zurückziehen, mögen in der Regel keine Handlungsaktivitäten, Termine, Abhängigkeiten und Druck. Es erscheint stressig.

Streben nach/Widerstand gegen 3:00 Uhr – Flow

Menschen, die eine Vorliebe für 12:00 Uhr haben, sprechen oft davon, dass sie eine verborgene Gabe haben und herausfinden wollen, was ihr „Lebenszweck" ist. Sie sehnen sich danach, diese einzigartige Gabe zu erkennen und freizusetzen. Gleichzeitig scheuen sie sich aber auch davor, denn es würde bedeuten, aus der Formlosigkeit herauskommen zu müssen – also schieben sie den Impuls immer wieder zugunsten eines weiteren Meditationsretreats in die Ferne.

Looping zwischen 12:00 Uhr und 3:00 Uhr

Das führt dazu, dass sie sich ständig zwischen 12:00 Uhr und 3:00 Uhr hin und her bewegen, zwischen meditativer spiritueller Praxis und einem kleinen Tröpfeln von Kreativität, das schnell verschwindet und nirgendwo hinführt. Da die leiseste Vibration nicht beachtet oder aufgenommen wird, kehrt man immer wieder zum Meditationskissen zurück und hofft darauf, dass ein neuer Impuls stark genug sein wird.

Bei 3:00 Uhr (Flow) stecken bleiben
Vorliebe für 3:00 Uhr – Flowzustände

Du kannst auch bei 3:00 Uhr in den Flowzuständen hängen bleiben. Flow ist herrlich. Das Entstehen, Beben, Zittern des ersten Energieimpulses aus der Formlosigkeit ist von Natur aus ein Genuss. Es ist reines Glück. Es ist wie Sex, der von der Beschränkung auf die Genitalien befreit ist und sich orgiastisch im ganzen Körper ausbreitet. Es ist auch das Reich von „ständig was Neues, was Besonderes". Viele Menschen mit der Diagnose ADHS sind bei 3:00 Uhr gefangen. Sie können nicht lange genug an einem Impuls dranbleiben, bis er Form annimmt. Es ist der Persönlichkeitstyp, der ständig am Kreieren ist. Ich muss zugeben, dass ich ein Musterbeispiel für diese Art Mensch bin. Meistens schreibe ich mehrere Bücher gleichzeitig, konzipiere parallel Onlinekurse, arbeite mit vielen Klienten. Die größte Angst ist, nichts Interessantes mehr zu tun zu haben, aber es wird zur Sucht. Es ist der Reiz des Neuen.

Verurteilung von 9:00 Uhr – Auflösung

Mit einer Vorliebe für 3:00 Uhr ist gewöhnlich die Verurteilung von 9:00 Uhr verbunden. Zwanghaft kreative Menschen fühlen sich ungern hilflos, hoffnungslos oder energielos. Sie blicken mit Ungeduld auf Selbstzweifel, Selbstbeobachtung und Demut. Wenn jemand mit Hang zu 3:00 Uhr emotionalen Schmerz oder Ungenügen empfindet, wird sie oder er automatisch aktiv, um das Gefühl zu vertreiben. Diese Menschen beginnen neue Projekte, um das Gefühl von Schmerz oder Niedergeschlagenheit zu vermeiden.

Streben nach/Widerstand gegen 6:00 Uhr – Handlung

Wenn man bei 3:00 Uhr stecken bleibt, baut man eine Blockade dagegen auf, zu 6:00 Uhr überzugehen. Hast du eine Vorliebe dafür, im Flow zu sein und Dinge anzustoßen, willst du sie realisiert sehen, aber gleichzeitig willst du dich nicht auf Zeitpläne und Projekte einlassen und festgenagelt werden. Das ist das Dilemma aller kreativen Künstler, ob Musiker, Maler oder Romanautor. Abgabefristen können beispielsweise für Schriftsteller*innen ein Horror sein. Oder wenn man einen Blick in ein Malatelier wirft, wird man dort eher selten einen Stapel ordentlich katalogisierter fertiger Bilder oder nur ein einziges Bild, an dem gerade gearbeitet wird, finden. Wahrscheinlicher sind unzählige halb fertige Bilder.

Leonardo da Vinci ist einer der berühmtesten Maler der Geschichte. Er malte die Mona Lisa und das Abendmahl. Wie viele Bilder, glaubst du, beendete er in seiner 46-jährigen Karriere? Die Antwort ist 27. Und fast alle davon waren Auftragsarbeiten, er musste sie beenden, um bezahlt zu werden. Es gibt unendlich viele Notiz- und Skizzenbücher von ihm. Hier erfindet er einen Hubschrauber, dort einen Fallschirm, dann dies, dann das. Auf dem Sterbebett sagte er in etwa: „Ich habe Gott und die Menschheit beleidigt, denn meine Arbeit erreichte nicht die Qualität, die sie hätte haben sollen." Leonardo ist ein Musterbeispiel für die Vorliebe für 3:00 Uhr. Er wird oft als Ideal des „Renaissancemenschen" bezeichnet. Seine Energie floss gleichzeitig in viele verschiedene Richtungen. Der Geist eines Genies kann unendlich viele Ideen haben und endlos Dinge anfangen. Steve Jobs war genauso, er liebte es, Dinge anzustoßen, überließ es jedoch anderen, sie zu realisieren. Einige der kreativsten Menschen der Geschichte hatten eine starke Neigung zu 3:00 Uhr, verurteilten 9:00 Uhr und strebten danach, Projekte zu realisieren, sträubten sich jedoch gleichzeitig, zu 6:00 Uhr überzugehen.

Wer um 3:00 Uhr in einem endlosen kreativen Flow steckt, hat das

Ziel, Bilder in eine Galerie, das Produkt auf den Markt zu bringen, Träume zu verwirklichen. Aber es wird verschoben. Man will es, hat aber auch Widerstände. Wenn du bei 3:00 Uhr feststeckst, sind deine Helden die, die die nächste Phase des Kreislaufs beherrschen, nicht die, in der du gefangen bist.

Looping zwischen 3:00 Uhr und 6:00 Uhr

Wir haben es mit einem äußerst kreativen Menschen zu tun, der es liebt, neue Projekte anzustoßen. Hin und wieder wird er oder sie davon begeistert sein, etwas zu Ende zu bringen, eine Vermarktungsstrategie entwickeln und sogar in Kontakt mit anderen treten, um etwas auf den Markt zu bringen: einen Designer beauftragen, eine Website zu erstellen, die Verpackung entwerfen, sogar Verträge aufsetzen, um alles zu regeln.

Aber bevor irgendetwas davon vollständig realisiert ist, sodass andere davon profitieren, kommt es zur Rolle rückwärts, der Idee zu etwas Neuem, sodass nichts jemals beendet wird.

Bei 6:00 Uhr (Handlung) stecken bleiben

Neigung zu 6:00 Uhr – Handlung

Du kannst auch eine Neigung zu 6:00 Uhr haben: Details, Handeln, Fertigstellen. Du liebst es, Dinge abzuhaken und zu erledigen. Du bist zwanghaft unfähig, abends ins Bett zu gehen, bevor du alles auf deiner Liste erledigt hast. Ein Hang zu 6:00 Uhr bedeutet, dass du von Verantwortungsgefühl angetrieben wirst und es als Katastrophe betrachtest, wenn du nicht erfolgreich in vorgegebenen Grenzen handelst. Wo findet man wohl Menschen, die eine Neigung zu 6:00 Uhr haben? Nicht in Klöstern oder Meditationszentren, das sind die Liebhaber von 12:00 Uhr. Auch nicht in Künstlerateliers, das sind diejenigen, die zu 3:00 Uhr neigen. Menschen mit einem Hang zu 6:00 Uhr finden sich in Banken und Unternehmen, wo sie die Produktion managen. Wenn es sich um einen Job handelt, bei dem du dafür verantwortlich bist, dass das Produkt oder das Projekt mit all seinen Teilen an der richtigen Stelle fertig wird, bist du in der Welt von 6:00 Uhr. Bei Unternehmen werden häufig Leute eingestellt, die etwas zu einem bestimmten Termin und im Rahmen eines bestimmten Budgets leisten sollen. *Wo ist der Bericht? Ich will ihn um 11:00 Uhr auf meinem Schreibtisch haben.* Das erzeugt die Grenzen von 6:00 Uhr.

Du kannst süchtig nach dem Ausstoß von Endorphinen werden, die freigesetzt werden, wenn du etwas fertigstellst. Dein ganzes Leben kann sich darum drehen, Dinge fertigzustellen. Aufräumen. Bis ins kleinste Detail äußerst genau sein. Jeder hat das schon einmal erlebt. Ich schreibe ungerne ein Buch zu Ende, ich spreche lieber in seinen Anfängen darüber. Aber mir ist klar, dass ich muss, wenn ich nicht ein Möchtegernautor sein will. Ich kenne allerdings auch das Gefühl, wenn man den letzten Punkt gesetzt hat und dann auf Senden klickt – und dann feiert. Das erzeugt einen ungeheuren Ausstoß von Endorphinen. Man kann auch danach süchtig werden.

Verurteilung von 12:00 Uhr – Erwachen

Wenn du eine Neigung zu Handlung und Produktivität hast, verurteilst du Erwachenszustände. Spiritualität und Meditation werden von extrem praktischen Menschen oft pauschal abgetan. Es hat einer Unmenge von Daten und Fakten der *Mindfullness Community* bedurft, um Unternehmen zu überzeugen, Meditation auch nur in Betracht zu ziehen. Man muss beweisen, dass es die Produktivität steigert und Arbeitsausfälle reduziert. Google hat Millionen ausgegeben, um Meditationsräume und anderes einzurichten, um das Wohlbefinden auf dem Campus in Mountain View zu fördern. Diese Einrichtungen werden leider wenig genutzt. Ich war dort und war begeistert. In dem Gebäude, das ich sah, ist ein ganzer Teil mit speziellen Meditationsstühlen, Licht- und Tontechnik ausgestattet, von allem das Neueste und Beste. Es war die beste Hightechausstattung, die es gibt. Der Freund, der mir alles zeigte, erzählte: „Niemand benutzt es." Bei Google versuchen fast alle, Dinge zu bestimmten Terminen zu erledigen. Zeit in Leere zu verbringen, erscheint wie vergeudete Zeit – wenn du zu 6:00 Uhr neigst.

Streben nach/Widerstand gegen 9:00 Uhr – Auflösung

Wenn du bei 6:00 Uhr feststeckst, entsteht ein Bedürfnis auszuruhen und abzuschalten, aber du hast auch das belastende Gefühl, *ich muss das jetzt erst fertig machen*. Der einzige Weg, sich endlich zu 9:00 Uhr weiterzubewegen, scheint durch ein Burn-out oder einen Zusammenbruch. In großen Unternehmen ist Burn-out das größte Problem. Es gibt immer noch etwas zu erledigen. Du bewegst dich ein bisschen weiter in Richtung 9:00 Uhr, weil du es nötig hast, aber statt dem Kreislauf weiter bis 12:00 Uhr zu folgen und dann wieder neue Impulse bei 3:00 Uhr zu empfangen, gehst du in einer Endlosschleife immer wieder von 9:00 Uhr zurück zu 6:00 Uhr und dann wieder zu 9:00 Uhr. Selbst wenn Menschen spüren, dass sie sich kaputt machen, versuchen sie, mithilfe von Medikamenten weiterzumachen, sich durch Energiedrinks künstlich zu pushen, oder nehmen sogar Kokain. Je länger du dich in dieser Endlosschleife bewegst, desto mehr baut sich auf, bis du dich einfach nicht mehr antreiben kannst. Bei einem Hang zu 6:00 Uhr fügst du der To-do-Liste immer mehr unnötige zusätzliche Aktivitäten hinzu, weil du süchtig danach bist, unter Druck zu stehen, und das Hochgefühl brauchst, wenn du noch eine Sache abhakst. Es ist eine Sucht danach, etwas unter Zeitdruck fertigstellen zu müssen.

Kennst du das? Du schreibst dir häufig Notizen und bist bald von Erinnerungszetteln umgeben. Du baust all die unerledigten Dinge zu einem Schreckensszenario auf, mit dem du dich selbst terrorisierst. Du wachst morgens auf mit dem Gefühl einer Bedrohung. Du denkst, du müsstest 500.000 Dinge tun, und sie sind alle auf Zetteln um dich herum verstreut. Dann sammelst du die Zettel alle auf, schreibst sie auf eine Liste und stellst fest, dass nur 13 Dinge dringend erledigt werden müssen. Das ist leicht in ein paar Stunden zu schaffen. Es sind nur sehr wenige Dinge, die wirklich erledigt werden müssen, aber du bist in eine ungeheure Panik geraten. Diese Panik, das Gefühl, dass eine Katastrophe naht, ist eine selbsterfüllende Prophezeiung. Die Angst, nicht alles zu schaffen, veranlasst dich paradoxerweise dazu, der Liste unnötige Dinge hinzuzufügen. Die Angst vor der Liste erhält diese Liste aufrecht.

Looping zwischen 6:00 Uhr und 9:00 Uhr

Die meisten Menschen „loopen" zwischen 6:00 Uhr und 9:00 Uhr. Aktive Menschen wollen ausruhen, sehnen sich danach, sich auszuruhen und auf sich zu achten, und bewundern Menschen, die wissen, wie das geht.

Aber – hier ein Beispiel, warum es nicht funktioniert: Du hast stundenlang intensiv an einem Projekt gearbeitet. Endlich ist es fertig und Zeit auszuruhen. Du nimmst dir vor, einen Tag gemütlich mit deiner Familie zu verbringen. Gerade, als du begonnen hast, den Plan in die Tat umzusetzen, passiert eins von zwei möglichen Dingen: Entweder klingelt das Handy wegen eines Problems bei der Arbeit, das angeblich nur du lösen kannst. Du hast dein Handy nicht ausgeschaltet, weil du dieses „Notfallgefühl" brauchst und schnappst nach dem Köder: Du stürzt dich am Wochenende wieder in die Arbeit. Oder, was noch häufiger vorkommt, nachdem du eine Zeitlang ausgeruht und entspannt hast, lässt du dir selbst eine Notsituation einfallen. Looping bedeutet, dass du nie wirklich von 6:00 Uhr zu 9:00 Uhr gehst, um dich von dem Druck zu befreien, zu entspannen und dich zu spüren, und somit niemals weiter zu 12:00 Uhr und durch 3:00 Uhr mit neuer Inspiration zurück zu 6:00 Uhr. Du verbringst das Leben damit, zwischen Aktivität, ein bisschen Erholung, mehr Aktivität, ein bisschen Erholung hin- und herzupendeln, bis du ausgebrannt bist.

Wenn du in einer Phase feststeckst, liegt es nicht daran, dass die nächste Phase deinen Werten widerspricht, du sehnst dich danach, hast jedoch Schwierigkeiten weiterzugehen. Du willst es und wehrst dich gleichzeitig dagegen.

Bei 9:00 Uhr (Loslassen) stecken bleiben

Vorliebe für 9:00 Uhr – Auflösung

Wir bleiben in der Auflösungsphase stecken, wenn wir vom Vorgang des Loslassens fasziniert sind. Wir sind fasziniert von unserer Verletzlichkeit, davon, wie wir verletzt wurden, warum und unter welchen Umständen es wieder passieren kann. Wir entwickeln ein aktives Interesse an psychologischen Vorgängen. Das endlose Thema der Selbstvervollkommnung bestimmt dein Leben: die Arbeit an dir, Reinkarnationstherapie, intensive Körperarbeit, Psychoanalyse, Ernährung, die Lebensmittelunverträglichkeiten ausschließt.

Um 9:00 Uhr kannst du im Stau des ständigen Versuchs, dich selbst zu vervollkommnen, stecken bleiben, bevor du bereit bist, deiner angeborenen Brillanz freien Lauf zu lassen. Du kannst so sehr darauf fixiert sein, dich selbst zu heilen und zu entwickeln, dass es dein Leben bestimmt. Du vergisst, warum du wirklich hier bist. Du verbringst dein Leben in erster Linie auf der Toilette und untersuchst, was du ausgeschieden hast und wie es in deinen Körper gekommen ist. Du vergisst herunterzuspülen.

Verurteilung von 3:00 Uhr – Flow

Wenn du bei 9:00 Uhr feststeckst, hast du ein Vorurteil und einen Widerwillen gegen Flowzustände. Bist du darauf fixiert, dich selbst zu verbessern, an dir zu arbeiten, hängst du an der Vorstellung *Ich bin kaputt, mit mir stimmt etwas nicht, deshalb habe ich keine Gabe. Und wenn ich mich so umblicke, auch sonst niemand.* Wenn du in dir selbst gefangen bist, erscheint der Gedanke, dass du etwas zu geben hast, anmaßend und schrecklich geltungssüchtig. Die Vorstellung, dass du etwas zu bieten hast, erscheint sogar als Widerspruch. Du bist kaputt. Du bist ein Wrack. Du bist angewidert. Du trägst all diese Trübnis seit deiner Kindheit mit dir herum. Wenn du bei 9:00 Uhr feststeckst, ist dir 3:00 Uhr zuwider. Deshalb bringt die Selbstoptimierungsindustrie auch nicht viel Kreativität hervor. Jeder ist damit beschäftigt, an sich zu arbeiten, sich darauf vorzubereiten, etwas zu geben – später.

Streben nach/Widerstand gegen 12:00 Uhr – Erwachen

Wenn du in Phase 9:00 Uhr gefangen bist, sehnst du dich nach tiefen meditativen Zuständen und Lehren über Selbstverwirklichung und Erleuchtung, aber es scheint unerreichbar. Menschen, die so stark mit sich selbst beschäftigt sind, dass es ihr Leben bestimmt, haben ein Ziel, das sie erreichen wollen ... später ... in der Zukunft ... nach weiteren Workshops und Therapien und Heilung. Sie nennen dieses Ziel „Erleuchtung" oder „Selbstverwirklichung" oder „Klarwerden" oder oder oder. Es ist immer ganz nah und doch unerreichbar.

Looping von 9:00 Uhr zu 12:00 Uhr

Das führt zu einer weiteren Art Looping, der Endlosschleife zwischen 9:00 Uhr und 12:00 Uhr. Menschen, die bei 9:00 Uhr feststecken, unternehmen extreme Dinge, um sich aus ihrem beschränkten Denken, aus dem Leiden zu befreien, um sich zum nächsten Stadium zu entwickeln. Das können Drogen wie Ayahuasca oder LSD sein, intensive aufputschende Wochenendseminare oder der Aufenthalt bei einem charismatischen spirituellen Lehrer. Das funktioniert im Allgemeinen für kurze Zeit und führt zu einem Gefühl des Friedens, der Aufgabe von Abwehr und zur Entwicklung von Optimismus, bis die Angewohnheit des Hin und Her sich wieder einschleicht und sich an etwas Neuem abarbeitet.

Stecken bleiben ist nicht dasselbe wie Stärke

In einer bestimmten Phase des Kreislaufs stecken zu bleiben ist nicht dasselbe wie einem bestimmten Persönlichkeitstyp anzugehören, dessen Stärke diese Phase ist. Man steckt nur dann fest, wenn man eine krankhafte oder ungesunde Unfähigkeit hat, auch andere Teile des Kreislaufs zu leben. Zum Beispiel sind manche Menschen von Natur aus kreativ. Sie können den größten Beitrag um 3:00 Uhr leisten. Ein solcher Mensch wird viel mehr glänzen, wenn er in seiner kreativen Phase ist, als wenn er 6:00 Uhr, 9:00 Uhr oder 12:00 Uhr durchlebt. Das ist jedoch etwas ganz anderes, als in einer Phase des Kreislaufs zu deinem Nachteil hängen zu bleiben, sodass das Leben nicht mehr gut läuft.

Wenn du merkst, dass deine größte Stärke in einem bestimmten Teil des Kreislaufs liegen könnte, habe ich einige dich betreffende Hinweise und Tipps zusammengestellt.

Tipps für 12:00-Uhr-Menschen

Deine größte Stärke liegt bei 12:00 Uhr, wenn

- du lieber meditierst und dich zurückziehst als alles andere im Kreislauf.
- du dafür sorgst, dass du genügend Ruhe hast.
- du nicht von außen zum Handeln gedrängt wirst und du mehr als zufrieden damit bist, zu entspannen und nichts zu tun.

Deshalb solltest du Folgendes sicherstellen:

- Entwickle ein Gespür dafür und achte darauf, wenn etwas durch dich zum Ausdruck kommen will.
- Denk daran, dass du die Neigung hast, zu 12:00 Uhr zurückzugehen. Finde für dich eine Lösung, dass Dinge möglichst mühelos in dir hochkommen und durch dich zum Ausdruck kommen können. Schau in den Übungsteil von Kapitel 7. Dort findest du Beispiele dafür.
- Sei vorsichtig mit deinem Urteil über Menschen, deren Stärke bei 6:00 Uhr liegt, denn all ihre Wertvorstellungen und Stärken sind deinen entgegengesetzt. Du hast vielleicht die Angewohnheit, sie als zwanghaft leistungsorientierte Persönlichkeiten abzutun. Aber du musst mit ihnen zusammenarbeiten, um ein ausgewogenes Team zu bilden.
- Mach es dir zur Gewohnheit, regelmäßig 3:00-Uhr-Übungen zu praktizieren. Wenn du zum Beispiel gerne meditierst oder dich in ein Retreat zurückziehst, mach dir zur Regel, ein Notizbuch mitzunehmen,

in das du schreibst, oder einen Skizzenblock oder ein Musikinstrument. Zwinge dich, jeden Tag ein kleines bisschen kreativ zu sein.
- Setz dich nicht zu sehr unter Druck, dich bei 6:00 Uhr hervorzutun. Es ist deiner Neigung vielleicht so entgegengesetzt, dass es besser ist, wenn du dich mit anderen zusammentust, die das gut können.

Tipps für 3:00-Uhr-Menschen

Du weißt, dass dies deine größte Gabe und deine Komfortzone ist, wenn

- es dir am meisten Freude im Leben bereitet, neue Dinge anzustoßen.
- es, während du sitzt und meditierst oder einfach nur ausruhst, nicht lange dauert, bis neue Ideen wie von selbst heftig in dir hochblubbern.
- du immer viele neue Projekte in verschiedenen Entwicklungsstadien am Laufen hast und du es liebst, viele Dinge gleichzeitig am Start zu haben.
- andere dir das Kompliment machen, dass du kreativ bist.

Stelle sicher, dass du:

- dich dazu zwingst, von 3:00 Uhr weiter zu 6:00 Uhr zu gehen. Im Übungsteil findest du viele Ideen, die dir helfen. Wenn du versuchst, ein Projekt zu Ende zu bringen, geht es dir vielleicht wie einem Kind mit Aufmerksamkeitsdefizitsyndrom, das nicht still sitzen und sich lange auf eine Sache konzentrieren kann. Mach weiter in kurzen Schüben, dann entspanne und belohne dich.
- vorsichtig bist mit deinem Urteil über 9:00-Uhr-Menschen. Du blickst vielleicht auf Menschen herab, die sich unzulänglich oder noch nicht bereit fühlen, und bist ungeduldig mit ihnen. Du fragst dich, warum sie ihre Energie nicht einfach in etwas Kreatives leiten. Da 9:00 Uhr entgegengesetzt zu 3:00 Uhr ist, arbeitest du am besten mit Menschen zusammen, die bei 9:00 Uhr stark sind.

Tipps für 6:00-Uhr-Menschen

Deine Stärke liegt bei 6:00 Uhr, wenn
- andere sich darauf verlassen können, dass du dein Wort hältst.
- du gut organisieren kannst.
- du gerne Dinge abhakst.
- du ordentlich, gut organisiert und pünktlich bist.

Achte darauf, dass du
- dich zwingst, regelmäßig eine Pause zu machen, auch wenn etwas noch nicht fertig ist. Mach es dir zur Regel, auszuruhen und zu entspannen, ob das bedeutet, eine Tasse Tee zu trinken, einen Spaziergang zu machen, eine feste Yoga-Routine oder Tai Chi zu praktizieren. Es wird dir vorkommen, als würde es dich davon abhalten, Dinge zu erledigen, aber wenn es dir gelingt, sie ordentlich zu planen, sodass Nichtstun ein weiteres „To-do" ist, wirst du dadurch im Brillanz-Kreislauf weiterkommen.
- dir deiner Vorurteile und deiner Abneigung gegen spirituell orientierte 12:00-Uhr-Menschen bewusst bist. Menschen, die viel Zeit damit verbringen auszuruhen, Bäume anzustarren oder zu meditieren, erscheinen dir vielleicht faul und es scheint dir, als würden sie ihr Leben verschwenden. Du spottest vielleicht, dass sie zu viel Nabelschau betreiben. Als jemand, der sich um 6:00 Uhr wohlfühlt, hältst du die Räder am Laufen, aber dein Erzfeind von 12:00 Uhr erhält die Verbindung zu einer Energiequelle aufrecht, die größer ist als dein individuelles Handeln.

Tipps für 9:00-Uhr-Menschen

Du bist am stärksten um 9:00 Uhr, wenn
- du eine Sensibilität für deine eigene Schwäche entwickelt hast.

- du dir sehr bewusst bist, dass du es hättest besser machen können.
- du weißt, wenn du einen Fehler gemacht hast.
- die größte Freude deines Lebens ist, an dir zu arbeiten, neue Einsichten über deine Psyche und deinen Schatten zu gewinnen.
- du es als deinen Lebensinhalt betrachtest, dich von deiner Kindheit zu befreien, dich von den Traumata der Vergangenheit reinzuwaschen.
- du ein scheinbar unendliches Interesse an neuen Methoden hast, an dir zu arbeiten und dich zu vervollkommnen.

Stelle sicher, dass du

- erkennst, dass Selbstvervollkommnung nie zu Ende ist, und deshalb weißt, wann es Zeit ist zu „spülen". Denk an den Refrain von Leonard Cohens Hymne „Ring the bells, that still can ring, forget your perfect offering ..." (Deutsch: „Läutet die Glocken, die noch läuten können, vergesst euer perfektes Opfer").
- in deine „Selbstheilungskur" auch eine Übung aufnimmst, bei der es darum geht, Dinge einer Intelligenz zu übergeben, die größer ist als dein eigener Geist.
- die Berechtigung deiner häufig vorkommenden Gedanken akzeptierst wie „ich bin nicht gut genug", „ich bin ein Versager oder eine Versagerin" und dann übergib sie bewusst und entschlossen etwas Größerem, Intelligenterem, sei es ein Lehrer, eine Gemeinschaft oder eine intuitive Ahnung von Göttlichkeit.
- dir deines Vorurteils gegen 3:00-Uhr-Menschen bewusst bist. Menschen, die Bücher schreiben, leidenschaftlich ihre Gaben mit der Welt teilen, kommen dir vielleicht wie arrogante, halb gare Emporkömmlinge vor. Du bist häufig der Ansicht, jemand sei nicht qualifiziert für das, was er tut, denn was dich betrifft, bedarf es immer noch mehr Vorbereitung und Arbeit an dir.

Wir wollen alles, was wir behandelt haben, in einer hübschen kleinen Tabelle zusammenfassen. Sehr reizvoll für 6:00-Uhr-Menschen, aber es hat auch Spaß gemacht, sie sich auszudenken (3:00 Uhr).

Phase	Uhrzeit	Stark in	Strebt nach	Urteilt	Hat erledigt/ total einfach	Wichtige Übung zum Weiterkomen
meditativ	12	Die persönliche Perspektive transzendieren und loslassen	Lebenszweck, Aufgabe, Mission, Beitrag	Hyperaktiver Typ A	An dir selbst arbeiten, dich vorbereiten, Psychotherapie	Auf zarteste Impulse achten
kreativ	3	Neues anstoßen, initiieren	Fertigstellung, Vertrieb, Marketing, Menschen erreichen	Zurückhalten, Unzulänglichkeit, noch nicht bereit	Mit der Quelle in Verbindung treten	Erden und festigen, ein Projekt abschließen
aktiv	6	Dinge erledigen	Pausieren, Ausruhen, Erholen	Nabelschau, Shangri-La, OM chanten	Wissen, was zu tun ist	Pausieren und Ausruhen zur Regel machen
reflektiv	9	Den eigenen Schatten erkennen	Erleuchtung, Auflösung, Einheit	Halb gar, unreif, unqualifiziert	Spontan handeln	Loslassen, sich ergeben, sich einer größeren Macht hingeben

Kapitel 6
Das Kleingedruckte

Bis hier haben wir die verschiedenen Phasen des Kreislaufs beschrieben, wie wir stecken bleiben können und dadurch gehindert werden, Brillanz zum Ausdruck zu bringen. Aber wie heißt es so treffend: „Der Teufel steckt im Detail." Es folgen nun einige der nützlichsten und wichtigsten Fragen, die mir bezüglich des Brillanz-Kreislaufmodells gestellt wurden, und meine Antworten darauf. Wenn du nicht das ganze Kapitel in allen Einzelheiten lesen willst, beschränke dich auf die Fragen, die dich interessieren, und verweile ein paar Minuten dabei.

Bewusstheit ist der Schlüssel

Frage: *Ich habe zum ersten Mal vor einem Jahr bei einem Seminar von diesem Modell gehört. Ganz ehrlich, ich habe nicht viele der Übungen gemacht, die du uns gezeigt hast. Aber seitdem ich von diesem Kreislauf einfach nur gehört habe, habe ich beobachtet, dass meine kreative Energie viel mehr fließt. Wie ist das möglich?*

Das sagen zahlreiche Menschen. Vor vielen Jahren, als ich noch ein ganz junger Mann war und gerade die Universität verließ, besuchte ich ein Seminar von Paul Lowe. Er konnte manchmal ziemlich brutal sein und Menschen zeigen, wo ihr Problem lag oder wo sie unbewusst handelten. Eine Frau hatte Probleme mit ihrem Freund. Kühl und gelassen wies Paul sie auf all die Verhaltensweisen hin, bei denen sie kontrollierend, manipulativ und unehrlich war. Sie war am Boden zerstört, vor allen bloßgestellt.

„Es ist bestimmt was Wahres dran, an dem, was du sagst", presste sie hervor. „Was soll ich jetzt tun?"

"Du musst nichts tun", erwiderte Paul mit durchdringendem Blick. "Bewusstheit ist 97 Prozent der Arbeit."

An diese Worte habe ich mich in all den Jahren häufig erinnert. *Bewusstheit ist 97 Prozent der Arbeit.* Viele Menschen sagen das über den Brillanz-Kreis: Allein das Verständnis der verschiedenen Phasen und zu beobachten, wie sie in deinem Leben ablaufen, setzt schon kreative Energie frei. Mehr musst du nicht tun. Mit diesem Verständnis kannst du leicht erkennen, in welcher Phase des Kreislaufs du bist, zu welcher du vielleicht eine Neigung hast und weshalb du Widerstände hast, um weiterzugehen. Allein das Gewahrsein dessen setzt Dinge frei.

Der Kreislauf geht nur in eine Richtung

Frage: *Was geschieht, wenn wir versuchen, den Kreislauf andersherum zu durchlaufen oder einen Schritt zu überspringen?*

Für viele Menschen ist es sehr wichtig zu verstehen, dass der Kreislauf nur im Uhrzeigersinn funktioniert. Wenn du es zum Beispiel mit Terminen, Auflagen und Budgets zu tun hast, bei 6:00 Uhr bist und arbeitest, kannst du nicht aufhören und zum Flow zurückkehren. Der Flow hätte keine wirkliche kreative Kraft. Du würdest in einer Schreibblockade enden. Du musst erst Stress abbauen, kurz: 9:00 Uhr durchlaufen, und dann zumindest einen Geschmack von 12:00 Uhr bekommen, bevor neue Impulse bei 3:00 Uhr auftauchen.

Du musst bereit sein, dich fortwährend weiter durch den Kreislauf zu bewegen, du kannst nicht zurückgehen. Wenn du versuchst, zum Handeln zurückzukehren, nachdem du ein bisschen losgelassen hast, funktioniert das auch nicht. Dem Handeln fehlt die Inspiration, es ist mechanisch. Wenn du nach einem Moment des Erwachens versuchst, zur Auflösung zurückzukehren, schaffst du am Ende wieder psychologische Probleme, die schon verschwunden waren. Du gerätst in eine Endlosschleife der Selbstoptimierung. Wenn du versuchst, vom Flow zurück zum Erwachen zu gehen, wirst du frustriert. Viele erzählen mir, dass sie das Gefühl haben, den Rest nicht zu verdienen, wenn sie nicht einen Impuls ausgeschöpft haben. Wir müssen bereit sein, den ganzen Kreislauf im Uhrzeigersinn zu durchlaufen und jede Phase regelmäßig zu besuchen.

Neigung und Urteil sind Bettgenossen

Frage: *Du hast vorhin davon gesprochen, dass mit der Neigung zu einer Phase immer ein Urteil einhergeht. Warum ist das so?*

Der ganze Brillanz-Kreislauf beruht auf dynamischen Gegensätzen. Die Werte und Eigenschaften jedes einzelnen Punktes im Kreislauf sind der direkte Gegensatz der gegenüberliegenden Seite. Wenn du also eine Vorliebe für eine bestimmte Phase des Kreislaufs entwickelst, wirst du unausweichlich ein Urteil oder eine Abneigung gegen die gegenüberliegende Phase des Kreislaufs entwickeln.

Zum Beispiel sind 3:00 Uhr und 9:00 Uhr Gegensätze. 3:00 Uhr ist höchst angenehm: Das Gehirn produziert große Mengen Dopamin, ganz ähnlich wie bei Einnahme von Kokain oder sexueller Erregung. Es ist die Sucht nach Neuem. 9:00 Uhr auf der anderen Seite ist anfangs schmerzlich, entspannt sich jedoch schnell in Frieden und Hingabe. Um 3:00 Uhr hast du fast unendlich viel Energie und um 9:00 Uhr fühlst du dich erschöpft und brauchst Entspannung. Um 3:00 Uhr hast du das Gefühl, alles zu können, du fühlst dich unbesiegbar. Um 9:00 Uhr fühlst du dich unzulänglich und lernst, dich auf eine höhere Macht zu verlassen. Jede Eigenschaft und Definition, die wir für 3:00 Uhr geben können, wäre das genaue Gegenteil von dem, was für 9:00 Uhr gilt.

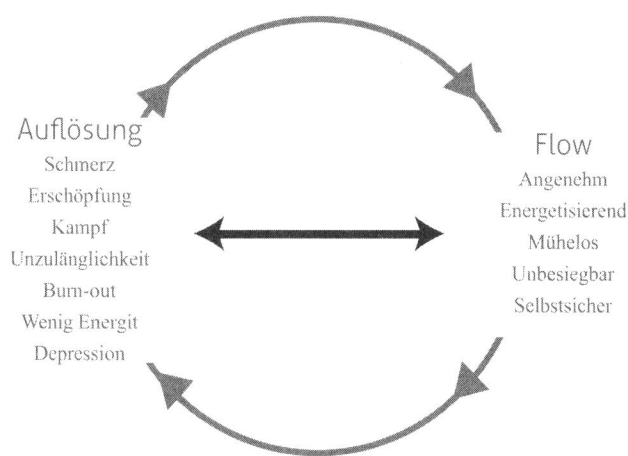

Eine ähnliche Polarität besteht zwischen 12:00 Uhr und 6:00 Uhr. 12:00 Uhr ist der Ort mystischer Erfahrung und Meditation. Es gibt keine Begrenzungen: grenzenloses, leeres Bewusstsein, ungeboren und frei. Um 6:00 Uhr geht es um Grenzen, Termine, Budgets, Vereinbarungen. Um 12:00 Uhr gibt es nicht das Gefühl, Handelnder zu sein, kein „Ich", die Dinge geschehen von allein. Um 6:00 Uhr gibt es Verantwortung, alles wird auf ein zentrales „Ich" bezogen. Um 12:00 Uhr geschieht nichts, es ist ruhig. Um 6:00 Uhr geht es nur ums Handeln.

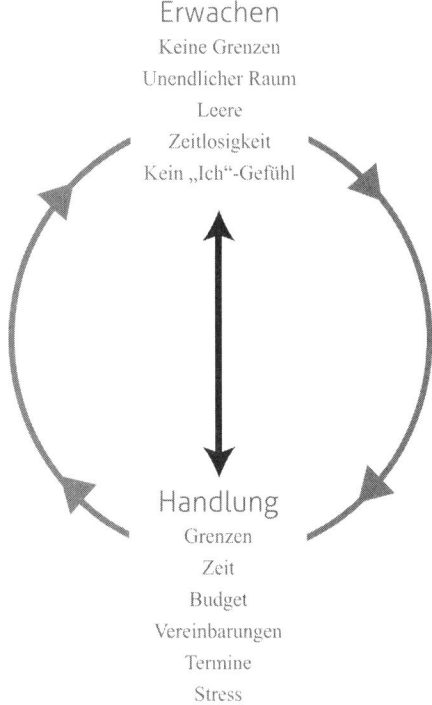

Der ganze Kreislauf beruht auf der Polarität von Gegensätzen. Das gilt genauso für alle Punkte zwischen den genannten. Zum Beispiel könnte 1:30 Uhr beschrieben werden als Zustand, auf den einige der Eigenschaften von 12:00 Uhr und einige von 3:00 Uhr zutreffen. Da ist noch ein Gefühl von Weite und Grenzenlosigkeit, aber es kommen auch schon zarte, noch ungeformte Impulse von Kreativität hoch. Der Gegensatz wäre 7:30 Uhr. Da bestimmen noch Handeln, Termine und Grenzen, aber es fällt schon in sich zusammen, lässt nach und stirbt.

Wenn wir bei irgendeinem der unendlich vielen Punkte des Kreislaufs verweilen, werden wir feststellen: Egal, was auf diesen Punkt zutrifft, das genau Gegensätzliche trifft auf den gegenüberliegenden Punkt des Kreislaufs zu. Wir müssen nicht versuchen, diese unterschiedlichen Eigenschaften zu verbinden oder zu denken, dass, weil einer richtig ist, der andere falsch sein muss. Wichtig ist, sich bewusst zu sein, dass alle Punkte gleichermaßen wichtige Aspekte von Brillanz sind und wir alle regelmäßig aufsuchen müssen.

Es gibt unendlich viele Punkte im Kreislauf

Frage: *Du hast es mit einer Uhr verglichen und vier Punkte auf der Uhr definiert. Halten wir uns eine Weile bei 12:00 Uhr auf und gehen dann direkt zu 3:00 Uhr oder gibt es weitere Punkte dazwischen?*

Wie bei einer Uhr oder einem Kompass gibt es unendlich viele Punkte dazwischen. Bei einer Uhr ist der Stundenzeiger nur für eine winzig kleine Zeitspanne *genau* bei 12:00 Uhr. Die Zeiger bewegen sich immer. Deshalb wäre es genauer zu sagen, dass du dich „durch 12:00 Uhr bewegst", nicht „bei 12:00 Uhr" bist. Es ist eine ständige Bewegung. Die Vorstellung, dass es eine unendliche Zahl von Stationen auf dem Weg gibt, macht es bedeutend einfacher zu verstehen, wo du bist.

Zum Beispiel hast du vielleicht eine ferne Ahnung von einer Geschichte, die durch dich erzählt werden will. Vielleicht tauchen kleine Fragmente in Träumen auf oder wenn du geistesabwesend in die Ferne starrst. Aber sie verschwinden wieder und werden vergessen. Diese Momente sind typisch für 1:15 Uhr.

Ich erinnere mich, dass Leonard Cohen so gut wie fertig mit einem neuen Album war, als ich ihn besuchte, *Dear Heather*. Die Songs waren aufgenommen und es war Zeit für den Final Mix, den Coverentwurf und den Vertrieb. Aber er erzählte mir, dass sich hin und wieder etwas noch nicht ganz richtig anfühlte und er deshalb noch einmal ins Studio gehen und den Teil noch einmal aufnehmen würde. Das klingt wie 5:15 Uhr. Der Großteil der kreativen Energie ist verbraucht und du bist schon zum Handeln übergegangen, aber da ist noch ein wenig Kreativität, die verlöschende Glut eines Feuers.

Ich habe einmal mit einem Klienten namens Stephan gearbeitet, der gerade ein großes Forschungsprojekt beendete, das von der deutschen Regierung finanziert wurde. Er war an einen Punkt gekommen, an dem er das Gefühl hatte, zur falschen Zeit am falschen Ort zu sein. Er hatte fast völlig seinen Elan verloren. Er stand zwar jeden Tag auf und ging zur Arbeit, arbeitete bis ins Detail peinlich genau, hatte aber mehr Interesse daran, in sich zu gehen und mit mir über die Erforschung der Seele zu sprechen. Er hatte das Gefühl, sein Leben zu verschwenden, als ob die Leiter an der falschen Wand lehnte. Stephan war irgendwo bei 8:15 Uhr. Er konnte sich noch motivieren, Dinge abzuhaken, aber er hatte eigentlich genug davon und wollte lieber sich selbst erforschen.

Als ich zum ersten Mal mit Ursula arbeitete, hatte sie gerade mehrere Jahre Suchtbehandlung hinter sich. Sie war Mitglied der Anonymen

Alkoholiker gewesen und hatte mit einem Therapeuten gearbeitet. Sie hatte den Hoffmann-Prozess absolviert und viele andere psychologische Reisen unternommen. Aber sie hatte genug davon. Sie war an den Punkt gekommen aufzugeben, hatte das Gefühl, dass sie unheilbar wäre. Das war hauptsächlich ein Gefühl der Verzweiflung. Sie hatte wirklich genug davon, an sich zu arbeiten, und war bereit, ihre Intuition für etwas Größeres jenseits des Geistes zu entdecken. Ursula war ungefähr bei 10:45 Uhr, als wir uns trafen. Sie konnte sich immer noch über Scham, Unzulänglichkeit und Reue unterhalten, aber es kam ihr allmählich vor wie eine Schallplatte, die einen Sprung hat.

Wie wähle ich eine Übung?

Frage: *Wenn ich den Kreislauf verstanden habe und wie wir stecken bleiben können, woher weiß ich, welche Übung ich machen sollte?*

In der Tat bist du die am schlechtesten qualifizierte Person auf diesem Planeten, um zu entscheiden, welche Übung du ausführen solltest! Du hast einfach keinen objektiven Blick darauf, weil du meistens so von einer Phase fasziniert bist, dass du über andere Phasen urteilst oder in Widerstand dazu stehst. Suche dir jemand Außenstehenden, mit dem du zusammen die am besten geeigneten Übungen für dich findest.

Ich fand es reizvoll, mir verschiedene Übungen aus verschiedenen Traditionen und Bereichen anzusehen und zu überlegen, wie sie in den Kreislauf passen. Da der Kreislauf auf Polaritäten beruht, wäre eine Übung, die in einer Phase hilfreich ist, natürlich das Schlimmste, was man in der gegenüberliegenden Phase des Kreislaufs tun kann.

Wenn du zum Beispiel irgendwo zwischen 12:00 Uhr und 3:00 Uhr feststeckst, ist es hilfreich, Übungen zu wählen, die dich dabei unterstützen, mehr auf die feinsten Impulse in deinem Geist zu achten. Wenn du eine schwache Melodie in deinem Kopf hörst, brauchst du Übungen, um sensibler zu werden. Du könntest ein Aufnahmegerät mit dir herumtragen, um festzuhalten, was du gerade gehört hast. Wenn du Bücher schreibst wie ich und zwischen 3:00 Uhr und 12:00 Uhr stecken bleibst, brauchst du ein Mittel, um neue Ideen anzunehmen und festzuhalten, wenn sie sprießen. Wenn du dagegen irgendwo zwischen 6:00 Uhr und 9:00 Uhr feststeckst, wo dein Geist auf Hochtouren läuft, ständig überzeugt, dass es einen weiteren Notfall mit dringendem Handlungsbedarf gibt, brauchst du Übungen, die dir helfen loszulassen, und dir ermöglichen, Gedanken vorbeiziehen zu lassen, ohne ihnen Beachtung zu schenken. Diese Übungen sind gegensätzlich.

Wenn du irgendwo zwischen 3:00 Uhr und 6:00 Uhr stecken bleibst, musst du ein Aufgabenmanagementsystem wählen, einen Businessplan erstellen, ihn in kleine diskrete Segmente unterteilen, abhaken, dir einen „Rechenschaftspartner" suchen, um sicher zu gehen, dass du dein Wort hältst. Wenn du demgegenüber zwischen 9:00 Uhr und 12:00 Uhr hängen bleibst, brauchst du vielleicht gerade die gegensätzliche Art Übung: Unterstützung im Loslassen, im Erkennen der Vergeblichkeit individuellen Handelns und Zurückgeben von allem, Bewusstwerden der Bedeutungslosigkeit deiner kleinen persönlichen Anstrengungen in Bezug auf die großen Kräfte, die uns am Leben erhalten.

Die Dauer eines Durchgangs

Frage: *In welchem Zeitraum sollte man idealerweise den Kreislauf durchlaufen?*

Das ist eine gute Frage. Tatsächlich durchläufst du den Kreislauf in kleinerer und größerer Form ständig. Es gibt Kreisläufe in Kreisläufen.

Wenn du morgens aufwachst, weißt du nicht wirklich, wo du während der Nacht warst. Du hast ein paar Erinnerungen an Träume, aber überwiegend war es traumloser Schlaf. Der Körper war in tiefer Ruhe und der Geist in einen Zustand unendlicher Leere zurückgekehrt. Auch wenn es unbewusst ist, gehen wir jede Nacht zu 12:00 Uhr. Der Tag beginnt damit, noch einmal zu 12:00 Uhr zu gehen, aber jetzt auf bewusstere Art. Es ist eine gute Zeit für stille Meditation. Sonnenaufgang ist die beste Zeit für kreative Ideen, also in Phase 3:00 Uhr einzutreten. Alles um dich herum wacht auf, deine Energie ist nach dem Schlafen auf einem hohen Niveau und du bist am klarsten. Nach dem Frühstück wird der mittlere Teil des Tages 6:00 Uhr gewidmet: Dinge erledigen und Wort halten. Wenn am Abend das Licht schwindet, ermüdest du. Das ist eine gute Zeit für Selbstreflexion, deine Fehler zu erkennen und einzugestehen, es ist die 9:00-Uhr-Phase. Und anschließend, wenn der Abend kommt, kehrst du zurück in die Dunkelheit, zurück zu 12:00 Uhr.

Der Kreislauf spielt sich auch während der Woche ab. Für viele Menschen ist Sonntag die Zeit des Nichtstuns, die 12:00-Uhr-Phase. Sonntagabend oder Montagmorgen ist eine gute Zeit, um darüber nachzudenken, was du in der Woche schaffen willst, es ist die Phase 3:00 Uhr. Die Mitte der Woche kann aktiver sein, Dinge werden erledigt. Freitagabend oder Samstagmorgen nimmt die Energie ab und du musst damit rechnen, reizbarer und niedergeschlagen zu sein. Das ist die 9:00-Uhr-Phase. Und so kehrst du wieder zurück zu 12:00 Uhr.

Der Kreislauf vollzieht sich auch während des Jahres, den verschiedenen Jahreszeiten entsprechend. Winter ist eine Zeit des Rückzugs, eine Zeit der Dunkelheit und eine ideale Zeit, um auf ein Meditationsretreat zu gehen. Wenn im Frühling die Bäume die ersten Blüten bekommen und der Vogelgesang wiederkehrt, ist eine gute Zeit, mehr Aufmerksamkeit neu aufkeimender Kreativität zu widmen. Vom späten Frühling bis zum frühen Herbst ist eine gute Zeit, um Dinge zu erledigen: das Haus zu bauen, die CD aufzunehmen, das Produkt auf den Markt zu bringen. Die Tage sind am längsten und du hast am meisten Energie. Wenn die Blätter im Herbst von den Bäumen fallen, die Tage kürzer und regnerischer werden, ist eine gute Zeit, um die 9:00-Uhr-Phase willkommen zu heißen. Du hast ein Gefühl der Melancholie und Niedergeschlagenheit. Es ist die Zeit, um die Grenzen deiner menschlichen Existenz zu akzeptieren.

Schließlich spielt sich der Kreislauf in jedem Zeitrahmen ab, zum Beispiel über die Dauer eines kreativen Projektes. Abhängig vom Umfang des Projektes ist die Zeit, die in jeder Phase verbracht wird, kürzer oder länger. Du beginnst vielleicht, indem du zu einem Retreat gehst oder in den Urlaub fährst, dich wirklich erholst und loslässt. Dann beginnen die Ideen zu fließen, kommen von ganz allein. Du beginnst sie festzuhalten, du machst Notizen. In der nächsten Phase engagierst du einen Webdesigner, kalkulierst die Kosten, machst einen Plan und führst ihn aus. Viele Menschen haben eine Zeit lang ein kreatives Tief, wenn sie ein Projekt beendet haben: Burn-out. Das musst du ertragen, loslassen und dann neue Energie bei 12:00 Uhr finden.

Weite ist Teil eines größeren Kreislaufs

Frage: *Viele verschiedene Traditionen, Kulturen und Lehren betrachten das Leben als einen Weg, eine Reise zu einem Zustand des Angekommenseins, der Erleuchtung oder Befreiung genannt wird. Wie passt das Modell des Kreisbildes in diese Vorstellung?*

Es ist eine der nützlichsten und revolutionärsten Wirkungen des Kreisbildes, dass es uns ermöglicht, Spiritualität und Erfahrungen von Weite in einen anderen Zusammenhang zu stellen. Wir sind alle von vielen verschiedenen Traditionen beeinflusst, durch die Art von spirituellem Bild, das du gerade beschreibst. Es ist die Vorstellung, dass wir uns auf einem spirituellen Pfad vorwärtsbewegen, gefangen im Ego, aber uns langsam entwickeln und wachsen und eines Tages, in diesem Leben oder einem anderen, erreichen wir einen erleuchteten Zustand und es ist ausgestanden. Wenn dir das einleuchtet, wer bin ich, dir etwas anderes zu erzählen? Ich kann nur ehrlich sein und sagen, dass ich es nicht mehr so betrachte und dass viele Menschen, die ich gecoacht habe, ebenfalls sehr erleichtert waren, als sie es nicht mehr so gesehen haben. Der Brillanz-Kreislauf ermöglicht es uns, Momente tiefer Entspannung in einem Zustand der Stille als Teil eines größeren Kreislaufs zu betrachten. Wir müssen nicht unbedingt dauernd in einem erweiterten Bewusstseinszustand sein.

Wenn du niemals mit der unendlichen Dimension des Geistes in Verbindung trittst, schneidest du dich von der wahren Quelle der Inspiration und Gesundheit ab. Aber wenn du beschließt, den erweiterten Bewusstseinszustand nicht mehr zu verlassen, wirst du nie mehr zu 6:00 Uhr gehen und nichts wird erledigt. Das Modell des Brillanz-Kreislaufs vermittelt dir ein ganz anderes Verständnis davon, wie Erwachen in den größeren Kontext eines brillanten Lebens gehört.

Auf diesem Planeten zu sein, ist ein bisschen, wie Disneyland zu besuchen. Du zahlst einen Eintrittspreis und dann hast du Hunderte von Fahrten zur Auswahl. Manche sind sehr langsam, mit Musikgeklingel, manche sehr schnell mit „Juchhe". Manche machen Angst, manche sind lustig. Manche sind im Dunkeln, manche hell erleuchtet. Du kannst jede Fahrt nehmen, die du willst. Es gibt keine „Polizei", die kontrolliert, was du gewählt hast. Du kannst dieselbe Fahrt immer wieder und wieder machen, wenn du möchtest. Keine zwei Menschen werden an einem Tag in Disneyland dieselbe Erfahrung machen. Jeder wählt seine eigene einmalige Kombination von Fahrten.

Unser Leben ist genauso. Es gibt keine Regeln. Wenn dir die Vorstellung gefällt, mit geschlossenen Augen in einer Höhle zu sitzen und dich in OM zu versenken, mach es. Keine Regeln. Wenn dir die Vorstellung gefällt, die „Opfer-Fahrt" zu machen, kannst du das gerne tun. Viel Geld verdienen? Fantastische sexuelle Abenteuer? Politische Macht? Gemein und böse sein? Heilig und rechtschaffen? Es gibt keine Regeln. Genieß die Fahrt, für die du dich entscheidest, und lass alle anderen auch ihre Fahrt genießen.

Gärtner werden

Frage: *Woran erkenne ich den Unterschied zwischen ursprünglichen Gedanken und recycelten Gedanken?*

Ich esse jetzt seit fast 60 Jahren Gemüse. Letztes Jahr habe ich zum ersten Mal in meinem Leben die Erfahrung gemacht, es selbst zu ziehen. Das war ein neues, aufregendes Abenteuer für mich. Ich kaufte die Samen, las mindestens zehn Mal die Anweisung auf der Rückseite der Packung und ging dann mit einer Bangigkeit wie beim ersten Fallschirmsprung in den Garten, zog eine schmale Furche in die Erde und streute die Samen hinein. Anschließend bedeckte ich sie wieder mit Erde. Dann betete ich inbrünstig. Mehrmals am Tag ging ich in den Garten und wartete ängstlich auf einen Fortschritt. Es kostete mich große Mühe, mich zu beherrschen, um die Samen nicht wieder auszugraben und nachzusehen, wie sie sich machten. Schließlich, nach zehn quälenden Tagen ein Wunder: Winzige grüne Triebe suchten durch die Erde den Weg ans Sonnenlicht.

Glory, Glory, Glory, Halleluja!

Tage- und wochenlang goss ich sie, sang ihnen etwas vor, sorgte für Schatten gegen zu viel Sonne. Nach ein paar Wochen lud ich meine Frau Chameli ein, mit in den Gemüsegarten zu kommen, damit wir zusammen das Wunder bestaunen konnten. Sie wusste sehr gut, wie wichtig mir das war. Beim Anblick der beiden kleinen Ohren der Zucchinipflanze gab sie gurrende Laute von sich. Sie lachte entzückt über die kleine Tomatenpflanze. Dann trat sie einen Schritt zurück und platzierte ihren Fuß fest auf eine Reihe Karotten. Ich schrie aus vollem Hals wie jemand, der Zeuge eines Massenkindermordes ist. Natürlich nahm sie sofort den Fuß weg, entschuldigte sich überschwänglich und bot lebenslange Abbitte verschiedener Form an. Ich weiß, dass sie weder bewusst noch unbewusst die Absicht hatte, meine Babys zu ermorden. Sie trat auf die Karotten, weil sie noch sehr klein waren und – hier kommt die Pointe – weil sie genau wie Unkraut aussahen. Wenn du nicht wie ich den Gemüsegarten wochenlang zum Zentrum deines Universums gemacht hast, ist es bei oberflächlicher Betrachtung schwierig, den Unterschied zwischen den zarten grünen Karottenblättern und dem normalen Gartenunkraut, das überall wächst, zu bemerken.

Genauso ist es mit dem kreativen Flow. In unseren Köpfen schwirren in jedem einzelnen Moment so viele willkürliche, verrückte, chaotische und vollkommen irrelevante Gedanken herum. Überwiegend sind es Ablenkungen vom kreativen Prozess, kleine Triebe, die gejätet, nicht gewässert werden müssen. Nur wenige davon sind ursprüngliche kreative Impulse und du musst sie bemerken. Wie in aller Welt erkennst du den Unterschied zwischen einem Gedanken, der Unkraut ist, und Impulsen, die direkt einem göttlichen Geist entspringen? Die Antwort ist, indem du wie ich anfängst, dich fürs Gärtnern zu interessieren. Du musst Zeit im Garten verbringen, in der Erde wühlen, dich damit vertraut machen, was auf der sehr feinen Ebene vor sich geht. Dann und nur dann weißt du, was du jäten und was du hegen musst.

Du kommst nie an

Frage: *Ich habe viele Jahre meditiert. Wenn ich Zeit bei 12:00 Uhr verbringe, wie du es nennst, habe ich immer das Gefühl, ich könnte noch tiefer gehen, dass ich noch nicht wirklich angekommen bin. Du sagst, es gibt keine Erleuchtung, aber ich weiß intuitiv, dass es einen endgültigen Zustand der Befreiung gibt, den ich noch nicht erreicht habe.*

Was du beschreibst, trifft auf jede Phase des Kreislaufs zu. Das ist eine unglaublich wichtige Einsicht, um den Weg für kreative Brillanz und radikale Meisterschaft freizumachen. Egal, wo du dich im Kreislauf befindest, du wirst immer das Gefühl haben, du könntest noch tiefer gehen und willst daher noch länger dort bleiben. Es gibt keinen Punkt, an dem man angekommen ist, auch wenn wir durch alle möglichen Einflüsse dazu gebracht wurden, das zu glauben. Um 12:00 Uhr glauben wir: *Wenn ich nur ein bisschen mehr meditierte, würde ich die Grenze überschreiten, eins mit dem Unendlichen werden und das persönliche Ego und all seine Gemeinheit würde für immer verschwinden.* Was mich angeht, ist das ein Mythos, ein Märchen. Das unendliche, reine Bewusstsein ist immer da, kann immer betreten und besucht werden, aber es gibt immer unendlich mehr Unendlichkeit, egal, wie weit du gehst.

Dasselbe gilt für 3:00 Uhr. Kreative Menschen werden immer das Gefühl haben, dass sie noch nicht fertig sind. Das weiß ich aus eigener Erfahrung. An irgendeinem Punkt musst du das Buch einfach veröffentlichen, so unvollkommen, wie es ist. Wenn du auf weitere kreative Impulse wartest, um es noch besser zu machen, wartest du für immer. Musik ist nie perfekt. Ein Bild ist niemals vollkommen schön. Wir verbringen Zeit bei 3:00 Uhr, im kreativen Flow, und an irgendeinem Punkt ist es Zeit weiterzugehen, auch wenn du nie wirklich fertig bist.

Um 6:00 Uhr machst du dieselbe Erfahrung mit deiner To-do-Liste. Sehr produktive Menschen haben das Gefühl, *wenn ich nur ein bisschen mehr Zeit aufbringen könnte, könnte ich meine To-do-Liste abarbeiten und eine Art Zustand perfekter Ordnung erreichen, wo alles erledigt ist.* Aber so ist das Leben nicht. Du hakst eine Sache ab und drei andere tauchen auf, die erledigt werden müssen. Die To-do-Liste wird ständig verkürzt und ergänzt, solange du dich im Leben engagierst. Es gibt keinen Punkt, an dem man angekommen ist.

Schließlich, das ist vielleicht am wichtigsten, bist du niemals fertig mit der Arbeit an dir selbst, damit, dich selbst zu heilen bei 9:00 Uhr. Als ich ein Kind war, hatte mein Vater mehrere Freunde, die sich intensiv mit Psychoanalyse beschäftigten. Manche verbrachten jeden Tag eine Stunde beim Therapeuten. Das ist kein Scherz. Ich ging dann zur Universität und nachdem ich meinen Abschluss hatte, reiste ich nach Indien, anschließend lebte ich eine Weile in Italien. Als ich in meinen frühen 20ern wieder zu meinem Vater zog, gab er mir zu Ehren ein Abendessen. Ich traf all die Freunde wieder, die jetzt ein bisschen grauer, faltiger und kahler waren. Ich fragte eine von ihnen: „Gehst du immer noch zur Analyse?"

„Oh nein", sagte sie. „Ich habe vor ein paar Jahren aufgehört."

„Oh", sagte ich. „Hat es schließlich funktioniert? Bist du geheilt worden?"

„Nein", erwiderte sie ein bisschen verlegen. „Ich hatte kein Geld mehr."

Genauso ist es, verstehst du. Du wirst niemals die Traumata deiner Kindheit ein für alle Mal überwinden und dich von all deinen Neurosen befreien. Stattdessen stellst du fest, dass es zwar gesund ist, 9:00 Uhr eine Weile zu besuchen, früher oder später gibst du jedoch auf, dich selbst zu vervollkommnen und wendest deine Aufmerksamkeit etwas Größerem zu als deinem kleinen „Ich".

Aus Scham und Bedauern lernen

Frage: Ich kann die Aussage, dass Scham und Reue ein heilsamer Teil des Kreislaufs sind, nur schwer akzeptieren.

Bei 9:00 Uhr geht es nicht nur um Loslassen. 9:00 Uhr ist auch die Stelle im Kreislauf, wo wir Scham erleben. Scham gilt heutzutage oft als ungerechtfertigt, genauso wie Bedauern, Reue, Abbitte und Unzulänglichkeit. Scham wird häufig als schädliches Gefühl betrachtet. Wenn man dazu neigt, sich grundlos zu schämen, weil es zur Angewohnheit geworden ist, ist es selbstverständlich ungesund. Unter den richtigen Umständen kann es jedoch heilsam und klug sein, Scham zu empfinden. Manchmal.

Das Gefühl, unbedeutend oder unzulänglich zu sein, wenn du dich mit anderen vergleichst, kann lähmend sein. Wenn du dich jedoch mit der großen Kraft vergleichst, die dir Leben schenkt – wir wissen nicht, was es ist –, dann ist es ziemlich klug, sich unbedeutend zu fühlen. Es ist vergleichbar mit jemandem, der mit dem Zug fährt und versucht, nach vorn durch den Zug zu rennen, um schneller anzukommen, und sich dann entspannt, weil ihm klar wird: „Was auch diesen Zug führt, wird mich schneller dorthin bringen, wo ich hin will, als wenn ich laufe. Ich kann mich genauso gut hinsetzen und mich fahren lassen."

Ich schäme mich jeden Tag ein bisschen wegen irgendetwas – ob ich vergessen habe, den Müll hinauszubringen, oder nicht Wort gehalten habe gegenüber meiner Frau. Eine Coachingschule zu leiten gab mir fast täglich Gelegenheit, mich für etwas zu schämen. Es waren so viele Dinge zu bedenken und ich vergaß immer etwas. Jemand hat sein Zertifikat nicht bekommen, ein aufgezeichneter Anruf wurde nicht korrekt weitergeleitet. Zur richtigen Zeit und unter den richtigen Umständen ist Scham nützlich. Wenn du dich schämst, besteht die Möglichkeit, dass du etwas lernst und es besser machst. Um 3:00 Uhr schämst du dich nicht. Du bist inspiriert, positiv und optimistisch. Auch um 12:00 Uhr schämst du dich nicht: Es gibt kein Gefühl mehr von jemandem, der etwas tut, wofür er sich schämt. Schamgefühl wird erst um 6:00 Uhr möglich, wenn es Termine und Abmachungen gibt, Kosten und die Notwendigkeit zu handeln, Stellung zu beziehen und Entscheidungen zu treffen. In diesem Bereich bieten sich Gelegenheiten für Schamgefühl. Wenn du eine

Entscheidung triffst, hast du eine Chance von 50/50, entweder ein gutes Gefühl dabei zu haben, oder das Gefühl, dass du es vermasselt hast. Scham, Bedauern und Versagen sind sehr wahrscheinliche Folgen, wenn du um 6:00 Uhr handelst. Ich behaupte, dass es gut ist, diese Gefühle zu haben.

Wenn du wirklich von 6:00 Uhr zu 12:00 Uhr kommen willst, führt der einfachste Weg über ein angemessenes Schamgefühl. Ich weiß, dass das eine sehr unpopuläre Ansicht ist. Scham, Bedauern, geringes Selbstwertgefühl, das Gefühl, dass du ein Versager oder eine Versagerin bist, all das ist jedoch unter den richtigen Umständen überaus klug. Sobald du unten bei 6:00 Uhr eine Verbindung eingehst und eine handelnde Person wirst, die Dinge entscheidet und kontrolliert, wirst du eine potenzielle Katastrophe. Die schnellste Art, sich davon zu befreien und in die Weite zurückzukehren, ist Einsicht in die unleugbare Wahrheit deiner eigenen Unzulänglichkeit. Sich unzulänglich oder „weniger bedeutend" zu fühlen, kann klug sein. Du bist unbedeutender als die geheimnisvolle Kraft, die dir Leben schenkt.

Wir können diese Art Gefühle in neuem Kontext wiederaufleben lassen. Wenn du merkst, dass du in der Phase des Loslassens bist, sind Gefühle des Bedauerns, Versagens und der Scham der kürzeste Weg, um deine Identität loszulassen und zu Formlosigkeit zurückzukehren. Diese Gefühle werden aufkommen, wenn du bei 9:00 Uhr bist. Wenn du innehältst, nachdem du mit etwas beschäftigt warst, hast du oft das Gefühl, versagt zu haben. Das ist der Prozess des Loslassens. Ich habe lange gebraucht, um diese Gefühle voll und ganz schätzen zu lernen und sie zu feiern. Wenn du am Ende des Tages müde bist und das Gefühl „ich hab's vermasselt" aufkommt, bringt dich das schnell dazu, das Festklammern am nutzlosen „Ich" zu lassen und mit der Kraft, die dir Leben schenkt, zu verschmelzen.

Du brauchst Strom

Frage: *Wozu brauchen wir 12:00 Uhr? Kann man nicht trotzdem kreativ sein?*

Hast du schon einmal einen Mixer gekauft? Du trägst ihn nach Hause, packst ihn aus und baust ihn zusammen. Es gehört ein Behälter dazu, der oben auf den Motorblock gesetzt wird. Vielleicht hast du schon einmal einen Smoothie in deinem örtlichen Naturkostladen probiert. Du weißt noch, wie gut er geschmeckt hat. Deshalb beschließt du: „Ich bereite mir einen Smoothie." Du gibst Kokosmilch, Banane, Heidelbeere, Spinat, Avocado, Ananas, Proteinpulver in den Mixer, verschließt ihn und wartest. Aber als du ausgießen willst, sind alle Zutaten noch fest. Merkwürdig. Dann bemerkst du, dass unten im Behälter Klingen sind. Vielleicht sollen sie sich drehen? Du tauchst deine Hand durch die Ananas und Bananen und drehst die Klingen mit der Hand, aber du hast noch immer keinen richtigen Smoothie, selbst dann nicht, als du versuchst, die Klingen schneller zu drehen. Was musst du mit dem Mixer machen, um einen richtigen Smoothie zu bereiten? Du musst das Kabel in die Steckdose stecken. Ein Mixer funktioniert nicht ohne Strom. Wenn du die Klinge mit der Hand drehst, bekommst du niemals einen Smoothie. Schließ ihn an eine Energiequelle an und du hast in 30 Sekunden einen Smoothie. Dasselbe gilt für einen Computer, eine Waschmaschine, einen Staubsauger: Sie sind nutzlos, wenn du sie nicht an eine Energiequelle anschließt.

Auch du bist nutzlos, wenn du nicht angeschlossen bist. Als separiertes Wesen kannst du überhaupt nichts machen, wenn du von der Quelle getrennt bist, die dir Leben schenkt. Es hängt alles davon ab, dass du angeschlossen bist. Dafür ist 12:00 Uhr im Kreislauf. Ohne 12:00 Uhr bist du darauf beschränkt, die Klinge des Mixers mit der Hand zu drehen. Ohne 12:00 Uhr gibt es keine Ursprünglichkeit, keine Spontaneität, keinen Humor, keine Brillanz – nichts. Du bist einfach ein weiteres Rädchen in der Maschine.

Traumata verstehen

Frage: Du beschreibst die 9:00-Uhr-Phase als eine Zeit, Stress loszulassen, der sich während des Tages oder der Woche aufgebaut hat. Aber was ist mit tieferen Traumata, die wir über einen viel längeren Zeitraum angesammelt haben?

Wir können ein Trauma als ein Ereignis definieren, das überwältigend ist, ob plötzlich und schnell oder eher langsam, so sehr, dass du dich nicht gleichzeitig davon befreien kannst und es in dir eingeschlossen wird. Ein Autounfall ist ein Trauma. Zu lange in einer IT-Firma ohne angemessene Unterbrechung zu arbeiten, ist auch eine Art Trauma. Es ist kein plötzliches traumatisches Erlebnis, sondern traumatisch in dem Sinne, dass du Stress schneller aufgebaut hast, als du abbauen konntest. Du kannst ein körperliches Trauma durch einen plötzlichen heftigen Schlag hervorrufen, aber auch durch andauernden Verschleiß.

Sich Traumata zu stellen und sich davon zu befreien, ist das Wesentliche bei 9:00 Uhr. Jede Methode, die von Traumata befreit, kann bei 9:00 Uhr hilfreich sein.

Wenn du vergisst zu spülen, bleibst du bei 9:00 Uhr stecken. Spülen bedeutet, dass du irgendwann aufgibst, anstatt weiterzumachen, bis du alles vollkommen abgearbeitet hast. Du sagst dir: „Ich bin unheilbar. Diese menschliche Form ist dauerhaft und unwiderruflich unvollkommen. Sie hat einen Sprung." Du könntest eine Primärtherapie beginnen. Aber wenn du die Therapie fortsetzen willst, bis du jede frühkindliche Schmerzerfahrung überwunden hast, wirst du für immer bei 9:00 Uhr bleiben. Du könntest die Methode von Byron Katie anwenden, aber wenn du dir diese vier Fragen stellst, bis nichts mehr zu hinterfragen bleibt, wirst du Byron Katies Methode für den Rest deines Lebens fortsetzen und niemals dazu kommen zu leben. An irgendeinem Punkt musst du spülen. Du könntest auch Rolfing machen. Wenn du das Ziel hast, einen vollkommen spannungsfreien Körper zu haben, wirst du dein ganzes Leben mit Körperarbeit verbringen und zu nichts anderem kommen. Das gilt für jede Art, an dir zu arbeiten. Du wirst niemals an einen Endpunkt kommen. An irgendeinem Punkt musst du einfach komplett aufgeben und an eine Quelle zurückkehren, die du nicht verstehst. Dasselbe gilt für jede Art persönlicher Wachstumsarbeit. Wenn du dir Vervollkommnung als Ziel setzt, wird es ein endloser Prozess und du wirst niemals weiterkommen und dich deiner Gabe zuwenden. An einem Punkt musst du sagen, dass es reicht, und spülen. „Ich habe genug an mir gearbeitet. Ich bin vielleicht nicht vollkommen geheilt, aber es ist ausreichend, um für die Kraft, die mir Leben schenkt, von Nutzen zu sein." Das ist der Moment, in dem du im Kreislauf weitergehst und dich 12:00 Uhr zuwendest. Du lässt den Anspruch los, an dir selbst zu arbeiten.

Double Bind oder die Zwickmühle

Frage: *Du hast gesagt, dass die 6:00-Uhr-Phase unausweichlich zu einem Gefühl des Versagens, der Scham und des Bedauerns führt. Das klingt ein bisschen pessimistisch. Gibt es nicht Menschen, die um 6:00 Uhr große Dinge im Leben leisten und richtig zufrieden damit sind, was sie geleistet haben?*

Sicherlich entsteht Befriedigung daraus, Dinge zu erledigen und ein Projekt abzuschließen. Es ist eine angenehme Erfahrung, denn das Gefühl, etwas erfolgreich beendet zu haben, setzt Endorphine im Gehirn frei. Aber bitte lass mich erklären, warum ich von der Unvermeidlichkeit dieser Gefühle gesprochen habe.

Einer der größten Denker des 20. Jahrhunderts neben Alan Watts, George Gurdjeff und Albert Einstein war ein Genie namens Gregory Bateson. Er war ein radikal brillanter Mann. In seinem Buch Ökologie des Geistes beschreibt er das Phänomen, das allgemein als „Double Bind" bekannt ist. Es funktioniert ungefähr so: Wenn du dich völlig darauf konzentrierst, am Leben teilzunehmen, was wir hier 6:00 Uhr nennen, musst du all den Dingen gerecht werden, über die wir gesprochen haben – Terminen, Absprachen, Budgets. Aber mehr als jede andere Phase des Kreislaufs erfordert 6:00 Uhr, sich zu entscheiden, Entscheidungen zu treffen, für die du später verantwortlich gemacht wirst. Früher oder später wird eine solche Verantwortung dazu führen, dass du unmögliche Entscheidungen treffen musst, was Bateson treffend „Double Bind" nennt.

Ein klassisches Beispiel dafür ist das, was meinem Namensvetter Arjuna vor 5000 Jahren in der Schlacht von Kurukshetra geschah und zu seinem

Gespräch mit Krishna in der *Bhagavad Gita* führte, durch das er unsterblich wurde. Arjuna stand vor einem unmöglichen Dilemma. Er sollte einen Krieg zwischen den Kräften des *Dharma* und *Adharma* führen, frei übersetzt die Guten gegen die Bösen. Er sollte die Werte schützen, die ein geordnetes Leben garantieren. Aber es gab ein Problem. Auf der anderen Seite standen viele seiner Verwandten, einschließlich seines Großonkels Bhisma, der ihn als Kind mehr oder weniger großgezogen hatte. Das war eine unmögliche Entscheidung, für die es keine offensichtliche Lösung gab. Entweder kämpfen, was wahrscheinlich bedeuten würde, Menschen zu töten, die er am meisten liebte, oder den Kampf aufgeben, was wegen seiner Stellung als *Kshatriya* äußerst unehrenhaft sein würde. *(Im indischen Kastensystem Bezeichnung für Mitglieder des zweiten Standes, der ursprünglich hauptsächlich aus Kriegern, Fürsten und Königen bestand, Anm. d. Übers.)* Angesichts dieses Double Bind gerät er in Panik und Depression, was Krishna die vollkommene Gelegenheit bietet, ihn aus dem Dilemma heraus zu einer Wahrheit zu führen, die beide Seiten des Paradoxes transzendiert und zugleich einschließt.

Etwas Ähnliches gilt für Hamlet, Tausende von Jahren später, auch er steht vor einer unmöglichen Entscheidung. Hamlet trifft den Geist seines Vaters, der Hamlet erzählt, er wäre von seinem Bruder ermordet worden, und Hamlet befiehlt, seinen Tod zu rächen. Hamlet steht ebenfalls vor einer unmöglichen Wahl. Sollte er handeln, wie der Geist ihm befohlen hatte, und Gerechtigkeit wiederherstellen, oder war es möglich, dass der Geist nur eine Ausgeburt seines eigenen verwirrten Geistes war und nicht beachtet werden müsste? Dieses Dilemma ist in einem der berühmtesten Absätze der englischen Sprache zusammengefasst (hier auf Deutsch):

Sein oder Nichtsein; das ist hier die Frage:

Obs edler im Gemüt, die Pfeil und Schleudern

Des wütenden Geschicks erdulden oder,

Sich waffnend gegen eine See von Plagen,

Durch Widerstand sie enden? Sterben – schlafen –

(August Wilhelm von Schlegel)

Fast jeder ist irgendwann mit dieser Art Double Bind konfrontiert. Bateson geht es darum, dass wir Menschen auf diese Art wachsen und uns entwickeln. Ein Mann lebt in einer lieblosen Ehe, voller Bitterkeit und Konflikte, mit zwei kleinen Kindern. Wenn er seinen Mut zusammennimmt und sich trennt, könnten seine Kinder von dem Gefühl, dass ihr Vater, ihr Beschützer, sie verlassen hat, fürs Leben gezeichnet sein. Wenn er bleibt, vermittelt er seinen Kindern ein Konfliktschema und sät Gewalttätigkeit. Kein Ausweg. Keine Möglichkeit, nicht einen Fehler zu machen. Keine Möglichkeit, Bedauern, Scham und das Gefühl, versagt zu haben, zu vermeiden.

Ein anderer Mann, mit dem ich gearbeitet habe, war mit seiner ganz eigenen Art von Double Bind konfrontiert. Er hatte das Familienunternehmen geerbt, das jetzt rote Zahlen schrieb. Sollte er die Hälfte seiner Angestellten entlassen, von denen viele ihr ganzes Leben für die Familie gearbeitet hatten, oder sollte er sie behalten und riskieren, bankrott zu gehen und seine Anteilseigner zu enttäuschen?

Batesons Gedanke war, dass im Falle eines solchen Double Binds eines von zwei möglichen Dingen passiert: Entweder man bricht unter der Last zusammen, in jedem Fall „verdammt" zu sein, egal, wie man sich entscheidet, was einem schizoiden, gebrochenen Zustand gleichkommt, indem man in zwei Teile gespalten ist, die in Konflikt miteinander stehen. Die Alternative ist, dass man daran wächst und sich als Mensch entwickelt, indem man die Dualität überwindet und einen Teil von sich erreicht, der beide Seiten der Spaltung transzendiert und in sich aufnimmt. Im Grunde gehst du von 9:00 Uhr zu 12:00 Uhr.

Deshalb sind Gefühle der Scham, Reue, Schuld und Unzulänglichkeit nicht nur manchmal die Folge von 6:00 Uhr, sondern früher oder später unvermeidlich, wenn man in dieser Phase steckt. Konfrontiert mit einem Double Bind richtest du in jedem Fall Schaden an, egal, wie du dich entscheidest, und fühlst dich dann dafür verantwortlich und sogar schuldig. Es gibt keinen Ausweg. Indem du dich mit diesen Gefühlen *(ich hab's vermasselt, ich bin ein Versager oder eine Versagerin, ich bin nicht gut genug)* hinsetzt und akzeptierst, dass daran etwas Wahres ist, wirst du früher oder später die Vorstellung loslassen, dass du für alles verantwortlich bist, und fährst im Kreislauf fort und überantwortest dein Leben der Kraft, die dir Leben schenkt.

Leonard Cohen hat einmal zu mir gesagt: „Wir denken, dass wir hier sind, um die uns zugedachte Aufgabe glorreich zu erfüllen. Aber wenn wir ein bisschen reifer werden, stellen wir fest, dass wir hier sind, um zu versagen und zu lernen, es nicht persönlich zu nehmen."

Arten der Kreativität

Frage: *Du bietest eine Art Patentrezept und eine Methode, wie man brillant ist. Ich habe den Eindruck, dass es Massen von kreativen Menschen gibt, die nicht unbedingt ein unendliches Bewusstsein erreichen, wie du es beschreibst, und keine Übungen solcher Art machen.*

Ja, du hast recht. Wenn wir uns das ganze Sammelsurium von Kunst, Literatur, Unternehmertum, Technik, Architektur usw. ansehen, betrifft das Modell, das ich hier präsentiere, nur eine bestimmte Art von Kreativität. Dafür gibt es mehrere Gründe.

Zunächst einmal entspricht nicht jede Art von Kreativität dem, was ich hier „brillant" nenne. Manchmal ist Kreativität einfach der Ausdruck emotionalen Schmerzes, von Kummer und Verwirrung. Es kommt vielleicht gut an und bringt Geld, aber es trägt in dieses irdische Reich nicht unbedingt den Hauch „des Jenseits" oder bringt die Entwicklung der Menschheit voran.

Zum Zweiten strahlen viele Menschen, ob sie wollen oder nicht, Brillanz aus, als ob sie zufällig ausgewählt worden wären, eine bestimmte Botschaft oder Frequenz zu haben, und das „Ich" kann nichts daran ändern. Besonders offensichtlich ist das bei Wunderkindern. Zum Beispiel habe ich kürzlich den Song *Scars to Your Beautiful* von Alessia Cara gehört. Er ist brillant. Ich bezweifle, dass sie irgendetwas von dem befolgt hat, was ich hier vorschlage. Aus Gründen, die weit jenseits unseres Verstehens liegen, bringen manche Menschen diese Art Brillanz aus einem früheren Zeitalter mit.

Der Brillanz-Kreislauf ist eine Möglichkeit zu verstehen, wie du Brillanz planbarer machen kannst. Wenn du ein bisschen gräbst, findest du bei jedem eine Gabe. Jeder Mensch hat seine angeborene Brillanz. Aber bei den meisten Menschen wird sie von Gewohnheiten verdeckt, die diese Gabe stören. Der Brillanz-Kreislauf gibt eine Reihe von Werkzeugen vor, die dafür sorgen, dass Brillanz weniger ein zufälliges Ereignis als vielmehr wahrscheinlich ist.

KAPITEL 7
Brillante Übungen

Wenn du mir bis hierher gefolgt bist, haben wir jetzt ein gemeinsames Verständnis der verschiedenen Komponenten, die zu einem brillanten Leben gehören, und wie eine zur anderen führt, wenn wir den Prozess nicht stören. Wir haben ebenfalls ein ziemlich differenziertes Verständnis gewonnen, wie es auf unterschiedliche Weise dazu kommen kann, dass der Kreislauf blockiert wird. Jetzt kommen die guten Nachrichten und nützlichen Informationen: Welche sanften Maßnahmen (ich bevorzuge das Wort „Übung") wir anwenden können, um Blockaden im Kreislauf zu lösen.

Mit „Übung" meine ich jede bewusste Intervention, was bedeutet, dass du nicht mehr aus Gewohnheit, Neigung oder Angst handelst, sondern ganz bewusste Entscheidungen triffst, um präsenter, kreativer, intelligenter, humorvoller und daher brillanter zu sein. Auf diese Weise ist ein täglicher Spaziergang eine Übung. Meditation ist eine Übung. Yoga oder Chi Kung ist eine Übung. Fünf Dinge zu sagen, die du wertschätzt oder für die du dankbar bist, ist eine Übung. Nahrungsergänzungsmittel einzunehmen, ist eine Übung. Sich zu entscheiden, lieber mindestens einmal die Woche Sex zu haben, als nur geil zu sein, ist eine Übung. „Bitte verzeih mir" zu sagen, ist eine Übung. Du siehst, wir definieren den Begriff „Übung" ziemlich weit.

In diesem Kapitel werden wir uns vier Gruppen von Übungen ansehen. Wir werden Übungen kennenlernen, die uns von 12:00 Uhr zu 3:00 Uhr bringen, dann die, die uns von 3:00 Uhr zu 6:00 Uhr bringen, dann von 6:00 Uhr zu 9:00 Uhr und schließlich von 9:00 Uhr zu 12:00 Uhr. Für jede Gruppe werde ich jeweils eine Übung mit sehr detaillierten Anleitungen vorstellen, die du sofort ausprobieren kannst. Darüber hinaus werde ich für jede Gruppe weitere Übungen in Kurzform auflisten, um dir eine Vorstellung zu geben, welche Bandbreite von Praktiken es gibt. Einige davon wirst du im zweiten Teil des Buches wiederfinden. Lass dich überraschen und experimentiere frei.

Bevor wir fortfahren, stelle ich dir vier einfache, aber wichtige Erkenntnisse vor, was die Natur des Praktizierens von Übungen betrifft.

Erkenntnis 1: Du durchläufst den Kreislauf ohnehin

Selbst wenn du nichts tust, wirst du früher oder später durch den Kreislauf befördert. Auch wenn du zum Beispiel als Maler, Musiker, Autor oder Erfinder eine Weile bei 3:00 Uhr rumhängst, wird das Bild irgendwann beendet und verkauft, die CD fertiggestellt, ein Buch veröffentlicht, ein Produkt entstehen. Wenn viele Vorstellungen und Widerstände im Spiel sind, kann es frustrierend lange dauern. Das gilt für jeden Punkt des Kreislaufs: Früher oder später wirst du weitergehen. Durch bewusstes Praktizieren und Üben wirst du lernen, im Kreislauf etwas *früher* weiterzugehen, als es von allein geschehen würde. Das ist vielleicht überraschend. Statt darauf zu warten, dass dich dein Instinkt zur nächsten Phase führt, triffst du bewusst die Entscheidung, ein bisschen früher weiterzugehen. Das ist ein wesentlicher Unterschied zwischen einem Leben der Kunst, des Humors und der freien Entscheidung und einem Leben unbewusster Automatismen.

Erkenntnis 2: Du bist nicht dein bester Ratgeber

Es leben heute ungefähr sieben Milliarden Menschen auf der Erde. Und wie bereits gesagt: Von allen bist du wahrscheinlich die am wenigsten geeignete Person, um zu erkennen, welche Übungen am nützlichsten für dich sind, wie oft du sie praktizieren solltest und wie lange.

Dein Computer hat manchmal Probleme mit dem Betriebssystem. Ist es gestört, kannst du den Computer nicht damit starten und es gleichzeitig reparieren. Du musst den Computer von einer anderen Quelle aus starten, zum Beispiel mit einer externen Festplatte, dann kannst du die Reparaturen vornehmen. Genausowenig kannst du den konditionierten Geist benutzen, um die Konditionierung zu ändern. Unsere Brillanz wird blockiert durch besondere Vorlieben, Widerstände und Vorurteile. Genau diese Angewohnheiten, die den Kreislauf blockieren, werden sich mit Begeisterung anbieten, um zu entscheiden, welche Übungen am besten sind. Hier ist Unterstützung durch Freunde, Beratung oder Coaching die Rettung.

Erkenntnis 3: Was für den einen Medizin ist, ist für den anderen Gift

Es gibt praktisch keine Übung, die generell für jeden jederzeit gut ist. Deshalb müssen Übungen maßgeschneidert und individuell sein. Zum Beispiel wird jemand, der bei 12:00 Uhr feststeckt, aufgrund seiner Neigung denken, dass die Lösung eines jeden Problems ist, weiterzumeditieren, immer mehr und immer länger. Tatsächlich ist die beste Übung, um von 12:00 Uhr weiterzugehen, den subtilen, zarten Regungen von Kreativität mehr Aufmerksamkeit und Achtung zu schenken, sie zu hegen und zu pflegen und anzunehmen, was sie zu sagen haben. Dagegen ist für jemanden, der bei 6:00 Uhr feststeckt, der seinen Geist einfach nicht abstellen kann, wenn er auf Hochtouren arbeitet, und ständig neue, dringende Dinge erledigt, genau die entgegengesetzte Übung nützlich. Dann ist es am besten, sich von Gedanken zu lösen, ihnen keine Beachtung zu schenken und die Aufmerksamkeit auf die körperlichen Wahrnehmungen zu lenken.

Erkenntnis 4: Du kannst nicht alles beim Lesen erlernen

Der letzte Punkt, was Übungen angeht, klingt vielleicht ein bisschen wie kommerzielle Werbung. Bitte verzeih! Dies hier ist ein Buch. Ich habe so viel Brauchbares wie möglich zwischen die Buchdeckel gepackt, aber es wäre unrealistisch und auch verwirrend, dir jede Übung so gründlich beibringen zu wollen, wie wir es sonst tun, ohne dass das Buch tausend

Seiten lang wird. Mein Wunsch ist, dass du ein tiefes, umfassendes Verständnis für das Wesen von Übung hast und weißt, wie jede Übung in den Kreislauf passt. Wenn du mehr maßgeschneidertes Training in den für dich passenden Übungen haben möchtest, biete ich viele Möglichkeiten an, um dich anzuleiten: Es gibt einen Onlinekurs, der regelmäßige Liveteleseminare umfasst, bei denen du mit mir sprechen kannst. Ich biete Wochenendseminare und längere Retreats an. Du kannst auch an einem Eins-zu-eins-Coaching teilnehmen, entweder mit mir oder einem der vielen Coachs, die ich ausgebildet habe. Weitere Informationen über all diese Möglichkeiten sind unter www.radicalbrilliance.com verfügbar.

Wir könnten an jedem Punkt des Kreislaufs beginnen und uns Übungen dazu ansehen. Ich denke, ungefähr 11:30 Uhr ist der beste Punkt, um hineinzuspringen und dir eine Übung zu zeigen, die wirksam ist, um dich zu 12:00 Uhr zu befördern, zum Reich des Erwachens zu deiner wahren Natur.

Übungen, um zu 12:00 Uhr zu gelangen

Diese Übungen sind größtenteils konzipiert, um die Aufmerksamkeit vom Inhalt der Gedanken und Geschichten abzulenken, die aus reaktiven Gefühlen und Ereignissen entstehen, und hin zum darunterliegenden einheitlichen Feld des Bewusstseins zu führen, das wir subjektiv als Stille, Weite, Frieden und Zeitlosigkeit erfahren.

Die reichste Quelle für diese Art von Übungen sind mystische Traditionen und Lehren, die sich auf Erwachen, Meditation und Erleuchtung fokussieren. Ob zum Schaden oder Nutzen, ich habe ungefähr 46 meiner 60 Jahre auf diesem Planeten damit verbracht, diesen Teil des Kreislaufs zu erforschen.

Zu unserem Glück existiert ein wenig bekannter Text mit dem Titel *Vigyan Bhairav Tantra*. In der westlichen Kultur ist das Wort „Tantra" ein Synonym für Sexualität, aber eigentlich bedeutet es wörtlich „Gewebe" oder „Bindung" und bezieht sich auf jede effektive Methode, Technik oder Übung. Das *Vigyan Bhairav Tantra* erzählt die mystische Geschichte eines Gesprächs zwischen Parvati und ihrem Mann Shiva, in dem sie ihn sinngemäß fragt: „Wie kann ich dieses Geheimnis und die Machenschaften besser verstehen? Ich bin so leicht in den Vorstellungen des Geistes gefangen. Bitte führe mich in die Ganzheit jenseits all dieser Teile." Parvati bittet Shiva um Unterweisung, wie sie über den beschränkten Geist hinausgehen und reines Bewusstsein erfahren kann. Das *Vigyan Bhairav Tantra* ist wahrscheinlich das brauchbarste Handbuch mit geeignetem Werkzeug, um in die Weite zurückzukehren.

Musterübung, um zu 12:00 Uhr zu gelangen

Hier eine ganz einfache Methode, frei aus der Dzogchen-Tradition des tibetischen Buddhismus übernommen. Sie wird dort „hinweisende Anleitung" genannt. Einen ganz ähnlichen Zugang bevorzugte Ramana Maharshi, dessen Einfluss auf die Welle spirituellen Erwachens in den letzten Jahrzehnten unvergleichlich ist.

Hier eine einfache Anleitung von „Wer erfährt diesen Moment?" – falls du dich auf der Website registriert hast, wirst du dort mehr Details finden und eine angeleitete Audioversion, die du gerne downloaden kannst.

1. Nimm alle Geräusche, Farben, Bewegungen, Formen und Körperempfindungen in diesem Moment wahr. Du kannst ein paar davon benennen: *Autohupe ... angespannter Bauch ... Ecke vom Tisch ... usw.* Nimm dir dafür zwei Minuten Zeit.

2. Jetzt erkenne die unvermeidliche Wahrheit an, dass diese Dinge Gegenstand einer Erfahrung sind: *Ich höre eine Autohupe ... ich spüre die Anspannung im Bauch ... ich sehe die Ecke vom Tisch ... usw.* Nimm dir zwei Minuten dafür.

3. Jetzt stell dir einfach eine ganz grundsätzliche Frage zu dem, was geschieht. Denk daran, dass es überhaupt nicht darum geht, eine Bedingung zu ändern, sondern die gegebene Bedingung zu hinterfragen. Die Frage lautet: *Wer erfährt gerade diesen Moment?*

Im Einzelnen: *Wer hört die Geräusche?*
Wer hat die Körperwahrnehmungen?
Wer sieht die Farbe und die Beschaffenheit und die Bewegung in der Form?
Es könnte auch einschließen: *Wer ist sich dieses Gedankens bewusst oder dieses Gefühls?*

4. Wiederhole Punkt 1 bis 3 endlos. Bei jeder dieser einfachen Fragen können eigentlich nur zwei Dinge passieren: Entweder hast du eine Antwort wie *mein Gehirn ... meine Augen ... ich bin ... mein inneres Kind ... ein rosa Flamingo namens Josephine, der in meiner Hirnanhangdrüse wohnt ...* Oder es gibt keine klare, offensichtliche Antwort.

Diese Übung ist sehr einfach. Wenn du überhaupt irgendeine Antwort hast, wer oder was gerade diesen Moment erfährt, kannst du dich fragen: *Ist es ein Geräusch ... ist es ein Bild ... ist es eine Körperwahrnehmung ... ist es ein Gedanke oder ein Gefühl?*

Probiere es selbst aus. Irgendetwas davon wirst du antworten. Dann fragst du einfach wieder: *Wer macht gerade diese Erfahrung?*

Wenn du über einen längeren Zeitraum praktizierst, wird deine Aufmerksamkeit von ihrer üblichen Fixierung auf die Objekte der Erfahrung auf das, was die Erfahrung macht, gelenkt, nämlich Bewusstsein, Bewusstheit, Gewahrsein. Es ist namenlos, formlos und geheimnisvoll.

Übungen, um von 12:00 Uhr zu 3:00 Uhr zu gelangen

Bei den Übungen in dieser Phase des Kreislaufs wird Wert darauf gelegt, aufmerksam für die zartesten Impulse kreativer Energie zu sein, sie zu nähren und ihnen dann Ausdruck zu verleihen, wenn sie von allein aus dem Raum der Stille entstehen. Warten und Zulassen sind wichtige Elemente dieser Phase. Die Impulse entstehen von allein, wenn „du" aus dem Weg gehst. Deshalb gehört auch eine große Portion Vertrauen dazu. Vertrauen, dass Kreativität von allein entsteht, wenn du nichts tust und die Hände vom Lenkrad nimmst, ohne deinen Willen, nicht durch dich. Die folgenden Übungen fördern diese Impulse, feiern sie, teilen sie und geben ihnen Raum zum Atmen. Wir wollen in dieser Phase des Kreislaufs den idealen Punkt zwischen Unterdrückung und Pushen finden. Unterdrückung bedeutet zu denken, dass Gedanken schlecht sind, und statt ihnen zu folgen, solltest du zu einem Mantra oder einem erweiterten meditativen Zustand zurückkehren. Pushen bedeutet eine ungeduldige Haltung, der Wunsch, dass die Impulse schneller stärker werden.

In dieser Phase des Kreislaufs brauchen Menschen in einer Coachingbeziehung normalerweise am meisten Unterstützung und Aufmerksamkeit.

Übungen in dieser Phase müssen zwei Komponenten zusammenbringen: Kitzeln und Festhalten. „Kitzeln" bedeutet, die zarteste Vibration des kreativen Impulses zu stimulieren und lebendig werden zu lassen. „Festhalten" bedeutet, den kreativen Impuls, wenn er noch ganz zart ist, so aufzunehmen, dass ursprünglicher „Geschmack" und Subtilität bewahrt bleiben. Ich habe Dutzende von Übungen für beides gefunden. Meinen Klienten biete ich mindestens sieben Arten von Übungen zum Kitzeln und sieben Arten zum Festhalten, sodass jeder 49 Kombinationsmöglichkeiten hat und herausfinden kann, welche bei ihm funktioniert. Für dich habe ich eine größere Auswahl zusammengestellt – wie gesagt, alle als Kurzimpulse.

Musterübung, um von 12:00 Uhr zu 3:00 Uhr zu gelangen:

Genüssliche Körperempfindungen

Wie wir bereits wissen, entstehen ursprüngliche Impulse kreativer Energie nicht im begrifflichen Denken oder aufgrund formaler Logik, sondern undefiniert und formlos. Du kannst sie über jeden behaglichen und vergnüglichen Körperzustand ansteuern, wie z. B. sexuelle Energie, ein Bad in der Wanne, ekstatischen Tanz, Wind auf der Haut ... Lenke deine Aufmerksamkeit in Ruhe auf alle möglichen angenehmen körperlichen

Vergnügungen und erlaube ihnen, zu wachsen und sich auszudehnen in Keimlinge radikaler Brillanz.

Sitz mit geschlossenen Augen und atme bewusst in deinen Bauch. Lass beim Ausatmen ein zartes Seufzen geschehen. Jetzt finde bei jedem Einatmen „Taschen" voller Wohlgefühl – das kann in deinen Genitalien oder sonst wo im Körper sein. Fokussiere dich beim Einatmen im Zentrum dieses Wohlgefühls und erlaube dieser Energie beim Ausatmen sich im ganzen Körper auszudehnen. Praktiziere dies einige Minuten lang und lass das Glücksgefühl stärker werden. Dann finde eine Möglichkeit, diesem Wohlgefühl beim Ausatmen einen Ausdruck zu verleihen – zunächst mit Seufzen, dann kann es eine Melodie werden, ein Bild oder eine Idee. Finde deinen individuellen Ausdruck.

Weitere „Kitzel"-Übungen

Eintauchen in Lichtpartikel

Schließe deine Augen und setze eine Augenbinde auf – idealerweise vor Sonnenaufgang – sodass es auch draußen noch dunkel ist. Kein Licht trifft auf deine Augen, aber vielleicht siehst du goldfarbene Lichtpartikel vor deinem inneren Blick tanzen. Lenke deine Aufmerksamkeit auf einen bestimmten Punkt dieses tanzenden Lichts und stelle dir dann vor, vorwärts in dieses Licht zu gehen. Geh vollkommen hinein und reise – wenn du es vermagst – mit Lichtgeschwindigkeit in eine andere Galaxie. Koste den Geschmack, erlaube, dich dem völlig hinzugeben. Danach kannst du dem Erlebten Ausdruck verleihen, indem du etwas schreibst, malst oder was auch immer.

Den Sonnenaufgang absorbieren

Praktiziere vor Sonnenaufgang deine morgendliche Meditation, sodass du beim Aufgang der Sonne klar und frisch bist. Stelle dich dann mit dem Gesicht zur Sonne – je nach Jahreszeit mit so wenig Kleidung wie möglich. Lass die ersten fünf Minuten bewusst dein Gesicht von der Sonne bescheinen. Atme tief dabei – mit der Vorstellung, dass du die Energie der Sonne ganz in deinem Körper absorbierst. Trinke die Sonne so, wie es für dich am angenehmsten ist. Angefüllt mit dieser reinen Lebensenergie geh in deinen Tag und gib ihr brillanten Ausdruck.

In den Traumzustand eintreten

Richte es dir ein, tagsüber ein kleines Nickerchen zu machen – vielleicht auf einem gemütlichen Stuhl oder einem Sofa. Halte einen Schlüsselbund in einer Hand, die du von dir wegstreckst, sodass sie entspannt frei über dem Boden liegt – genau über der Stelle, an die du vorher einen Gegenstand aus Metall platziert hast. Schließe deine Augen und erlaube dir, wegzudriften. Sobald du in Tiefschlaf gleitest, wird der Schlüsselbund auf das Metall fallen und dich wecken. Jetzt drück bitte sofort aus, was du innerlich erfahren hast – entweder durch Aufschreiben, Zeichnen, Tanzen oder was für dich stimmig ist.

Sexuelle Erregung ausdrücken

Du kannst diese Übung alleine oder mit einem anderen Menschen zusammen ausführen (was möglicherweise mehr Spaß machen wird). Mach alles, was dir einfällt, um dich sexuell zu erregen – für Männer ist es dabei wichtig, keine Ejakulation zu haben, Frauen können es sich aussuchen, ob sie einen Orgasmus haben wollen oder nicht. Wenn ja, dann lasst den Orgasmus durch den ganzen Körper strömen bis hin zu den Zehen- und Fingerspitzen. Wichtig ist, dass die sexuelle Erregung 21 Minuten anhält. Dann drück in welchem Medium auch immer aus, was du erfahren hast.

Empfinde Liebe und dehne sie aus

Denk an jemanden, den du von ganzem Herzen liebst. Wenn er oder sie zufällig physisch anwesend ist oder über Telefon erreichbar, nimm dir ein paar Minuten Zeit, um deine Liebe zum Ausdruck zu bringen. Dann weite dieses Gefühl der Liebe auf immer mehr Menschen und schließlich die gesamte Menschheit aus. Jetzt gehe in die Festhaltephase und spüre, was diese Liebe durch dich schenken will – gib dem Ausdruck.

Lausche dem Zwitschern der Vögel, als ob es in dir wäre

Setz dich bei Sonnenaufgang draußen (oder bei geöffnetem Fenster) hin und lausche dem beginnenden Gezwitscher der Vögel. Schließe die Augen und schenke dieser Musik der Natur deine volle Aufmerksamkeit. Stell dir vor, dass das Gezwitscher tatsächlich in deinem Körper stattfindet. Lausche weiterhin ganz genau und lass alles immer tiefer in dich einsinken. Nach fünf Minuten kannst du stoppen und sofort in einen kreativen Prozess übergehen – wie schreiben, malen, singen, musizieren usw.

Dem Großen dienen

Setz dich so hin, wie du es für deine Meditation tust. Praktiziere das, was du üblicherweise machst, um deinem Selbst näher zu kommen. Ruf jene Kraft voller Sehnsucht an, die größer ist als dein eigener Geist. Du kannst dies still oder laut tun. Sag: „Hier bin ich. Benutze mich als dein Werkzeug. Wie kann ich am besten dienen? Ich stehe zur Verfügung." Sprich diese Worte in größter Tiefe für dich aus – bis sie sehr, sehr emotional werden. Öffne nach ein paar Minuten deine Augen und gib allem, was da ist, sofort Ausdruck – so, wie es gerade stimmig ist.

Lass dich bewegen

Spiele einige Musikstücke (ohne Text) und lass dich von der Musik bewegen – alleine oder zu mehreren. Es ist eher ein Getanztwerden als ein Tanzen. Wenn du damit fertig bist, drück aus, was dich bewegt hat – wie auch immer du es möchtest.

Interview in deiner imaginären Zukunft

Führe diese Übung mit einer anderen Person durch – entweder, indem ihr zusammen sitzt oder spazieren geht. Projiziere dich selbst in eine 5, 10 oder gar 20 Jahre entfernte imaginäre Zukunft, in der du deine Gabe, dein Geschenk für die Welt, perfekt und total zum Ausdruck bringst. Jetzt wirst du von deiner Begleitperson interviewt, und zwar zu allem, was du in dieser Zukunft machst. Wichtig ist, dass ihr in euren Rollen bleibt, nicht beginnt zu diskutieren. Nach fünf bis zehn Minuten könnt ihr die Übung beenden und du suchst dir eine Möglichkeit für dich, deine Erfahrungen festzuhalten.

Schreibe den Enkelkindern deiner Enkelkinder

Beginne damit, dir deine Kinder vorzustellen (solltest du keine Kinder haben, dann visualisiere sie) – dann deren Kinder, also deine Enkel. Nun stell dir vor, dass deine Enkel Kinder haben, und als nächsten Schritt deren Kinder – die Enkel deiner Enkel. Diesen schreibst du einen Brief. Erzähle ihnen alles, was du getan hast – wirklich alles –, um das Bestmögliche für sie zu erreichen. Und bitte für die Dinge um Verzeihung, die du unterlassen, zurückgehalten, nicht gelebt hast. Nutze diesen Brief wie Homöopathie für alle Entscheidungen, die du in deinem Leben triffst.

Widme dein Sein deinen Vorbildern

Schreibe die Namen von acht bis zwölf Menschen nieder, deren Anschauungen und Meinungen du am meisten auf dieser Erde schätzt. Das können Menschen sein, die du kennst oder auch nicht. Wichtig ist, dass sie noch am Leben sind. Nimm dir bitte die Zeit, eine gut durchdachte Liste zu erstellen. Dann übe dich darin, dein Geschenk, deine Gabe auszudrücken – mit der Absicht, deine Vorbilder zu beeindrucken, ihre Anerkennung und Bewunderung zu gewinnen.

Vision Quest

Dies ist ein anspruchsvolles und länger dauerndes Projekt und aufgrund der hormonellen Veranlagung für Männer besser geeignet als für Frauen. Begib dich für mehrere Tage ganz allein in die Natur, dorthin, wo du keinem Menschen begegnen wirst. Nimm weder etwas zu lesen oder schreiben noch elektronische Geräte mit. Lenke dich mit nichts ab. Warte einfach. Warte auf deine Vision – die Vision deines Lebens, bis sie dich ganz einnimmt. Frauen können diese Visionssuche zusammen mit einer Freundin oder mehreren, denen sie vertrauen, durchführen.

Identitäts-Yoga

Diese Übung kann wirklich Spaß machen – am besten mit einer guten Freundin oder einem guten Freund. Fahrt zusammen in eine größere Stadt, am besten in die Einkaufszone mit vielen Menschen. Dort wirst du eine komplett andere Identität annehmen, als du jetzt hast – deine

Begleitung wird entscheiden, welche. Beispielsweise, dass du total rechthaberisch bist oder paranoid oder sehr kontaktfreudig usw. Die Übungsidentitäten sollten so verschieden wie möglich zu deiner normalen Persönlichkeit sein. Verbringe mindestens fünf Minuten mit Identitäts-Yoga und genieße die Früchte für den Rest deines Lebens. Dadurch, dass du die gewohnten Muster deiner Persönlichkeit durchbrichst, kann neue kreative Energie aufkeimen und frei werden.

Anrufung deiner Ahnen

Erkunde so viel wie möglich über eine Person deiner Ahnenreihe, die du nicht gekannt hast. Schreib dem oder der Verstorbenen einen Brief, in dem du deine Hilfe anbietest, seine oder ihre Wünsche zu erfüllen. Danach nimm ein neues Stück Papier und schreib einen Brief der oder des Verstorbenen an dich. Lausche den Dingen, die die Person für ihr Leben angestrebt, aber nie umgesetzt hat. Entdecke Wege, die es dir ermöglichen, die angestrebten Dinge deines Vorfahren auszuleben.

Erhöhe deine Energie

Finde für dich Möglichkeiten, die Energie in deinem Körper für fünf Minuten drastisch zu erhöhen. Beispielsweise Trampolin springen, rennen, wild tanzen oder Ähnliches. Schwitze und komme außer Atem. Danach drück diese erhöhte Energie so aus, wie es für dich passend ist.

Singe unter der Dusche

Diese Übung ist bestens für dich geeignet, wenn du der Meinung bist, dass du nicht singen kannst. Sobald du alleine unter der Dusche stehst, beginne etwas zu singen, das du normalerweise aufschreiben oder in einem Meeting präsentieren würdest. Sing es mit großem Enthusiasmus, erlaube deinen Worten, sich zu reimen – oder auch nicht – ‚erfinde eine Melodie.

Festhalteübungen ...

... helfen dir, das Kitzeln festzuhalten, ohne zu intellektuell, oberflächlich oder kritisch zu sein. Hier kommen **Beispiele** dafür:

Bei Sonnenaufgang mit einem Aufnahmegerät zügig spazieren gehen

Nachdem du einige Kitzel-Übung absolviert hast, geh frühmorgens 10 bis 15 Minuten zügig spazieren. Dein Tempo sollte so sein, dass du ein bisschen außer Atem kommst, das hilft, die linke und rechte Gehirnhälfte zu synchronisieren und kritische Gedanken zu umgehen. Benutze ein Aufnahmegerät und sprich laut während deines Walks. Halte nicht an, spule nicht zurück und korrigiere dich nicht und wenn du merkst, dass du etwas ändern oder dich kritisieren willst, geh einfach schneller und atme tiefer. Zu Hause kannst du beispielsweise über eine Diktiersoftware mit Spracherkennung und Transkriptionstools prüfen, ob die Früchte deines Morgenspaziergangs für einen Blog-Post taugen oder Teil eines Buches werden können.

Speed Writing

Wähle ein Thema, das in deinem Herzen oder Bauch oder sonst wo Leidenschaft weckt. Setz dich an deinen Lieblingsplatz mit einem Stapel Papier und einem Stift, den du gern in der Hand hältst (manche benutzen dafür einen schönen Füllfederhalter). Wichtig ist, diese Übung nicht an einer Tastatur durchzuführen – die Verbindung zwischen deiner Schreibhand und deinen Inspirationen ist wichtig. Schreibe ohne Unterbrechung fünf bis zwölf Minuten. Für den Fall, dass dir nichts mehr einfällt, schreibe darüber, dass dir nichts einfällt. Dann arbeite genau aus, warum du stecken geblieben bist. Wichtig ist, dass dein Stift während der ganzen Zeit nicht anhält. Danach lege das Geschriebene zur Seite und schau es frühestens nach einer Woche wieder an, um es einzuschätzen und zu editieren.

Sprich mit einer Freundin, einem Freund

Geh mit jemandem mit ähnlichen Interessen und Kompetenzen spazieren. Nach einiger Zeit, wenn ihr eine passende Schrittgeschwindigkeit gefunden habt, beginnst du fünf Minuten lang über eine brillante Idee zu sprechen – entweder über einen Blogartikel, ein Buchkapitel, ein Videoprojekt oder was auch immer. Deine Begleitung lauscht. Dann könnt ihr euch darüber austauschen und anschließend die Rollen tauschen.

Ändere dein Ausdrucksmittel

Wenn es an der Zeit ist, die Energie und Kreativität, die du in deinem Körper aufgebaut hast, auszudrücken, dann nutze ein Medium, das dir nicht so vertraut ist, in das du kein großes Vertrauen hast. Bist du im Bereich der Schriftstellerei tätig, dann sing, machst du Gesang, dann sprich in eine Kamera, bist du im Bereich Malerei tätig, dann schreib Gedichte. Verstehst du, was ich meine? Wenn ein Autor zum Beispiel Pinsel und Farbe benutzt, um eine schwache Vibration festzuhalten, und es später in Worten ausdrückt, ist die Wahrscheinlichkeit größer, dass der Prozess des Festhaltens unverfälscht und frisch ist. Wenn du der kreativen Energie einmal in einem nicht vertrauten Medium unbeholfen Ausdruck verliehen hast, dann wechsle wieder zu deinem vertrauten Ausdrucksmittel.

Mindmapping

Dafür brauchst du ein sehr großes Stück Papier und eine große Auswahl an Farbstiften. Schreib dein Thema in die Mitte des Papiers und male einen Kreis herum. Nun zeichne Linien und Äste, die vom Mittelpunkt ausgehen, für jede Idee, die mit deinem Thema korrespondiert. Benenne jedes Extrathema. Benutze unterschiedliche Farben für verschiedene Themen. Finde Verbindungen zwischen den einzelnen Themen und Ursache-Wirkungs-Ketten, die du mit Pfeilen in unterschiedlichen Farben markierst. Illustriere das Ganze mit Symbolen, Figuren oder ausgeschnittenen Zeitungsbildern – was auch immer.

Veranstalte einen Talk mit Freunden

Lade Freunde zum Essen ein, wenn du magst, kann jeder etwas dazu beisteuern. Findet euch nach dem Speisen im Wohnzimmer zusammen, wo eine Kamera aufgebaut ist – stellt euch vor, ihr seid live im Fernsehen. Alle bekommen fünf Minuten Zeit, eine brillante Idee vorzutragen. Wichtig ist, dass ihr nonstop redet – keine Entschuldigungen, Verbesserungen oder Neustarts. Die Show muss weitergehen. Danach nehmt euch Zeit für Fragen und Feedback. Am Ende könnt ihr die Videoaufzeichnungen ansehen, das ist immer ein großer Spaß – lasst euch von eurer Großartigkeit überraschen.

Co-Create

Dies ist ein weiteres Spiel, das du mit Freunden nach einem guten Essen spielen kannst. Es funktioniert aber genauso gut in deinem Arbeitsumfeld. Du brauchst dafür eine Gruppe von sechs bis acht Menschen. Entscheidet gemeinsam über das Ergebnis, das ihr zusammen kreiert. Das könnte zum Beispiel sein, ein gemeinsames Essen zu kochen, zu malen, einen Raum umzudekorieren, einen Liedtext zu schreiben, einen kurzen Film zu drehen oder irgendetwas anderes. Bemesst einen festgesetzten Zeitrahmen für das Projekt: in etwa zwischen einer halben Stunde und vier Stunden. Dann startet. Es gibt keinen Anführer: Sei achtsam, nicht in die Führung zu gehen und einseitige Entscheidungen zu treffen – und sei gleichermaßen achtsam, nicht passiv zu werden und zu erlauben, dass andere einseitige Entscheidungen treffen. Erlaubt, dass Kreativität durch euch als Gruppe fließt – so wie sich ein Schwarm von Enten im gleichen Bewusstsein bewegt.

Zeichne oder male

Diese Übung ist nützlich für dich, wenn du kein ausgebildeter Künstler bist – nutze sie nach einer Kitzel-Übung. Nimm ein großes Stück weißes Papier und einige Filzstifte – diese oder Acrylfarben sind für Anfänger leichter zu nutzen als Wasserfarben. Erinnere dich an alles, was du während der Kitzel-Übung vor deinem inneren Auge wahrgenommen hast. Strebe an, es hier auf dem weißen Papier mit den Farben zu reproduzieren, den inneren Erfahrungen so gut wie möglich eine Gestalt zu geben.

Erzähl eine Geschichte aus jeweils einem Wort

Sitzt als Gruppe in einem Kreis. Erzählt eine gemeinsame Geschichte, in der jede Person ein neues Wort hinzufügt, und dann kommt die nächste Person an die Reihe. Macht das so schnell wie möglich für ein paar Minuten. Wenn ihr die Geschichte aufgenommen habt und sie anhört, kann jede Person den Inhalt auf ihre Art und Weise noch einmal zum Ausdruck bringen – als Lied, Tanz, Pantomime oder was auch immer.

Die brillante Essensparty

Lade die sechs bis acht brillantesten Menschen, die du kennst, zu einer Essensparty ein. Mach bereits bei der Einladung klar, dass es nicht nur um ein nettes Zusammensein geht, sondern dass die Veranstaltung beabsichtigt, gegenseitig die schlummernde Brillanz eines jeden zum Vorschein zu bringen.

Übungen, um von 3:00 Uhr zu 6:00 Uhr zu gelangen

Bei Übungen in diesem Teil des Kreislaufes geht es meistens darum, die Angewohnheit des Aufschiebens, kurze Konzentrationsfähigkeit und den Mangel an Selbstvertrauen, dass man Wort hält und die Sache zu Ende bringt, zu überwinden. Übungen für diese Phase zielen darauf, einen realistischen Plan zu erstellen und ihn in kleine Schritte zu zerlegen, die bewältigt werden können, Unterstützung durch Freunde und Kollegen zu nutzen und die Dinge schließlich so zu erledigen, dass ein Projekt zum Abschluss gebracht wird. Sie ermöglichen dir, einen starken kreativen Impuls, eine Idee, die schon bei 3:00 Uhr summt, aufzunehmen und umzusetzen, sodass etwas Sichtbares, Fassbares, das mit anderen geteilt werden kann, dabei herauskommt.

Bei Übungen zwischen 3:00 Uhr und 6:00 Uhr kann es nützlich sein, andere Menschen einzubeziehen. Zusammenarbeit, Rat, Feedback, das alles hilft. Dies ist der Bereich, in dem Coaching viel bewirken kann.

In dieser Phase des Kreislaufs besteht die Gefahr, dass Übungen zu schwach oder zu stark sind. Schwache Übungen zwischen 3:00 Uhr und 6:00 Uhr wären Gegenstände und Ziele, die so leicht zu erreichen sind, dass sie sinnlos erscheinen. Zum Beispiel, wenn du dich verpflichtest, heute eine Briefmarke auf einen Brief zu kleben und den Brief in den Briefkasten zu stecken, könntest du wahrscheinlich leicht erfolgreich sein, aber es würde nicht wie ein Sieg erscheinen. Andererseits, wenn wir Verpflichtungen eingehen und Pläne machen, die zu groß sind, erfüllen wir sie am Ende nicht innerhalb des gesetzten Zeitrahmens und haben das Gefühl, versagt zu haben. Dinge nicht wie geplant heute zu erledigen, macht es außerdem wahrscheinlicher, dass du in einen Trott verfällst und sie morgen auch nicht erledigst. Ideal ist es, jeden Tag einen Plan zu haben, der so realistisch ist, dass du ihn erfüllen kannst, und gleichzeitig so anspruchsvoll, dass du das Gefühl hast, etwas Bedeutsames geleistet zu haben. Bei vielen Menschen sind das Aufgaben, die in zwei bis drei Stunden zu schaffen sind, wenn dir ein Achtstundentag zur Verfügung steht, denn viel Zeit am Tag wird damit verbracht, Unerwartetes zu erledigen.

Wenn wir uns diesen Übungen zuwenden, wird häufig darauf hingewiesen werden, ob sie „direkt mit deiner Berufung und deinem Lebenszweck verbunden sind". Natürlich hat nicht jeder ein eindeutiges Gefühl davon, was seine Berufung und sein Ziel ist. Sich darüber Klarheit zu verschaffen, spielt jedoch eine wichtige Rolle.

Musterübung, um von 3:00 Uhr zu 6:00 Uhr zu gelangen:

Verpflichtung zu fünf Dingen

Dies ist wahrscheinlich die einfachste und wirkungsvollste Übung in dieser Phase des Kreislaufs. Wenn du morgens deine kreativen 3:00-Uhr-Übungen beendet hast, schreib fünf Dinge auf, die du an diesem Tag erledigen willst. Es sollte Ausgewogenheit zwischen den verschiedenen Arten von Aufgaben herrschen. Einige musst du erledigen, um eine Katastrophe abzuwenden, zum Beispiel deine Einkommensteuererklärung rechtzeitig abgeben, das Auto tanken oder zum Zahnarzt gehen, wenn du ein Loch hast. Man verbringt viel Zeit im Leben mit solchen Dingen. Ich hoffe für dich, dass mindestens einer der fünf Punkte in die Kategorie „etwas nur für sich tun" fällt, zum Beispiel eine Massage bekommen, einen Spaziergang mit einem Freund machen oder etwas recherchieren, was dich interessiert.

Mindestens zwei dieser fünf Dinge sollten mit deinem Lebenszweck in Verbindung stehen: Sie sollten unmittelbar die Gabe fördern, die du der Welt zu geben hast.

Am Ende des Tages, entweder, wenn du aufhörst zu arbeiten, aber bevor du zu Bett gehst, sieh dir noch einmal die Liste an und hake ab, was du erledigt hast. Wenn du in dieser Phase des Kreislaufs nur eins tun müsstest, wäre es diese Übung.

Es gibt für diese Phase jedoch noch mehr Übungen – hier ist eine Auswahl:

Halte deine Versprechen

Dies ist eine kurze Zusammenfassung der obigen Übung mit einer kleinen Erweiterung. Der wesentliche Schlüssel, den Übergang von 3:00 Uhr zu 6:00 Uhr zu schaffen, ist, deinem Wort größte Power und Signifikanz beizumessen: Erstelle eine Liste mit anspruchsvollen Zielen, zu denen du dich verpflichtest, sie in einer bestimmten Zeit zu erfüllen – und dann tu es! Nicht mehr und nicht weniger. Schreibe am Beginn eines Tages fünf Dinge nieder, und versprich – dir oder jemand anderem –, sie zu erfüllen. Erstelle eine längere Liste zu Beginn einer jeden Woche – und eine Megaliste bei Jahresanfang.

Berichte am Ende des Tages

Sende am Ende deines Arbeitstages oder bevor du zu Bett gehst eine E-Mail an deinen Rechenschaftspartner, in der du schreibst, was du erreicht hast. Sei absolut ehrlich. Zunächst im Hinblick als Maß deines Erfolgs, unabhängig davon, ob du alle Aufgaben abgeschlossen hast oder nicht. Die Aufgaben abgeschlossen zu haben ist Erfolg im Handeln – sie nicht alle abgeschlossen zu haben Erfolg im Lernen.

Versprechen, Pläne und Möglichkeiten

Ein wichtiges Element, dein Versprechen dir selbst gegenüber zu halten, ist, die Unterscheidungsfähigkeit zu verbessern, welchen Dingen gegenüber du absolut verpflichtet bist, welche Sachen du beabsichtigst zu tun und welche jenseits der Möglichkeiten sind. Liste alle drei auf. Sei darauf bedacht, dass deine Versprechen wirklich einhaltbar sind. Gestalte deine Absichten anspruchsvoller, aber erreichbar. Und erlaube dir auch, groß zu träumen – ohne dir dabei die Füße zu verbrennen.

Zwei Versprechen in Bezug auf deine Vision

Wenn du zu Beginn eines jeden Tages fünf Absichten, die zu erfüllen sind, aufschreibst, dann stell sicher, dass mindestens zwei von ihnen dem Erbe dienen, das du der Welt hinterlassen möchtest.

Zwei Versprechen in Bezug auf kurzfristiges Einkommen

Zwei Versprechen auf deiner Tagesliste sollten direkt damit verbunden sein, wie du Geld verdienst, oder davon handeln, ein kurzfristiges Problem zu lösen. Mach dir keine Gedanken, wenn diese mit deiner Vision verbunden sind. Beispiele dafür könnten sein, einen Ausverkauf zu starten, ein Geschäft abzuschließen, Einkommenssteuer zu bezahlen oder dein Auto zuzulassen.

Ein Versprechen in Bezug auf deine Selbstfürsorge

Eines deiner Tagesziele sollte direkt damit verbunden sein, gut auf dich selbst zu achten: ob es deinen Körper betrifft, deine Emotionen, deine Beziehungen, dein spirituelles Wohl. Was ist die eine Sache, die dazu führt, dass du dich wohl und energiegeladen fühlst? Gymnastik? Tai Chi? Meditation? Versprich dir selbst ein Minimum an Selbstfürsorge jeden Tag.

Bitte deinen Rechenschaftspartner um das, was du brauchst

Es geht nicht nur darum, einen passenden Rechenschaftspartner zu finden, es geht auch darum, mit dieser Person klare Absprachen zu treffen, wie sie dich am besten unterstützen kann. Das können eure Themen sein: Wie kommuniziert ihr miteinander? Wie oft möchtest du Kontakt haben? Wie offen und konkret soll das Feedback sein? Wird es Konsequenzen geben, wenn du etwas nicht erfüllst? Sei dir vollkommen bewusst darüber, wie genau die Unterstützung aussehen soll, die du dir wünschst.

Stimme Konsequenzen zu

Eine sehr wirkungsvolle Möglichkeit, die Dinge zu erledigen, die für dich von Bedeutung sind, ist es, angemessene Konsequenzen für die Nichterfüllung festzulegen. Wenn du dir beispielsweise versprochen hast, täglich 30 Minuten an deinem kreativen Projekt zu arbeiten, und du machst es nicht, dann gib als Pfand eine bestimmte Summe Geld dafür. Es soll so viel sein, dass es dich wirklich motiviert.

Zerlege es in kleine Stücke

Stell sicher, dass kein Punkt auf deiner Liste mehr als 30 Minuten in Anspruch nimmt. Ein Beispiel: Wenn du ein Kapitel deines Buches bearbeiten möchtest, dann schreib nicht „Buchkapitel fertigstellen", sondern „Am Kapitel für 30 Minuten arbeiten". Jonathan Robinson, ein Experte in Bezug auf Effektivität, empfiehlt sogar, mit nur Fünf-Minuten-Versprechungen zu beginnen, um dich für deinen Erfolg aufzubauen, etwas umzusetzen.

Erstelle eine Prioritätenliste

Ein sehr wichtiger Schlüssel, um Aufgaben zu erledigen, ist, das Gefühl von „Überflutung" auszuschließen. Wenn du also bereit dazu bist, in deinem Anliegen weiterzumachen, dann ist es wichtig, dass es immer nur einen nächsten Schritt gibt – nicht mehrere, aus denen du wählen kannst. Triff bei Tagesbeginn mit dir selbst die Übereinkunft, die Punkte auf deiner Liste Schritt für Schritt abzuarbeiten: 1., dann 2., dann 3.

Feiere und belohne dich

Immer, wenn du einen Punkt von deiner Liste streichst, weil er fertig bearbeitet ist, halte inne und belohne dich mit etwas, das dich erfreut. Sogar wenn es nur ein kleiner Punkt war – wie eine E-Mail zu verschicken: Sei es dir wert, aufzustehen und dich zu strecken oder eine Tasse Tee zu trinken. Die großen Punkte auf der Liste verdienen große Boni – beispielsweise ein Essen in deinem Lieblingsrestaurant oder was auch immer.

Grenze die Gesamtzeit auf weniger als zwei Stunden ein

Erfolg ist die Grundlage für größeren Erfolg und Scheitern verursacht Scheitern. Was meine ich damit? Wenn du alle Listenpunkte abarbeiten konntest, wirst du das auch am nächsten Tag machen wollen. Deshalb ist es sinnvoll, die angesetzte Zeit für deine Liste auf weniger als 30 % deiner gesamten Arbeitszeit anzusetzen. Bei einem Achtstundentag wären das in etwa 2,5 Stunden. Eine solche Einteilung erlaubt dir Zeit für unerwartete Fälle, Verzögerungen und das normale Tagesgeschäft.

Finde einen Coach

In keinem anderen Abschnitt des Brillanz-Kreislaufs ist ein Coach so wertvoll wie beim Übergang von 3:00 Uhr zu 6:00 Uhr. Er oder sie kann dich nicht nur bei der Stange halten, sondern dich auch immer wieder an das große Bild deiner Vision oder Motivation erinnern. Daran, warum du das alles machst. Und er kann dich auch darin unterstützen, weiterzumachen, wenn Widerstände aufkommen.

Benutze ein Aufgabenverwaltungssystem

Grundsätzlich ist es gut, alles aus deinem Kopf auf einer Liste niederzuschreiben, damit du nicht nervös wirst, weil du etwas vergessen könntest. Manche Menschen mögen Papier, weil es ein Genuss ist, Dinge auszustreichen. Es könnte jedoch leichter und effizienter sein, ein elektronisches Aufgabenverwaltungssystem zu nutzen – dafür gibt es im Internet teilweise kostenlose Angebote. Ein Vorteil könnte auch sein, dass dein Rechenschaftspartner Zugriff darauf hat.

Erledige als Erstes die Aufgaben für dein Vision

Nachdem du dich mit Meditation und anderen Praktiken „auf Vordermann gebracht hast", ist das, was du als Erstes tust, das Bedeutsamste – und es bestimmt oft auch den Geschmack des restlichen Tages. Deshalb empfehle ich, als erste Tat einen Punkt zu wählen, den du als Vermächtnis hinterlassen möchtest: etwas, was direkt mit deiner Vision verbunden ist, ein verdienstvolles und großartiges Geschenk an die Erde. Machst du etwas wirklich Glanzvolles und Brillantes vor dem Frühstück, dann hast du ein Zeichen für den ganzen Tag gesetzt.

Lerne zu delegieren

In den letzten 20 Jahren habe ich 420 Menschen interviewt. Auf die Frage „Was ist dein größtes Geheimnis für deinen Erfolg und deinen Beitrag?" antworteten sehr viele damit: „Die Fähigkeit, nein zu sagen." Jene Angelegenheiten, die du dich weigerst zu tun, können viel wichtiger für deine Lebensqualität sein als die, die du durchführst. Erstelle eine Liste mit einer Spalte für die Sachen, die du wirklich gut kannst, einer Spalte für alles, das du nur im Notfall machst, und einer dritten Spalte für all das, wofür du total ungeeignet bist. Delegiere alles sofort, was in der dritten Spalte steht – ohne Ausnahme. Delegiere viele Dinge aus der zweiten

Spalte – also das, was du zwar kannst, aber in dem du nicht brillant bist. Und dann fokussiere dich auf deine wahre Gabe.

Kollaboriere

Dinge aufzuschieben ist vermutlich der größte Feind, um durch diese Phase des Kreislaufs zu kommen. Manche Menschen wissen genau, welche Aufgaben für ihren Lebenssinn, ihr Wohlergehen und ihre Gabe an die Welt von Bedeutung sind – verschieben sie aber immer wieder, Tag für Tag, Woche für Woche, Monat für Monat. Was ich in solchen Situationen mache, ist, dass ich meine Assistentin bitte, zu mir zu kommen und einfach nur da zu sein und mich zu beobachten, während ich die Dinge erledige. Jede Aufschieberitis verschwindet, wenn jemand anderes zuschaut – finde also Menschen, die dich bewachen.

Feiere deine Erfolge in sozialen Netzwerken

Wir haben alle möglichen Zweifel und Anklagen in Bezug auf soziale Netzwerke: in Bezug auf unsere Privatsphäre und unsere menschlichen Kontakte. Worin aber alle sozialen Medien großartig sind, ist das Feiern. Wann auch immer du einen Meilenstein erreicht hast (also nicht unbedingt, wenn du deine Gasrechnung bezahlt oder deine Katze gefüttert hast), dann feiere dich dafür in den sozialen Netzwerken. *Heute habe ich das Kapitel für mein Buch fertiggeschrieben! Endlich ist unser Wohnzimmer fertig renoviert! Heute habe ich meine Steuern bezahlt!* Jeder liebt Partys und schon bald wirst du dich inmitten enthusiastischer Freunde finden, wenn du deine Siege mit ihnen feierst. Das kann ein großer Anreiz dafür sein, auch am nächsten Tag neue Gipfel zu erreichen.

Sei unperfekt

Wenn du dich entscheiden müsstest, eine Aufgabe heute unperfekt zu erledigen oder zu warten, um es morgen besser zu machen, empfehle ich immer, den heutigen Tag zu wählen – selbst wenn das geringere Qualität bedeutet. Der Schlüssel dafür ist, alles als Generalprobe anzusehen. Schreibst du einen Blogartikel, bedenke, dass es ein Entwurf ist. Drehst du ein Youtubevideo, sieh es als Test an. Sobald du die Haltung von „ich übe gerade" einnimmst, entspannst du deinen inneren Kritiker und kannst die Welle der Erregung ohne Druck reiten. Merkwürdigerweise sind die Dinge, die man als „Generalprobe" erstellt hat, oft die besten.

Verbinde die Aufgaben mit deiner Zukunftsvision

Widme mindestens einmal pro Jahr einen ganzen Tag dafür, dir die Zukunft vorzustellen. Am besten machst du das so, dass du dir dein Leben so genau wie möglich ausmalst – so, wie es in einem Jahr aussehen soll. Du kannst auch eine Fünfjahres- oder Zehnjahresvision kreieren – oder einen noch längeren Zeitrahmen stecken. Ja, stell dir eine Hundertjahresvision vor! Diese wird die Enkel deiner Enkel erfreuen – du selbst brauchst sie nicht mehr zu erleben. Je intensiver du deine Kurzzeithandlungen mit deiner Zukunftsvision verknüpfen kannst, umso tiefer, bedeutungsvoller und heilsamer werden deine Handlungen werden.

Erledige kleine Aufgaben sofort

Erledige die kleinen Handlungsaufgaben, die während des Tages aufkommen, sofort – das geht schneller, als sie in dein Aufgabenverwaltungssystem einzutragen, und bindet auch keine mentale Energie. Beantworte Mails und Anrufe gleich, so schaffst du dir keine endlose Liste mit Kleinigkeiten, die dich für das Wesentliche blockieren. Mit der Zeit wirst du deine Erfahrungen damit machen und eine gute Balance finden, was sofort erledigt werden und was warten kann.

Lerne, deine Zeit zu kalkulieren

In der Art und Weise, wie du deine Handlungen ausführst oder sie unterbrichst, wirst du lernen, wie viel Zeit du dafür veranschlagen musst. Die meisten unterschätzen sich dabei und werden dadurch von der Fülle überwältigt. Eine einfache Methode, dies zu bewältigen, ist, ein Protokoll zu führen. Wenn du am Morgen deine Liste der Aufgaben erstellst, schreib eine Zeiteinschätzung neben jeden Punkt. Am Ende des Tages korrigierst du deine Zeiteinschätzungen. Am Ende der Woche kannst du beide Spalten vergleichen und erkennst, wo und wie du dich falsch eingeschätzt hast.

Schalte die sozialen Netzwerke ab

Obwohl es großartig ist, deine Erfolge im Internet zu feiern, ist es genauso wichtig, es abzuschalten, während du konzentriert arbeitest. Natürlich kannst du die Seiten, die du für deine Aufgaben benötigst, öffnen – aber erlaube dir nicht, dich durch Facebook, Twitter usw. ablenken zu lassen. Sie bleiben geschlossen.

Plane deine Aufgaben wie Termine

Sobald du erfahren darin bist, deine Liste am Morgen zu erstellen, sie am Abend zu überprüfen, und du genau in deiner Zeiteinschätzung bist, kannst du diese fortgeschrittene Übung praktizieren. Trage deine Aufgaben wie Verabredungen oder feste Termine in deinen Kalender ein – genauso wie beispielsweise einen Zahnarzttermin. Damit du das effektiv durchführen kannst, musst du wirklich ganz genau wissen, wie lange du für eine Aufgabe brauchen wirst.

Begrenze deinen Anspruch an Erfolg

Du erhöhst die Fähigkeit, von 3:00 Uhr nach 6:00 Uhr zu gelangen dadurch, dass du dich maximal erfolgreich fühlst. Erfolg ist die Grundlage für mehr Erfolg – Misserfolg für mehr Misserfolg. Sei deshalb bewusst nicht ehrgeizig – beginne mit fünf Aufgaben, die wirklich leicht zu bewältigen sind, wie eine E-Mail zu verschicken, den Müll rauszubringen, die Katze zu füttern usw. So einfach das alles erscheinen mag, es löst doch einen Endorphinanstieg aus, etwas erledigt zu haben. Fünf winzige Aufgaben erledigt zu haben, gibt dir die Zuversicht, am nächsten Tag fünf größere bewältigen zu können – so bist du auf dem Weg, Erfolg für Erfolg zu erschaffen.

Wandle Fehler in Lernen

Möglicherweise bist du anfangs entmutigt, wenn du etwas vergessen oder nur drei der fünf Aufgaben erledigt hast. Das kann vorkommen. Um maximalen Nutzen daraus zu ziehen, ist es wichtig zu erkennen, was du daraus lernen kannst, welche Schlüsse und Erkenntnisse du daraus ziehen kannst.

Übungen, um von 6:00 Uhr zu 9:00 Uhr überzugehen

Übungen in diesem Teil des Kreislaufs sorgen dafür, dass du regelmäßig von der Geschäftigkeit von 6:00 Uhr weitergehst und dort nicht so lange stecken zu bleiben, bis du schließlich ein Burn-out hast, von dem du dich nicht wieder erholst. Da 9:00 Uhr für die meisten Menschen so unattraktiv ist, sind Übungen in dieser Phase des Kreislaufs besonders hilfreich. Instinktiv wollen wir uns nicht unzulänglich, als Versager oder machtlos fühlen. In dieser Phase sind Übungen am wirkungsvollsten, die dir helfen, dich von der Geschichte freizumachen oder der Notwendigkeit, etwas daran zu ändern, und dir einfach ermöglichen zu fühlen, was du fühlst, und es dann loszulassen.

In den letzten Jahrzehnten hat Amerika eine Führungsrolle in der Welt gespielt. Amerika und Großbritannien haben 1945 den Krieg gewonnen und nahmen sich deshalb das Recht, für eine Weile den Ton anzugeben und zu bestimmen, wo es langgeht. Der Sieger bestimmt die Regeln der nächsten Phase des Spiels. Amerika hat seine Grundlage in einer Kultur der Pioniere. Jeder Mann und jede Frau ist für sich selbst verantwortlich. Es gibt keine staatliche Gesundheitsfürsorge, relativ wenig Arbeitslosengeld und Frauen haben kein Babyjahr. Amerika hat eine Kultur, in der du lernen musst, dich durchzuboxen. Wenn du hart arbeitest und dich nicht davon abbringen lässt, kannst du den amerikanischen Traum verwirklichen. Wenn du krank oder depressiv wirst, wirst du im amerikanischen Albtraum enden. In einer Kultur, in der jeder auf seine eigene Leistung fixiert ist, stellt 6:00 Uhr die anderen Phasen des Kreislaufs schnell in den Schatten. Tony Robbins verkauft sich besser als Gabriel García Márquez und Jean Piaget. „Wer?", werden einige vielleicht fragen.

In Amerika haben Selbstdarstellung, Wohlstand, Leistung, Dinge erledigen und Produktivität Priorität und in den letzten Jahrzehnten ist die restliche Welt dem Beispiel gefolgt.

Vor nicht allzu langer Zeit haben wir noch Reste von Kulturen erlebt, die viel größere Aufmerksamkeit auf den Übergang von Phase 6:00 Uhr zu 9:00 Uhr legten: Katholizismus, Judentum, Puritanismus und selbst totalitäre Regime. In diesen Ideologien wird Sünde auf ungesunde Weise betont. *Ich habe einen schrecklichen Fehler gemacht, ich muss bestraft werden, ich muss Abbitte tun.* Diese Ideologien sind heute in unserer Kultur unpopulär, denn wir haben genug von einer Überdosis an Werten, mit denen – das gilt jedenfalls für viele von uns – unsere Eltern und Großeltern aufgewachsen sind. Aber haben wir damit vielleicht das Kind mit der Badewanne ausgeschüttet?

Übungen zwischen 6:00 Uhr und 9:00 Uhr regen zur Selbstreflexion an: darüber nachdenken, wo du vielleicht etwas übersehen hast, wo du vielleicht unbewusst bist, wo du vielleicht jemanden verletzt oder im Stich gelassen hast, sodass du daraus lernen und wachsen und dich weiterentwickeln kannst. In dieser Phase geht es darum, die menschlichen Grenzen zu spüren, deine relative Unzulänglichkeit im Vergleich mit der größeren Kraft, die uns allen Leben schenkt. Es ermöglicht dir, deine Grenzen zu erkennen und dir dann zu vergeben.

Wie in den anderen Phasen können diese Übungen zu stark oder zu schwach sein und dann funktionieren sie nicht so gut. Schwache Übungen bedeuten in dieser Phase, dass du nicht tief genug empfindest. Du entschuldigst dich vielleicht und sagst beiläufig: *Es tut mir leid, ich hab einen Fehler gemacht, meine Schuld,* aber es sind nur oberflächliche Nettigkeiten. Es hat kein wirklicher Lernprozess stattgefunden. Wenn die Übung zu stark ist, wird es eine Form der Selbstgeißelung. *Ich bin ein schrecklicher Mensch, ich hasse mich, ich muss bestraft werden. Ich würde am liebsten sterben.* Das ideale Gleichgewicht zwischen diesen beiden besteht, wenn du die Konsequenzen deines Handelns – Fehler zu machen, Menschen zu verletzen und ihnen Unannehmlichkeiten zu bereiten – tief genug empfindest, aber genug Abstand hast, um daraus zu lernen, dir zu vergeben und neue Vorsätze für die Zukunft zu fassen. Am besten macht man diese Übungen am Ende des Tages, wenn die Sonne untergeht, oder am Ende der Woche.

Musterübung, um von 6:00 Uhr zu 9:00 Uhr zu gelangen:

Was habe ich heute gelernt?

Ein großartiger Coach lehrte mich diese einfache und kraftvolle Übung. Ich praktiziere sie jeden Abend, indem ich in mein Tagebuch schreibe. Wenn du magst, dann kannst du es auch tun.

Stell dir zuerst die folgenden Fragen und schreib die Antworten auf, am besten jeden Abend in ein Tagebuch:

Was habe ich heute an mir beobachtet?

Was habe ich bemerkt?

Was habe ich gelernt?

Vielleicht willst du sogar diese Fragen ergänzen:

Was habe ich heute falsch gemacht?

Wo habe ich einen Fehler begangen?

Im zweiten Teil der Übung stellst du dir folgende Fragen und schreibst ein paar Minuten etwas dazu auf.

Was will ich in Zukunft anders machen?

Will ich, dass etwas anderes dabei herauskommt?

Welche Unterstützung brauche ich dazu?

Ein Beispiel aus der Praxis, nämlich, was ich in diesem Moment, während ich dieses Buch schreibe, notieren würde:

Was habe ich heute an mir beobachtet? Was habe ich bemerkt?

Ich wurde nach der Hälfte des Tages abgelenkt und konnte mich nicht mehr konzentrieren. Ich habe eigentlich nichts zustande gebracht, mich aber auch nicht erholt oder Spaß gehabt. Ich habe mich eine Zeit lang vergeblich angestrengt.

Was habe ich gelernt?

Ich habe gelernt, dass ich mich nicht mehr konzentrieren und keine klugen Entscheidungen treffen kann, sobald ich einen bestimmten Punkt der Müdigkeit überschritten habe. Der Fehler war, dass ich mich nicht häufig genug geprüft habe, um zu merken, wann es Zeit war, aufzuhören und einen Gang herunterzuschalten.

Was will ich morgen anders machen?

Morgen und die folgenden Tage werde ich einen Wecker stellen, der nach einer Stunde konzentrierter Arbeit klingelt. Dann werde ich mich prüfen und sehen, ob ich einen Tempowechsel brauche oder einen Spaziergang oder mich ausruhen muss, bevor ich weitermache.

Hier folgt nun eine Auswahl weiterer Übungen, um von 6:00 Uhr zu 9:00 Uhr zu gelangen:

Radical Releasing

Manchmal können wir eine Anspannung, die sich um 6:00 Uhr aufbaut, mit einem Seufzer loslassen oder der einfachen Frage „Kann ich es gehen lassen?". Es gibt aber auch andere Zeiten, in denen es sich klebrig und verkrustet anfühlt. Hier ist der Schlüssel, die Fähigkeit, die Anspannung zu fühlen und freizulassen, ohne dass man der Geschichte dahinter anhaftet, was dich zu logischen Ursachen und Einflüssen führen würde. Wir nutzen dafür „Radical Releasing" – Infos findest du auf meiner Website.

Erlaube dem Schmerz, seine Geschichte zu erzählen

Wenn es an der Zeit ist, innezuhalten und zu integrieren, erfährt man, dass der Körper seine eigene Sprache spricht. Das ist oft nicht logisch oder moralisch – eher eine Sprache der Gefühle. Insbesondere, wenn du am Abend fühlst, dass dein Herz schwer ist oder du einen Knoten im Magen hast oder dein Nacken steif ist, kann Integration angesagt sein. Dafür kann es genügen, einfach still zu sitzen, die Augen zu schließen und deinen Körper einzuladen, seine Geschichte zu erzählen. Lausche – es kann vielleicht eine Ahnung sein oder ein Gefühl. Wichtig ist, dass du mehr mit deinen Sinnen lauschst als mit deinem Verstand.

Drücke deine Gefühle aus

Stell dir eine Sammlung von Musikstücken zusammen – jedes davon soll mindestens drei Minuten dauern und eine bestimmte Emotion ausdrücken: Trauer, Ärger, Aufregung, Frustration usw. Führe die Übung ein- oder zweimal die Woche aus. Stell sicher, dass du ungestört bist, und dann spiel die Musik. Lass zu, dass dein Körper sich frei von Geschichten bewegt und alles ausdrückt: zum Beispiel Ärger – ohne dass du darüber nachdenkst, warum du ärgerlich bist. Diese Übung erhöht deine emotionale Lebendigkeit enorm und erleichtert es dir, leichter von 6:00 Uhr zu 9:00 Uhr zu kommen.

Der Vergebungs-Spaziergang

Geh am Ende deines Arbeitstages, bevor du zu deinem privaten Leben überwechselst, kurz spazieren. Fünf Minuten können ausreichend sein. Nimm wahr, ob es tagsüber irgendetwas gab, was du bereust: ungeduldig gewesen zu sein oder ärgerlich oder schroff. Dann nutze 30 Sekunden, um dich wirklich zu beschimpfen. Mach dich fertig – aber nur für 30 Sekunden. Dann nimm einen tiefen Atemzug, zieh dabei die Schultern bis zu den Ohren hoch und lass sie dann fallen. Und vergib dir. Das könnte sich so anhören: „Ich bin ein guter Mensch. Ich meine es gut. Mir liegt das Wohl aller am Herzen. Manchmal, wenn ich gestresst bin, sage ich Sachen, die ich danach bereue – aber ich kann mich entschuldigen und es beim nächsten Mal besser machen. Jetzt verzeihe ich mir und lasse es los."

Verweile bei Erinnerungen und dann lass sie gehen

Manchmal, wenn wir im Übergang von 6:00 Uhr nach 9:00 Uhr gefangen sind, gehen wir in Gedanken zu Geschichten aus unserer Vergangenheit. Das kann besonders dann schädlich sein, wenn wir meinen, uns sei in der Kindheit etwas zugefügt worden. Wenn das so ist, empfehle ich dir, es ähnlich wie bei einem Muskel zuerst anzuspannen und dann loszulassen – in kleinen Portionen, und nicht das ganze Leben lang. Du könntest beispielsweise fünf Minuten lang über deinen Ärger über deine Vergangenheit schreiben oder während eines Spaziergangs darüber sprechen und dann tief durchatmen und es loslassen. Werde dir jetzt bewusst, wie reich und schön der gegenwärtige Moment ist. Wenn du allerdings sehr unter irgendetwas leidest – mehr als die „normalen" Kindheitssachen – dann suche eine qualifizierte Therapie auf.

Schreib einen Brief an dich

Wenn du entspannt, geerdet, zentriert und präsent bist, schreib einen präventiven Brief an dich für Zeiten, in denen du dich gestresst und überfordert fühlst. Erinnere dich darin an alle Möglichkeiten, die du kennst, um durch diese Phase des Kreislaufs zu kommen und dein Gleichgewicht wiederzufinden.

Sprich mit Teilen deines Selbst

Eine überaus effektive Möglichkeit, innere Konflikte und Stress zu verstehen, ist, zu erkennen, dass wir in unterschiedliche „Teile" aufgesplittert sind, die eine Konfliktagenda haben. Diese von uns zu separieren, um deren tiefste Intention und das Geschenk herauszufinden, kann sehr effektiv sein, um von 6:00 Uhr zu 9:00 Uhr zu gelangen. Häufig folgt der 6:00-Uhr-Phase eine Flut von Gefühlen – durch den Erholungsprozess des parasympathischen Nervensystems verursacht, fühlen wir uns verletzbar und unsicher wie ein kleines Kind. Es kann helfen, diese kindhafte Version von dir zu visualisieren und mit dem inneren Kind zu sprechen – als beruhigender und kompetenter Erwachsener.

Schreib Entschuldigungsbriefe

In der Reise von 6:00 Uhr nach 9:00 Uhr geht es ums Lernen, uns an unsere Begrenzungen und Fehler zu erinnern, sie zu integrieren und weiterzugehen. Briefe an Menschen zu schreiben, von denen du denkst, dass du sie verletzt oder gekränkt hast, ist eine großartige Möglichkeit, diesen Lernprozess zu integrieren und abzuschließen. Ob du diese Briefe dann tatsächlich verschickst, ist deine Entscheidung.

Bitte Freunde um Feedback

Sobald du engen Freunden, die es gut mit dir meinen, erzählst, dass du gerne weiterkommen und lernen möchtest – und dabei sehr an ihren Einsichten und Impulsen interessiert bist –, wird es dich überraschen, wie viel nützliche Information und Inspiration dir begegnen wird.

Wie habe ich das kreiert?

Sobald wir das erste Mal aus der geschäftigen und intensiven 6:00-Uhr-Phase herausgehen, stecken wir oft in schuldzuweisenden äußeren Umständen bezüglich Stress und Leiden. Je weiter wir uns zur 9:00 Uhr Phase hinbewegen, umso mehr entspannen sich unsere Widerstände und wir beginnen Verantwortung für den Teil zu übernehmen, der den ganzen Stress kreiert hat. Das ist der Augenblick, in dem eine einfache Frage hilfreich sein kann, um zu lernen und zu reifen: „Wie habe ich es geschafft, diese Situation zu kreieren?"

Lerne durch Reue

Wenn du in tiefem Bedauern oder gar in Scham darüber gefangen bist, wie du andere behandelt oder dich ihnen gegenüber verhalten hast, dann erlaube dir, ganz in diese Gefühle einzutauchen – aber nur für ein paar Minuten. Reue oder Scham können Vorboten sein für die Motivation zur Sühne und die Basis dafür, dein Verhalten nicht mehr zu wiederholen und die gleichen Fehler noch einmal zu begehen.

Über sich selbst lachen

Sobald du die „Teile" deines Selbst, die Stress und Konflikte erzeugen, erkannt hast, kann manchmal Humor viel hilfreicher sein, das Ganze aufzuweichen, als manch psychologischer Prozess. Erschaffe eine Comicfigur dieses Teils von dir, der alles kontrollieren möchte, sich schikaniert fühlt oder beurteilend ist. Inszeniere dich ein paar Minuten, bis alle um dich herum lachen müssen. Sobald du aufhörst, dich selbst so ernst zu nehmen, löst sich die Identifikation damit und du bewegst dich in Richtung 9:00 Uhr.

Herzzentriertes Atmen

Eine einfache Übung: Atme ein paar Minuten bewusst in die Mitte deiner Brust – in Höhe deines Herzens. Nutze deine Atmung, um mehr Energie in diesen Körperbereich zu bringen und auch, um dir deiner Gefühle hier mehr gewahr zu sein. Lausche auf die Botschaft deines Herzens.

Loslassen

Es gibt eine einfach Frage, die von Lester Levinson bekannt gemacht wurde und das Herzstück der Sedona-Methode ist. Wann immer du dich in einer starken Emotion oder Anspannung gefangen findest, frag dich ganz einfach: „Könnte ich das loslassen? Könnte ich?" Es ist ein Unterschied zu versuchen, etwas loszulassen oder zu entscheiden, es loszulassen. Es ist einfach eine unschuldige Frage – ohne Druck: „Könnte ich?" Sehr oft folgt dieser Frage ein unwillkürlicher Seufzer oder eine Flut von Erleichterung.

Lass die Früchte deiner Handlung los

Die Reise von 3:00 Uhr nach 6:00 Uhr ist oft darauf fokussiert, das Ziel zu erreichen, was eine Portion Ehrgeiz und Anhaftung erfordert. Wenn wir uns von 6:00 Uhr nach 9:00 Uhr bewegen, geht es darum, diese Anhaftung an das Resultat loszulassen. Dies kannst du dadurch erleichtern, indem du dich fragst: „Könnte ich – jetzt, wo ich mein Bestes gegeben habe – könnte ich jegliche Anhaftung an jedes einzelne Resultat loslassen? Könnte ich?"

Schrei in ein Kissen

Wenn du dich verletzt fühlst und es keine Möglichkeit gibt, dies mitzuteilen, finde einen Ort, an dem du allein sein kannst. Nimm dir ein Kissen und schrei für ein paar Minuten mit voller Lautstärke hinein. Danach schließ deine Augen und nimm den gesteigerten Raum in dir wahr. Übrigens, manche Menschen tun das unter einer Eisenbahnbrücke, wenn gerade der Zug darüberfährt.

Slow Yoga

Du musst kein fortgeschrittener Yogaexperte sein, um einige Stellungen zu nutzen, die deine Körperanspannungen effektiv lösen. Such dir eine Yogaklasse in deiner Umgebung und erlerne ein paar einfache Asanas, die dir am Tagesende helfen, loszulassen. Einige gute Übungen sind: Utanasana, Balasana, Vajrasana, Gurudasana, Savasana.

Richte deinen Blick auf Bäume, wenn die Sonne untergeht

Geh nach Arbeitsschluss in einen Park und setz dich dort auf eine Bank – blicke in der Dämmerung auf die Bäume. Zu dieser Tageszeit wird alles langsamer: die Tiere, die Vögel, ja selbst die Bäume. Wenn du für ein paar Minuten in einen Park oder Wald schaust, wirst du merken, wie du dich anpasst und selbst langsam wirst – du entspannst und nimmst dich selbst an.

Was kann ich beim nächsten Mal besser machen?

Wenn du dich nach einer intensiven 6:00-Uhr-Phase in Gefühlen von Scham und Bedauern gefangen fühlst, kannst du das überwinden, indem du ein paar Minuten in ein Journal schreibst oder eine Sprachnachricht aufnimmst zum Thema: „Was kann ich beim nächsten Mal besser machen?" Tu es und du wirst nach kurzer Zeit, in der du einige Punkte aufgezählt hast, merken, wie anders du dich jetzt fühlst.

Bitte zukünftige Generationen um Verzeihung

Wenn du erkennst, dass du nicht dein Bestes gegeben hast, schreib einen Brief an deine Kinder und Enkel, in dem du um Vergebung bittest. Gib ihnen einfach die Rückmeldung darüber, dass du hättest mehr für sie tun können, aber gescheitert bist. Die schlichte Erkenntnis, dass du deine eigenen Nachkommen enttäuscht hast, kann ein großartiger Motivator sein.

Brief an deine Emotionen

Wenn dich deine Gefühle übermannen, nimm ein Stück Papier und beantworte folgende Frage: „Wenn meine Emotionen sprechen könnten, was würden sie mir sagen?" Gib dir selbst freie Hand und schreib alles ein paar Minuten lang auf, was dir in den Sinn kommt. Sei wach für alles: Ärger, Trauer, Angst, Scham usw. Du kannst den Brief mit folgender Frage beenden: „Was möchte ich wirklich? Was wünsche ich mir wirklich?"

Die Wahrheit herausfiltern

Eine andere Möglichkeit, mit den starken Gefühlen, die nach 6:00 Uhr auftreten können, umzugehen, ist zu unterscheiden zwischen Überbleibseln aus der Vergangenheit und dem, was gerade jetzt im Moment ist.

Benenne die Emotionen, die du fühlst: Ärger, Trauer, usw. Nutze deine Intelligenz, um zu erkennen, dass die Macht dieser Gefühle nicht wirklich durch gegenwärtige Umstände erzeugt worden ist.

Selbstermächtigung

Dies ist ein sehr wirkungsvolles Instrument von John Gray: Wenn du dich ärgerlich oder frustriert fühlst, nimm dir ein paar Minuten Zeit, um den Augenblick oder die Gelegenheit zu erkennen, als diese Gefühle ausgelöst wurden. Dann frage dich: „Was möchte ich erschaffen? Was verdiene ich? Was ist meine wirkliche Intention?"

Anderen vergeben

Stress und Engegefühle, die 6:00 Uhr folgen, können oft damit verbunden sein, anderen Vorwürfe zu machen. Das muss nicht immer unangemessen oder falsch sein, es führt aber dazu, dass wir uns schwach und nicht brillant fühlen. Das Gegenmittel dafür ist, einen Brief an jemand zu schreiben, um dich dafür zu entschuldigen, dass du ihm oder ihr gegenüber Ressentiments verspürst. Es liegt an dir, ob du den Brief abschicken möchtest oder nicht.

Wenn du dein Wort brichst

In der Bewegung von 3:00 Uhr nach 6:00 Uhr geht es viel darum, Versprechen zu machen und einzuhalten. In der Phase zwischen 6:00 Uhr und 9:00 Uhr haben wir es mit den Versprechen zu tun, die wir nicht halten konnten. Die beste Möglichkeit, gebrochene Versprechen loszulassen, ist nicht irgendwelche Entschuldigungen oder Erklärungen bereitzuhalten, sondern einfach die Erkenntnis, dass du dein Wort gebrochen hast. Sei gespannt auf die Auswirkung und setze bewusst eine praktikable Absicht, die Dinge in Zukunft anders zu gestalten.

Anerkenne: „Ich habe es nicht gewusst!"

Wenn du dich innerhalb 6:00 Uhr bewegst, musst du sicher sein, Ergebnisse zu schaffen, um erfolgreich zu sein. Aber jetzt, in der Phase zwischen 6:00 Uhr und 9:00 Uhr, kannst du diese Gewissheit loslassen. Je mehr du dich in die Sichtweise hineinentspannst „Ich weiß nicht, was zu tun ist. Ich habe keine Informationen darüber. Ich weiß nichts über die ganzen Konsequenzen", umso mehr kehrst du zur Unschuld zurück und zum Vertrauen in die Kräfte jenseits deines Verstandes.

Übungen, um von 9:00 Uhr zu 12:00 Uhr zu gelangen

Übungen in dieser Phase haben alle etwas mit Loslassen zu tun: das Bedürfnis loszulassen, jemand zu sein, sich zu verbessern oder sich irgendwie zu vervollkommnen. Die Betonung der Übungen liegt auf Selbstakzeptanz, Entspannung, aber ein wichtiges Element ist auch, eine Intelligenz zu spüren, die größer ist als der eigene Geist, und ihr zu vertrauen. Diese Übungen in dieser Phase regen dich an, die Fixierung auf dich selbst loszulassen und die Aufmerksamkeit auf das zu lenken, was bleibt, wenn du dein Selbst loslässt – vergleichbar mit einem Tautropfen, der sich im Ozean auflöst.

Wie in den anderen Phasen können auch hier die Übungen zu stark oder zu schwach sein. Wenn sie zu schwach sind, vermitteln sie dir nur einen schwachen Eindruck von einem Bewusstsein, das größer ist als dein eigener Geist, was von diesem schnell als weitere „Erfahrung" aufgefasst und ein weiteres Teil im Werkzeugkasten zur Selbstvervollkommnung wird. Die Übungen sind zu stark, wenn sie die Individualität zu schnell übergehen und uns verleiten, über wichtige Lehren, die wir ziehen können, und Fehler, die wir zukünftig vermeiden können, hinwegzusehen. Das wird manchmal als „spirituelle Vermeidung" bezeichnet, indem wir die Ruhe, Stille und Perfektion, die wir bei 12:00 Uhr erfahren, auf unsere individuelle Identität übertragen und uns diese auch als ruhig, still und unfehlbar vorstellen.

Jede Übung, die dich von den Gedanken zum Gewahrsein selbst bringt, von den Emotionen zur reinen Liebe, vom Körper zur Formlosigkeit ist eine Übung von 9:00 Uhr zu 12:00 Uhr.

Wir haben in diesem Kapitel bereits eine Musterübung zu dieser Phase kennengelernt. Es war die Frage: „Wer erfährt diesen Moment?" (Siehe Seite 98)

Hier sind weitere Übungen, die in diese Phase des Kreislaufs gehören:

Übe dich in Dankbarkeit

Im Gedächtnis all die guten Sachen deines Lebens aufzuzählen, ist nicht nur eine moralische Tugend oder eine Möglichkeit, sich besser zu fühlen, sondern eine der kraftvollsten Übungen, um von 9:00 Uhr nach 12:00 Uhr zu gelangen. Dankbarkeit ist das beste Gegenmittel für Begehren und hilft dir mehr, dich auf das zu fokussieren, was du erhalten hast, anstatt auf das, was du möchtest. Dieses Gefühl der Zufriedenheit stimuliert die Serotoninproduktion im Gehirn, was den Zustand von Gewahrsein fördert.

Heranzoomen und hinauszoomen

Fokussiere dich auf ein sinnlich wahrnehmbares Detail deiner gegenwärtigen Erfahrung: eine Farbe, eine Form, ein Geräusch – und dann richte augenblicklich und sehr schnell deine Aufmerksamkeit auf den Himmel oder das Universum. Dann zoome dich wieder an das kleine Detail zurück – und danach wieder auf das große. Dadurch wird dir der Zugang zur Räumlichkeit viel leichter fallen.

Wer ist sich dieses Moments bewusst?

Wir haben diese Übung schon weiter vorne erklärt. Wenn du ein Geräusch wahrnimmst, eine Farbe, eine Form oder eine bestimmte Körpererfahrung, dann frage dich – anstatt dich auf das Detail zu konzentrieren: „Wer erfährt dies? Wer oder was hört oder sieht oder fühlt?" Du wirst darauf keine klar definierte Antwort erhalten, aber allein durch das Forschen wirst du deinem ursprünglichen Zustand, deiner Heimat näherkommen.

Lass ein Mantra in der Stille verklingen

Rezitiere Redewendungen oder ein Mantra. Das kann in einer anderen Sprache geschehen, wie *Om Mane Padme Hum* oder *Om Namah Shivaya*. Es kann aber auch in deiner Muttersprache sein, indem du sagst „Ich bin vollkommen ... Es gibt keine Grenzen ... Da ist nur Jetzt ..." Wiederhole dies immer und immer wieder, entweder laut oder nur, indem du deine Lippen bewegst, oder in Stille. Die stetige Rezitation schaltet deinen Verstand ab und bringt dich in die Gegenwart.

Erweitere dein peripheres Blickfeld

Setze dich und betrachte einen Gegenstand, der vor dir steht. Dann erweitere dein Gewahrsein ein wenig auf das, was sich links, rechts, darüber und darunter befindet. Und noch ein bisschen mehr erweitern. Und noch ein bisschen …, mach weiter, bis dein Gewahrsein gleichmäßig so weit in alle Richtungen reicht, wie es dir möglich ist. Jetzt dehne dich jenseits aller Grenzen deines visuellen Feldes aus.

Halte inne

Stelle einen Timer auf willkürliche Zeiten: 13:20 Uhr, 14:50 Uhr usw. Sobald der Alarm losgeht, stoppe, was auch immer du gerade machst, für 30 Sekunden. Atme tief und sei dir des gegenwärtigen Moments bewusst. Mache das vier- bis fünfmal am Tag.

Tauche in den unendlichen Raum ein

Es gibt eine kleine Lücke zwischen dem Einatmen und dem Ausatmen. Entdecke die Lücke und achte darauf, was es in dieser Lücke zu entdecken gibt. Einerseits kannst du Leere entdecken, andererseits Fülle – beides sind wirkmächtige Einladungen zum Erwachen.

Lass los

Wenn du bemerkst, dass du nur noch denkst und zu verstehen versuchst, halt in der Mitte deines Satzes inne und frage dich: „Könnte ich es loslassen?" Wenn du Freunde an deiner Seite hast und ihr euch in eurem Erwachen unterstützt, ist es möglich, einen Satz während eurer Gespräche nicht zu Ende zu sprechen – sie werden es verstehen.

Dein Wille geschehe

Setz dich auf einen Stuhl und platziere einen leeren Stuhl gegenüber von dir. Stell dir vor, dass auf diesem leeren Stuhl eine wie immer du sie dir vorstellst höhere Intelligenz sitzt (du kannst sie Gott nennen oder sie unbenannt lassen). Sprich mit ihr im Sinne von „Nicht mein, sondern dein Wille geschehe". Nach einigen Minuten wechsle und setz du dich auf den leeren Stuhl. Werde universal und grenzenlos und integriere dein individuelles Selbst in alleinige Bewusstheit. Wechsle eine Weile zwischen beiden Stühlen.

Hör mitten beim Sex auf

Kurz vor dem Höhepunkt erinnere dich und deine Partnerin/deinen Partner innezuhalten. Atmet weiter, aber hört auf, euch zu bewegen – nehmt eure hohe sexuelle Erregung wahr. Lasst zu, dass sie sich in alle Richtungen ausdehnt und nehmt sie in euer Selbst mit.

Weicher Blick

Dies ist eine Partnerübung. Setzt euch gegenüber und eine Person fragt: „Wer nimmt diesen Moment wahr?" Die andere Person schaut nach innen und spricht. Haltet sanften Augenkontakt. Nach fünf Minuten wechselt ihr. Die nächste Frage lautet: „Wen triffst du hier?" Haltet wieder weichen Augenkontakt und die antwortende Person schaut, wer ihr gegenübersitzt. Wechselt fortlaufend wieder zwischen den beiden Fragen: „Wer erfährt diesen Moment? Wen triffst du hier?"

Bloßes (Ab-)Warten

Egal, wo du anstehst – am Flughafenschalter, im Wartezimmer deines Zahnarztes, in der Warteschlange im Supermarkt – warte einfach. Schalte dein Handy aus, leg die Zeitschrift aus der Hand, halte keinen Small Talk, um diese Lücke zu schließen. Erfahre die Energie von bloßem Warten. Mach das auch in den Momenten zwischen Handlungen. Sitz einfach nur und warte auf das, was als Nächstes passiert.

Erinnere dich an die Weite

Versetz dich in eine Zeit, die du als Moment tiefsten Erwachens erinnerst. Wo warst du da? Wer war mit dabei? Was wurde gesprochen? Welche Gefühle und Körperempfinden waren da? Wenn es dir hilft, beschreibe es einer anderen Person. Wenn du dir die Umstände zurückrufst, kannst du dich auch an den inneren Zustand erinnern.

Starre in den Himmel – versenke dich in die Unendlichkeit

Leg dich auf eine Wiese und schau zum Himmel – natürlich nicht direkt in die Sonne –, lass deinen Blick in die unermessliche Weite schmelzen. Dann kontempliere einige Minuten darüber, dass es kein Ende gibt, nur Unendlichkeit und immer mehr Unendlichkeit. Lass deinen Verstand verwehen.

Mach langsamer

Während du isst, trinkst oder irgendeine andere Tätigkeit ausführst, werde für ein paar Momente langsamer in deinen Bewegungen. Nicht am Anfang oder Ende der Bewegung, sondern zwischendrin. Wenn du so verlangsamst, wird auch dein konzeptionelles Denken langsamer und du findest zu dir selbst zurück.

Entspanne deinen inneren Zensor

Oft haben wir rigide Ideen davon, was eine „spirituelle Übung" sein soll und was nur langweilige Routine ist. Dehne diese Ideen in die Richtung von: Fußball schauen, masturbieren, genüsslich speisen, Late-Night-Shows ansehen. Du wirst feststellen, dass jede Handlung, die du ganz bewusst vollführst, zu einer Reise „nach Hause" wird.

Zieh den Stecker

Zieh einmal die Woche oder so oft es dir möglich ist von allem den Stecker: von deinem Computer, deinem Telefon, deiner To-do-Liste, deinem Verstand. Die Priorität ist, einfach zu sein. Starre auf Bäume und schenke den Menschen, die du liebst, deine volle Aufmerksamkeit, ohne zu viel zu sprechen.

Geh in einen längeren Rückzug

Nimm dir einmal im Jahr oder alle drei Monate ein paar Tage Zeit, in denen du ganz allein und in Stille bist. Lies nichts, schreib nicht, mach nichts, was dich ablenkt. Sei einfach nur präsent und warte auf die Gnade.

Kommuniziere dein Bedürfnis nach Freiraum

Manchmal kann es schwierig sein, seinem Bedürfnis nach Stille Ausdruck zu verleihen. In Familien, in denen beide Partner arbeiten, auf die Kinder geachtet und der Haushalt erledigt werden muss, kann es egoistisch erscheinen, Auszeiten für Stille einzufordern. Drücke dein Bedürfnis nach Raum aus, indem du z. B. sagst: „Ich liebe dich, ich achte dich und ich achte uns. Ich nehme mir jetzt eine Auszeit von 20 Minuten, um mich zu entspannen und mich aufzutanken. Dann kann ich auch wieder mehr geben. Ich bin gleich wieder zurück."

Bitte das Universum um Hinweise

Wenn du dir nicht sicher bist, was als Nächstes ansteht, dann bitte um Hinweise und Zeichen. Lass deine Vorstellungen los, was als Nächstes zu tun ist, und gib deiner Bereitschaft Ausdruck, auf die Sprache der höheren Intelligenz zu lauschen. Allein diese Bereitschaft, dich hinzugeben, wird eine Gehirnchemie schaffen, die dich zum Wachsein führt.

Gäbe es mich noch?

Nimm dir eine oder zwei Stunden in einer Sitzung oder in mehreren, um eine möglichst erschöpfende Liste zu erstellen mit allem, wie du dich bisher in deinem Leben beschrieben und definiert hast: Notiere jede Antwort auf die Frage „Ich bin ...". Ich bin Klempner, ich bin Europäer, ich bin Demokrat, ich bin ein guter Mensch, ich bin allergisch ... Erst wenn du keine Antwort mehr auf die Fertigstellung des Satzes findest, geh deine Liste durch und frag dich: „Wenn ich kein ... (Klempner, Hausbesitzer ...) mehr wäre, gäbe es mich noch?" Wenn du damit durch bist, frage dich: „Was bleibt?"

Tanze voller Hingabe

Spiel deine Lieblingsmusik oder geh zu einer mehrstündigen Tanzveranstaltung. Und anstatt zu tanzen – lass dich tanzen. Erlaube der Musik, deinen Körper zu bewegen, ohne deine Hilfe und ohne Widerstand. Schließe deine Augen und fühle deinen inneren Raum.

Lausche einem Geräusch und lass es ausklingen

Besitzt du Glocken oder Klangschalen oder ein anderes Instrument (oder hast du Aufnahmen davon)? Entlocke ihnen einen Ton und dann lausche aufmerksam, wie sie ausklingen und ausklingen und ausklingen ..., so lange, bis gar nichts mehr zu hören ist. Lausche auch noch der Stille, solange es dir möglich ist. Werde diese Stille und du bist zu Hause angekommen.

Bring den Körper an seine Grenzen

Renne und fahre Rad oder mache Aerobic – alles sehr schnell. Bring deinen Körper an seine Grenzen, ungefähr 30 Sekunden lang bis zu ein paar Minuten. Dann stoppe und erlaube deinem Körper nach Luft zu ringen, schließe dabei deine Augen und fühle den Zustand deines Bewusstseins.

Frage: „Ist das wahr?"

Du kannst diese Übung alleine machen, es funktioniert aber besser mit einem Freund oder einer Freundin. Unterbrecht einander regelmäßig mitten im Satz, sobald ihr eine ungeprüfte Hypothese hört wie „Wir haben nicht genügend Zeit dafür", „Das wird sowieso niemand interessieren", „Das ist nicht fair". Und dann fragt „Ist das wahr? Ist diese Feststellung Fakt? Würde dem jeder zustimmen?" Wenn du solche Hypothesen loslässt, dehnt sich dein Geist mehr und mehr aus und findet heraus, was von Logik übrig bleibt.

Entspannen, zulassen, gewahr sein

Nimm ein paar Atemzüge und lass ganz bewusst jegliche Spannung deines Körpers los. Nimm erneut ein paar Atemzüge und erlaube der Energie in deinem Körper, dahin zu fließen, wo sie möchte. Nimm wieder ein paar Atemzüge und erlaube dir, als Bewusstheit dieses Augenblicks zu ruhen. Indem du gewahr wirst, bist du erwacht.

Ausdehnen in die Weite

Schau auf etwas in deiner unmittelbaren Umgebung, eine Farbe, eine Bewegung, ein Körperempfinden. Nimm den Raum drum herum wahr. Fühle die neue Erfahrung und den neuen Raum. Fahre auf diese Weise fort und lerne immer mehr, auf den Raum um die Dinge und Erfahrungen zu achten und nicht so sehr auf die Dinge und Erfahrungen selbst. Schlussendlich werde du zu diesem Raum und du bist zu Hause.

Kapitel 8
Dein brillantes Gehirn

Wir werden nun zusammen in die herausfordernde und sehr vorläufige Wissenschaft von Brillanz und damit radikaler Meisterschaft eintauchen. Ich selbst bin kein Wissenschaftler, aber glücklicherweise war ich in der Lage, mit den führenden Experten auf diesem Gebiet zu sprechen, und einige davon wirst du kennenlernen.

Bei meinen Nachforschungen machte ich ziemlich frühzeitig eine interessante Entdeckung. Diejenigen, die sich am intensivsten mit Neurowissenschaften beschäftigt haben und daher am meisten wissen, betonen nachdrücklich, wie wenig wir über das Gehirn wissen. Auf der anderen Seite kommen Menschen, die nicht in Neurowissenschaften geschult sind, häufig zu scheinbar stichhaltigen Schlussfolgerungen.

Einer der Gehirnforscher, mit denen ich gesprochen habe, verglich den Stand der Forschungen mit einem Bürogebäude, in dem in einem Stockwerk alle Jalousien heruntergelassen sind. Drinnen brennt Licht, aber man kann nur hin und wieder undeutliche Schatten und Umrisse sehen, die sich hinter den Jalousien bewegen. Gelegentlich erkennt man geschäftiges Treiben in einer Ecke des Gebäudes. Manchmal sieht man, wie Leute sich hinter vielen Fenstern gleichzeitig bewegen und dabei im Rhythmus miteinander zu agieren scheinen. Und manchmal wird es im ganzen Bürogebäude ruhig. Dann wieder kann man beobachten, wie eine bestimmte Art Abfall aus dem Gebäude geworfen wird. Manchmal zeigt sich in den Abflussrohren eine bestimmte Art von Müll. Jetzt versuche, aufgrund dieser vagen Hinweise zu sagen, welche Art von Geschäft hier betrieben wird und wie viel Umsatz gemacht wird. Natürlich ist es möglich, wilde Spekulationen anzustellen, aber jede Aussage wäre mehr eine Vermutung als eine stichhaltige Schlussfolgerung. Mit der Hirnforschung ist es ganz ähnlich.

Eine Möglichkeit, Hirntätigkeit zu messen, ist, das elektrische Feld zu beobachten, das sich im Gehirn ständig verändert. Dr. Fred Travis ist der Direktor des Zentrums für Gehirn, Bewusstsein und Kognition an der Maharishi University of Management, Iowa. Er hat jahrzehntelang das EEG höherer Bewusstseinszustände erforscht. „Dieses elektrische Feld ist die Summe der Kommunikation aller individuellen Neuronen miteinander und wird abgestuftes Potenzial genannt. Es gibt 100 Milliarden Neuronen im Gehirn. Wir haben keine Information darüber, was jedes Neuron gerade macht, sondern können nur Veränderungen bei Gruppen von Neuronen beobachten. Die verschiedenen Frequenzen geben Hinweise darauf, welche Art Aktivität gerade stattfindet. Sehr langsame Frequenzen von einem Zyklus pro Sekunde werden Delta genannt. Wir beobachten das, wenn das Gehirn sich repariert. Auf der anderen Seite, wenn jemand sich in einem internen mentalen Prozess befindet, über Ideen nachdenkt, beobachten wir eine andere Hirnstromaktivität, genannt Theta, von fünf bis acht Zyklen pro Sekunde. Aber das EEG liefert uns sehr beschränkte räumliche 3-D-Auflösungen. Wir sammeln Informationen von einem zwei Zentimeter großen Bereich des äußeren Schädels." Das heißt, wir können nur vermuten, was im Inneren geschieht.

Eine andere Methode, um das Gehirn zu erforschen, ist, den Blutstrom durch funktionelle Magnetresonanztomografie (fMRT) zu messen. Es ermöglicht uns festzustellen, welche Teile des Gehirns zu einer Zeit stärker durchblutet und daher aktiver sind. Aber die zeitliche Auflösung ist sehr langsam und natürlich ist es schwierig, ein fMRT durchzuführen, wenn die Testperson gerade mit irgendeiner Tätigkeit beschäftigt ist, die körperliche Bewegungen, insbesondere des Kopfes, einschließt. Auf diese Weise den Blutfluss zu messen, gibt uns Einblick in verschiedene Netzwerke des Gehirns – dort, wo bestimmte Bereiche gemeinsam „aufleuchten", erfüllen sie bestimmte Funktionen. Zum Beispiel wird das „Default Mode Network" (dt. Ruhezustandsnetzwerk) für gewöhnlich mit einem wachen Zustand assoziiert, ohne Konzentration auf etwas Bestimmtes, wie beispielsweise Tagträume. Auf der anderen Seite wird das „Task-Positiv-Netzwerk" mit verschiedenen Gehirnregionen assoziiert, die zusammenarbeiten, um Aufmerksamkeit für die Erfüllung anspruchsvoller Aufgaben zu aktivieren.

Eine weitere Möglichkeit, um Aufschluss darüber zu erlangen, was im Gehirn geschieht, ist das Verständnis von Neurotransmittern wie Serotonin, Dopamin und Noradrenalin. Die wegweisendste Arbeit auf dem Gebiet der Hirnchemie, insbesondere, was höhere Bewusstseinszustände angeht, haben Daniel Schmachtenberger und ein beeindruckendes Team von Wissenschaftlern des Neurohacker Collectives geleistet. Schmachtenberger erzählte mir: „Es ist schwer, Informationen über Hirnchemie in Echtzeit zu bekommen. Wir sehen nachgelagerte Effekte der Hirnchemie in Blut, Speichel und Urin, aber das ist immer einen Schritt entfernt davon, was in der zerebralen Rückenmarksflüssigkeit geschieht, was einen Schritt davon entfernt ist, was in der Chemie in den Synapsen geschieht, was auch nur ein Hinweis darauf ist, was in den präsynaptischen Neuronen gespeichert ist. Unsere Fähigkeit, Hirnchemie in Echtzeit zu studieren, ist also ziemlich gering."

Es gibt jedoch eine sehr geeignete Methode, um Hirnchemie zu „rekonstruieren", wie Schmachtenberger und seine Kollegen entdeckt haben. Er erklärt: „Wir können genauere Aussagen über Hirnchemie machen, weil wir durch die Chemie ziemlich sicher Erfahrungen herbeiführen können, die den natürlichen Zuständen mystischer Erfahrungen, von denen Menschen berichten, und anderen Zuständen höherer Hirnfunktion sehr ähnlich sind. Das ermöglicht es uns, plausible Hypothesen aufzustellen." Das heißt, wenn wir jemandem eine organische oder synthetische Substanz geben können, von der wir wissen, dass sie die Serotoninausschüttung erhöht oder ihre Aufnahme stört, und die subjektive Erfahrung genau dokumentieren, kann man annehmen, dass Menschen natürlicherweise dieselbe Art Hirnchemie produzieren, wenn sie die gleiche subjektive Erfahrung von allein machen. Das ist wahrscheinlich die verlässlichste

Methode, um zu mutmaßen, was in den verschiedenen Phasen des Brillanz-Kreislaufs in der Hirnchemie geschieht.

Bevor wir fortfahren zu entdecken, worauf diese begründeten Vermutungen hinweisen, müssen noch ein paar Grenzen aufgezeigt werden, was die Erforschung des Gehirns angeht. In diesem Buch geht es um höhere Funktionen, das heißt ganzheitlichere, fortgeschrittenere Zustände der Hirnfunktion als die, die wir als „normal" betrachten. Das wird jedoch sehr selten erforscht oder gefördert. Die meiste Forschung über das Gehirn und über den restlichen Körper ist Forschung über Krankheiten und ihre Linderung. Die Wissenschaft ist mehr daran interessiert, Krankheitszustände zu erforschen und zu ergründen, wie wir sie heilen können, als integrierte höhere Funktionen zu untersuchen.

Noch einmal Schmachtenberger: „Das Schöne an Wissenschaft, nicht unbedingt wie sie betrieben wird, sondern als philosophisches System, ist unter anderem, dass es um radikale Ernsthaftigkeit geht: nicht eine bestimmte Vorstellung von der Wirklichkeit zu haben, sondern zutiefst interessiert und neugierig darauf zu sein, wie sie wirklich ist und dann ein Experiment in Angriff nehmen. Wenn sich dann herausstellt, dass deine Vorstellung nicht richtig war, kannst du sagen: ‚Wunderbar, ich bin froh, dass ich mich geirrt habe, was ist also wahr?' Voreingenommenheit ist der Feind der Wissenschaft. Wer fördert wissenschaftliche Forschung? Wer betreibt sie? Wer hat die Energie dafür? Häufig ist es jemand, dessen Ego es braucht, eine Entdeckung zu machen, und dann muss alles weiterhin richtig sein, selbst angesichts neuer Erkenntnisse. Oder jemand, der in Forschung investiert, will anschließend Technologie verkaufen, er will Gewinne aus seiner Investition erzielen. Praktisch läuft Wissenschaft überall auf Voreingenommenheit hinaus. Die Wissenschaftsphilosophie setzt jedoch zutiefst ernsthafte unvoreingenommene Erforschung der Wirklichkeit voraus, was ständige Überprüfung der eigenen Vorurteile erfordert. Tatsächlich ist es eine zutiefst spirituelle Disziplin, so schwer zu praktizieren wie Zen: Vorurteile ständig zu erkennen, fallen zu lassen und tiefer zu forschen."

Nachdem all diese Vorbehalte und Grenzen auf dem Tisch sind, wollen wir uns einige der interessantesten Hypothesen dieser brillanten Wissenschaftler dazu ansehen, was in den verschiedenen Phasen des Brillanz-Kreislaufs im Gehirn vorgeht.

12:00 Uhr: Erwachen

Hier eine Zusammenfassung dessen, was Wissenschaftler mir berichtet haben, was im Gehirn während der Phase des Erwachens vorgeht. Denke daran, dass es sich um ein relativ wenig erforschtes Gebiet handelt und man noch mit vielen Revidierungen und Aktualisierungen rechnen muss, wenn es intensiver erforscht ist. Dr. Andrew Newberg ist einer der prominentesten Forscher in dem neu entstehenden Gebiet „Neurotheologie". Die für das Erwachen charakteristische Erfahrung von Unendlichkeit „steht in Zusammenhang mit Vorgängen in unseren Parietallappen, die für unser Selbstgefühl und unser Gefühl von Raum und Zeit zuständig sind", sagt er. „Ich nenne das den ‚Bereich für die Orientierung'. Er ermöglicht uns, ein Gefühl von uns selbst zu konstruieren, und wie es räumlich und zeitlich mit der umgebenden Welt in Beziehung steht. Während intensiver Momente des Erwachens beobachten wir eine verminderte Aktivität in diesem Teil des Gehirns. Wir beobachten daher einen Verlust des individuellen Selbstgefühls, gleichzeitig nimmt das Raumgefühl ab. Das ist verbunden mit einem verminderten Gefühl von Grenzen und demzufolge einem Gefühl der Einheit."

Andererseits werden normalerweise die Frontallappen eingeschaltet, wenn wir uns auf etwas konzentrieren und ein Problem zu lösen versuchen. In Momenten des Erwachens beobachten wir dort eine Abnahme der Aktivität.

Dr. Jeffrey Martin ist der Gründer des Transformative Technology Lab an der Sofia University in Palo Alto und des Center for the Study of Non-Symbolic Consciousness. Er spricht von „Herunterfahren" des Default Mode Networks, das „viele Bereiche des Gehirns umfasst, Unternetzwerke, die zusammenarbeiten, um uns ein Gefühl von Zeit und Raum zu geben, räumliche Orientierung und ein Selbstgefühl". Dies ist verantwortlich für sogenanntes „symbolisches Denken", worunter er Denken über sich selbst und Realität in abstrakter Form versteht. *Wer bin ich, was will ich sein?* Jede Art von Aktivität – in Verbindung mit dem Default Mode Network ebenso wie mit dem präfrontalen Cortex – nimmt in Momenten des Erwachens ab.

Bezüglich des EEG unterscheidet Dr. Travis zwischen Alpha-1, das mit einem höheren frontalen Blutfluss verbunden ist, und Alpha-2 mit einem verminderten Blutfluss. „Alpha-2 ist ein Leerlaufzustand: Der Teil des Gehirns ist nicht ausgeschaltet, sondern im Hintergrund, bereit, benutzt zu werden." Während Erfahrungen des Erwachens geht der frontale Bereich des Gehirns in einen Alpha-2-Leerlaufzustand, den er mit Wachheit ohne Konzentration verbindet.

Bezüglich der Hirnchemie sehen alle Wissenschaftler, mit denen ich gesprochen habe, einen starken Zusammenhang zwischen Erwachen und einer erhöhten Serotoninausschüttung, was mit weniger Depression und weniger Angst in Zusammenhang steht. Gleichzeitig sind die Neurohormone und Neurotransmitter, die mit Stress in Zusammenhang stehen, wie Noradrenalin, Adrenalin und Kortisol reduziert.

Das Interessanteste, das einige Wissenschaftler über die Vorgänge im Gehirn während des geistigen Erwachens aussagten, insbesondere, was anhaltende Erfahrung von Erwachen über einen längeren Zeitraum betrifft, ist das Entstehen einer neuen Art von Hirnchemie, die Wissenschaftler noch nicht kennen. Schmachtenberger sagt: „Die Serotoninrezeptoren können empfänglich für andere Tryptamine werden, die endogen produziert werden. Diese kommen bei normalen Bewusstseinszuständen oder der normalen Hirnchemie nicht vor." Dr. Travis sagt etwas ganz Ähnliches: „Der Bewusstseinszustand des Erwachens hat eine andere Hirnchemie als Wachen, Schlafen oder Träumen. Die Raphe-Kerne, die Serotonin ans Gehirn abgeben, sind aktiver, während die Loci coerulei, die für Noradrenalin zuständig sind, auf dem niedrigsten Stand sind. Aber statt Delta, was mit tiefem Schlaf in Verbindung steht, beobachten wir Alpha-Aktivität, das Gehirn repariert sich also nicht gerade selbst, sondern ist aktiv beteiligt. Es vermittelt dem Gehirn eine ganz neue Erfahrung grenzenlosen Bewusstseins außerhalb von Raum und Zeit."

Schließlich sprachen alle Wissenschaftler, die ich interviewt habe, hinsichtlich des Zustands des Erwachens von Kohärenz zwischen den verschiedenen Bereichen des Gehirns: zwischen der linken und rechten Hirnhälfte sowie zwischen den Occipitallappen, den Parietallappen, dem Temporallappen und den Basalganglien.

3:00 Uhr: kreativer Flow

Wenn wir von 12:00 Uhr zu 3:00 Uhr gehen, beobachten wir fortwährende Ausschüttung von Serotonin, aber jetzt mit erhöhter Ausschüttung von Dopamin, was subjektiv von Zufriedenheit zu Aufgeregtheit führt. Dr. Travis erklärt, dass es hauptsächlich zwei Dopaminsysteme gibt. Das eine ist der Vergnügen-Schaltkreis, der für das intensive Glücksgefühl verantwortlich ist, das Menschen beim ersten Impuls von Kreativität, kurz nach 12:00 Uhr, haben. Da sind die Rezeptoren sehr empfindlich und schon eine geringe Ausschüttung von Dopamin erzeugt ein intensives Glücksgefühl. Wenn wir uns 3:00 Uhr nähern, schüttet das Gehirn vielleicht mehr Dopamin aus, aber die Rezeptoren sind weniger empfindlich und deshalb das subjektive Glücksgefühl vielleicht weniger stark. Das zweite Dopaminsystem hat mit der Steuerung von Körperbewegungen zu tun, es sorgt für den reibungslosen Ablauf motorischer Aufgaben. Das hängt mit den Basalganglien im Innern des Gehirns zusammen. Die Basalganglien sind auch für den reibungslosen Ablauf kognitiver Vorgänge verantwortlich. Diese Mischung aus fortgesetzter Serotoninausschüttung mit dem Zusatz von Dopamin sorgt dafür, dass diese Phase des Kreislaufs als mühelos erfahren wird, ohne individuelles Zutun (Serotonin), mit reibungslosem Fluss von Motorik und Kreativität (Dopamin).

Schmachtenberger erklärt, dass Dopamin auch in Zusammenhang mit der Regulierung von Musteranalyse steht. „Wenn der Dopaminspiegel zu hoch ist, entsteht Schizophrenie und falsche (positive) Mustererkennung. Wenn er zu niedrig ist, besteht ein mangelndes (falsch negatives)

Erkennen von Verbindungen und Mustern. Der Anstieg von Dopamin in der kreativen Phase ermöglicht es, neue Muster zu erkennen und daher kreative Ideen einzuleiten und durchzuführen."

Dr. Travis erklärt, dass die Vorstellung von „stiller Aktivität" eine weitere Möglichkeit ist, um kreativen Flow zu verstehen. „Zur gleichen Zeit wie höhere Frequenzen von Beta und Gamma, die für Aufmerksamkeit und Konzentration notwendig sind, beobachten wir höhere Kohärenz von Alpha-1." Er erklärt, dass die Frontallappen immer noch nicht beteiligt sind. „Du führst nicht Schritt für Schritt etwas Vorgegebenes aus, sondern deine Aktivität entspringt dem Gefühl. Wir haben Jazzmusiker mittels neuronaler Bildgebung beobachtet und erhöhte Aktivität im Innern des Gehirns, der Insula, festgestellt. Dieser Teil des Gehirns bringt körperliche Wahrnehmungen mit sozialen Gefühlen in Einklang. Wenn ein Jazzmusiker sagt: ‚Ich fühle es', dann ist es buchstäblich so, es ist kein kognitiver Prozess, sondern entsteht aus Gefühl. Der visuelle Cortex, der akustische Cortex und der kinästhetische Cortex sind in Zuständen künstlerischen Flows stärker durchblutet."

Schmachtenberger erklärt, dass 3:00 Uhr viel mit automatisiertem Lernen zu tun hat. „Unser bewusster Geist hat eine relativ schmale Bandbreite und relativ langsames Verhältnis von Input/Output. Die Anzahl der Bits, die bewusst verarbeitet werden können, ist relativ feststehend. Dagegen können unbewusst viel mehr Informationen verarbeitet werden. Wenn unser Gehirn registriert, dass wir dasselbe mehr als ein paar Mal machen, versucht es, dieses zu automatisieren, um Arbeitsspeicher frei zu machen und für neue Situationen aufnahmefähig zu sein. Der Vorgang des automatisierten Lernens bestimmt, wie schnell wir Neues lernen, es zu einem neuen automatisierten Standardverhalten machen, sodass es mühelos fließt."

Dr. Newberg sagte mir fast genau dasselbe über kreative Flow-Zustände: „Diese Vorgänge wurden in dir eingeübt. Du wirst nicht zum ersten Mal die Gitarre in die Hand nehmen und wie Eric Clapton spielen. Aber wenn Eric Clapton genügend spielt, kann er in diese Art Zustand kommen, denn er kann überhaupt nur spielen, weil sein Frontallappen deaktiviert ist und es ihm einfach geschieht."

6:00 Uhr: Vollendung

Wenn wir im Kreislauf von 12:00 Uhr oben zu 6:00 Uhr unten gehen, fühlen wir uns mehr verkörpert. 12:00 Uhr ist formlos, es ist zum Beispiel auch kein Gespür für das Geschlecht vorhanden. Wir erfahren uns weder als männlich noch weiblich, sondern mit dem Unendlichen identisch. Empfinden wir uns mehr als körperliches menschliches Wesen, identifizieren wir uns auch mehr mit männlicher und weiblicher Energie. Wenn wir von 3:00 Uhr zu 6:00 Uhr vorrücken, können wir beobachten, dass wir eine eher männliche oder weibliche Art haben, Dinge zu erledigen, diese beiden Arten können für Männer wie Frauen gelten. Die eher männliche Art der Ausführung wird durch die Ausschüttung von Testosteron in den Blutkreislauf gesteuert und steht in Zusammenhang mit Zielorientierung, Erledigung des Jobs und der Tendenz, etwas durchzuziehen und im Alleingang zu handeln. Die eher weibliche Art, verbunden mit der Ausschüttung von Oxytocin und Östrogen, steht in Zusammenhang mit Vertrauen und Zusammenarbeit mit anderen als Team. Dazu Dr. Travis: „Unter Stress werden typische Männer wortkarg und mehr handlungsorientiert, mit viel Leidenschaft, Tatendrang und Energie. Bei Frauen gewinnen unter Stress zwischenmenschliche Probleme an Bedeutung. Frauen haben mehr Eingangsfasern als Männer, deshalb ist ein Geräusch für eine Frau lauter als für einen Mann. Frauen haben normalerweise kleinere Netzhautzellen, diese sind empfindlicher für Details und Farben. Männer haben größere Netzhautzellen, die empfindlicher für Bewegung sind. Der Weg von 3:00 Uhr zu 6:00 Uhr wird also ziemlich unterschiedlich sein, je nachdem, ob du eher die männliche oder die weibliche Art hast, Dinge zu erledigen."

Dr. Travis sagt weiter, dass wir bezüglich der Hirnwellenaktivität um 6:00 Uhr im EEG Gammawellen in hohen Frequenzen beobachten. Während Alpha-1 und -2 meistens in großen Bereichen des Gehirns auftreten, sind Gammawellen selektiv. Sie treten in lokal begrenzten Bereichen auf, je nachdem, was man tut. Gammawellen können bei konzentriertem Arbeiten sehr hohe Frequenzen erreichen: 30 bis 120 Zyklen pro Sekunde. Auch bei hohen Leistungen und Anforderungen kann man eine höhere Kohärenz verschiedener Hirnbereiche beobachten, die zusammenarbeiten. Aber jetzt erstreckt sich die Kohärenz nicht über das gesamte Gehirn, sondern beschränkt sich auf isolierte Teile, die kohärent zusammenarbeiten.

Bezüglich der Hirnchemie ist die Erledigung von Dingen unter Termindruck mit erhöhter Ausschüttung von Noradrenalin verbunden. Bei herausfordernden Anforderungen aktiviert der Hirnstamm Noradrenalin im hinteren Teil des Gehirns, sodass wir Farben deutlicher sehen und Töne klarer hören. Gleichzeitig erhöht Noradrenalin den Informationsfluss durch den präfrontalen Cortex, der verkürzt gesagt für Handlungsplanung und -steuerung zuständig ist.

Wenn wir von 3:00 Uhr zu 6:00 Uhr gehen, geben wir dem Flow Struktur. Der Sympathikus, der eher mit Kampf- oder Fluchtbereitschaft in Zusammenhang steht, und die Ausübung des Willens dominieren über den Parasympathikus. Das alles steht in Zusammenhang mit der Ausschüttung von Noradrenalin und Adrenalin im Gehirn und Kortisol und Adrenalin im Körper. Schmachtenberger weist darauf hin, dass das auch mit einer anderen Zeitwahrnehmung verbunden ist. „In Zuständen des Erwachens erfahren wir Zeit als Ewigkeit. Im kreativen Flow erfahren wir Zeit als Jetzt. Aber um 6:00 Uhr, wenn wir etwas vollbringen, erfahren wir Zeit linear. Zeit ist begrenzt. Deshalb schaltet das Gehirn um und ermöglicht uns, Kausalität, Folge, Dauer und Abfolge zu erfahren." Nichts davon existierte subjektiv in den vorherigen Phasen des Kreislaufs.

Schmachtenberger fährt fort: „Erfolgreiches Handeln um 6:00 Uhr erfordert gezwungenermaßen Planung und Übung in Impulskontrolle. Es erfordert, Vergnügen aufzuschieben, ebenso von Gefühlen geleitetes Handeln, einschließlich körperlicher Signale wie Hunger, Müdigkeit oder Ruhelosigkeit, um die Arbeit zu erledigen. Diese Art Impulskontrolle ist mit verminderter Durchblutung des aufsteigenden retikulären

Aktivierungssystems verbunden. Wenn dieses sehr aktiv ist, sorgt es dafür, dass man darauf konzentriert bleibt, die Dinge im Bewusstsein nach Relevanz und Produktivität zu filtern. Dopamin ist noch präsent, aber jetzt in einzelnen Schüben bezogen auf Phasen der Fertigstellung. Die Dopaminausschüttung wird verschoben und ausgeschüttet, wenn ein Meilenstein erreicht ist."

9:00 Uhr: Auflösung

Wie schon erwähnt, kommst du, je länger du bei 6:00 Uhr bleibst, irgendwann in eine „Double-Bind"-Situation, bist mit unmöglichen Entscheidungen konfrontiert. Schmachtenberger erklärt: „Wir machen immer weiter, solange wir können, angetrieben von Noradrenalin, aber schließlich stimuliert der aufgebaute Stress die Amygdala, das Alarmsystem im Gehirn. Subjektiv führt das dazu, dass wir keine kreativen Ideen mehr haben und uns geistig und körperlich erschöpft fühlen. Diese Phase des Zusammenbruchs ist durch einen herabgesetzten Energiestoffwechsel des Körpers gekennzeichnet, insbesondere verminderten ATP-Ausstoß. In dieser Phase des Zusammenbruchs kurz nach 6:00 Uhr belegen Studien einen instabilen Blutzuckerspiegel und viele andere Faktoren in Verbindung mit einer herabgesetzten zellulären Energieproduktion (im Gehirn und in anderen Organen), erhöhtem ACTH und erhöhtem Verhältnis von Kortisol zu DHEA. Das sind also die Symptome, assoziiert mit den verschiedenen Phasen in Verbindung mit dem adrenalen Burnout-Syndrom. Wir erleben Gedächtnisdefizite aufgrund des zunehmenden Schlafdefizits. Körper und Gehirn sind aus dem Gleichgewicht."

Wenn sich das zu stark aufbaut, kann es ganz schnell und plötzlich kippen und die Dominanz vom sympathischen Nervensystem auf den Parasympathikus übergehen. Um 6:00 Uhr musst du Botschaften des Körpers unterdrücken, Schmerz ignorieren, das Bedürfnis, auf Toilette zu gehen oder zu schlafen. Wenn es endlich umschlägt, erleben wir das sogenannte „parasympathische Fluten". Jetzt überfluten dich die Botschaften des Körpers (oft als Beschwerden), der Emotionen und deiner Intuition mit aller Macht.

Wichtige Arbeit zum Thema der Wiederherstellung des Gleichgewichts von Sympathikus und Parasympathikus wurde am HeartMath Research Center in Santa Cruz, Kalifornien geleistet. Deborah Roseman, die Geschäftsführerin, sagt: „Die Menschen haben für gewöhnlich eine Stimme in sich verdrängt, die ihnen sagt, was gesund für sie ist. Dann gibt der Geist auf, weil er nichts mehr tun kann. Er kann das Problem nicht lösen und weiß es. Der Geist ergibt sich. Die Menschen besinnen sich endlich auf die Intelligenz des Herzens, denn nichts anderes funktioniert. Das passiert, wenn das System versagt. Du kannst es Herzzentrum nennen, es ist der Ort in uns, an dem wir sofort Antworten erhalten. Wir nehmen wieder mit der intuitiven Führung des Herzens Kontakt auf, die immer da ist, wir haben es nur aus Ehrgeiz ignoriert und verdrängt."

Das Schlüsselmaß ist das Herzrhythmusmuster. Dabei geht es nicht so sehr um den Anstieg oder die Abnahme der Herzschlagfrequenz als vielmehr um die Regelmäßigkeit der Abstände zwischen den Herzschlägen. Frustration, Angst, Ärger und andere aufreibende Gefühle sind mit einem chaotischen Herzrhythmusmuster verbunden. Die Reise von 6:00 Uhr zu 9:00 Uhr ist eine Rückkehr zu geringerer Variabilität des Musters. HeartMath hat eine Methode entwickelt (Innere Balance), die dir ermöglicht, deine Herzrhythmusvariabilität durch einen Biofeedback-Loop zu senken. Über eine App kannst du dein Herzrhythmusmuster beobachten und innerhalb kürzester Zeit lernen, es bewusst zu beeinflussen.

Die Annahme einer Intelligenz des Herzens findet in der modernen Wissenschaft zunehmend Bestätigung. Der Vagusnerv, der das Gehirn mit den Eingeweiden verbindet, ist der Hauptweg parasympathischer Aktivierung im Gehirn. Dr. Travis erklärt, dass Wissenschaftler früher dachten, dass nur das Gehirn Befehle an die Eingeweide gibt. „Jetzt wissen wir jedoch, dass 95 % des Verkehrs in umgekehrter Richtung verlaufen: Die Intelligenz der Eingeweide teilt dem Gehirn etwas mit. Das Verdauungssystem enthält genauso viel Hirnchemie wie das Gehirn selbst. Das ‚enterische' Nervensystem in den Eingeweiden hat mehr Nervenzellen als das Rückenmark."

Während wir uns von 6:00 Uhr zu 9:00 Uhr bewegen, beobachten wir einen Anstieg der natürlichen Ausschüttung von GABA im Gehirn, was dazu führt, dass wir uns sicher und unschuldig fühlen und uns so sehr entspannen, dass Gehirn und Nervensystem sich reparieren können. Je länger wir uns bei 9:00 Uhr aufhalten und uns sicher, wohlig und entspannt fühlen, umso mehr Gelegenheit hat unser Körper, Serotonin in den präsynaptischen Zellkernen anzusammeln, was uns darauf vorbereitet, von 9:00 Uhr zu 12:00 Uhr überzugehen, zu neuen Momenten des Erwachens.

Der Kreislauf als Spirale

Dr. Travis: „Ich hoffe, in Ihrem Buch wird deutlich, wie wichtig Momente des Erwachens für die Neuvernetzung des Gehirns sind. Diese flüchtigen Eindrücke grenzenlosen Bewusstseins geschehen nicht einfach und verschwinden dann wieder, sie geschehen ständig. Je häufiger wir erweiterte Bewusstseinszustände erreichen, desto weniger wird unser Handeln von unserer individuellen Perspektive bestimmt, unserem Wissen, unserer Erfahrung und unseren Bedürfnissen, sondern von den Bedürfnissen der ganzen Welt. Die Phasen des Kreislaufs laufen zwar nacheinander ab, aber alles ist auch gleichzeitig da und fördert den nächsten Schritt."

Das Einzigartige am menschlichen Erbgut verglichen mit anderen Primaten, erklärt Schmachtenberger, ist seine neuronale Plastizität: die Fähigkeit, „weich verdrahtet" zu sein in Bezug auf die Umwelt, nicht genetisch „fest verdrahtet". Das bedeutet, „dass wir äußerst anpassungsfähig an wechselnde Umgebungen sind und in der Lage, unser Gehirn wechselnden Bedingungen entsprechend neu zu vernetzen. In Bezug darauf, wie wir Nährstoffe verarbeiten, wie wir Pathogene und Toxine verarbeiten, aber auch wie wir Informationen verarbeiten". Wenn wir uns also regelmäßig durch den Kreislauf bewegen, durchlaufen wir nicht eine sich wiederholende Folge von Bedingungen im Gehirn, sondern vernetzen unser Gehirn neu. Diese Art evolutionärer neuronaler Plastizität macht aus dem Kreislauf eine Spirale evolutionärer Brillanz.

Zweiter Teil

Das Gelände

„Mit anderen Worten, alle meine Bücher sind Lügen. Es sind nur Karten eines Gebiets, Schatten der Wirklichkeit, graue Symbole, die ihre Bäuche über die tote Seite schleifen, erstickte Signale voll gedämpften Klangs und verblassten Ruhms, absolut nichts bedeutend. Und es ist das Nichts, das Geheimnis, die Leere allein, die realisiert werden muss: nicht gewusst, sondern gefühlt, nicht gedacht, sondern geatmet, nicht ein Objekt, sondern eine Atmosphäre, keine Lehre, sondern das Leben."

– Ken Wilber,
Vorwort zu Frank Visser, „Ken Wilber – Denker aus Passion"

Den ersten Teil des Buches nannte ich „Die Landkarte", um dir eine Art theoretischen Überblick zu vermitteln, wie die vier verschiedenen Phasen des Brillanz-Kreislaufs zusammenwirken.

Aber wie mein Freund Ken Wilber gerne erinnert: Die Karte ist nicht das Gelände.

Im Sommer gehe ich gerne in der Wildnis campen, häufig mit einem meiner Söhne oder sogar mit beiden. Bevor es losgeht, kommen wir zusammen und schauen uns die topografische Karte an, die aussieht wie ein Haufen schnörkeliger Linien mit einigen kleinen runden Kreisen für Seen hier und da.

Warum tun wir das? Um ein Gefühl zu haben, wohin wir gehen, wie lange wir für die Wanderung brauchen werden und wie anstrengend es werden wird. Wenn wir die Phase des Kartenstudiums ausließen, würden wir ziellos in der Wildnis umherwandern. Wir könnten uns verlaufen und sogar sterben. So sind wir gut gewappnet.

Und jetzt kommt eine ganz andere Erfahrung, wenn wir mit unseren gepackten Rucksäcken ins Auto steigen, einen wirklich langen Weg auf einer Schotterstraße zu einem entlegenen Parkplatz fahren und dann losgehen. Jetzt sitzen wir nicht mehr im warmen Zimmer, trinken Kakao und sehen uns die auf dem Esstisch ausgebreitete Karte an. Jetzt haben wir es mit Mückenspray, nassen Socken, Wanderstiefeln, wechselnden Temperaturen und der Frage, wann die Sonne morgens aufgeht, zu tun. Jetzt geht es um Wasser, Snacks, Blasen und Sonnencreme.

Das Gelände ist etwas ganz anderes als die Karte. Beide sind jedoch für ein wirkliches Abenteuer notwendig.

Kapitel 9
Brillante Routine

In diesem Abschnitt geht's ans Eingemachte, wir kommen zum Kern: Wie integrieren wir Brillanz und machen sie zu unserer Lebensart? Wenn wir den Brillanz-Kreislauf erkannt, verstanden und akzeptiert haben, wie wirkt sich das auf deine Entscheidungen und die Gestaltung deines täglichen Lebens aus? Sobald du in deinem Tagesablauf Zeit einplanen kannst, um jeden Teil des Kreislaufs auszudehnen, wirst du die Chance erhöhen, deine volle Brillanz zum Ausdruck zu bringen und damit deine wahre Größe zu leben.

Im Folgenden werde ich zahlreiche Komponenten aufzählen, von denen du vielleicht einige in deine tägliche Routine aufnehmen willst, um dein Leben brillanter zu gestalten. Es sind auch Vorschläge dabei für eine Woche und ein Jahr. Und ich stelle dir die Routine vor, der ich folge, wenn ich an einem Buch oder einem Onlinekurs arbeite und die Möglichkeit von Brillanz erhöhen will.

Natürlich wirst du nicht all diese Komponenten in dein Leben aufnehmen können, aber selbst wenn du nur einige davon integrierst, wird es eine starke Wirkung auf deine Brillanz haben. Es ist wichtig, dass du ausprobierst, was bei dir funktioniert und was nicht. Nicht jeder macht alles. Du musst herausfinden, was zu deinen speziellen Lebensumständen, deiner Persönlichkeit und deiner körperlichen Konstitution passt.

Viele der vorgestellten Elemente werden in späteren Kapiteln noch genauer erklärt. Ich habe sie in absteigender Reihenfolge ihrer Bedeutung nach aufgelistet. Hast du nur für eine Sache Zeit, dann wähle Nummer 1, für zwei Dinge, nimm Nummer 1 und 2 und so weiter. Die Praktiken am Ende der Liste sind für eingefleischte Fanatiker wie mich.

Bitte beachte, dass es sich bei allem um subjektive Empfehlungen handelt, die du eigenverantwortlich nutzen kannst oder nicht. Für viele gibt es ausführliche Beschreibungen und Tipps auf meiner Website.

Elemente einer brillanten Routine in absteigender Reihenfolge ihrer Bedeutung

Nummer 1: Sitze täglich in Stille mit einer Augenbinde

Ich empfehle, morgens nach dem Schlafen für mindestens 20 Minuten und bis zu einer Stunde n Stille zu sitzen und dabei eine Augenbinde zu tragen. Die einzige Anleitung, die ich gebe, ist: Stell den Wecker, setz dich aufrecht hin, lege die Augenbinde an und warte, was passiert. Das Wort „Meditation" benutze ich nicht so gerne, weil es häufig suggeriert, etwas zu tun, und die Vorstellung von einer Art Ziel oder einem bestimmten Resultat weckt.

Bevor du dich setzt, trinke in etwa einen halben Liter Wasser mit einer halben Zitrone, einer Prise Meersalz, einer Prise Xylit und ungefähr 60 ml Aloe-Vera-Saft. Damit stellst du sicher, dass du mit ausreichend Flüssigkeit versorgt bist. Du kannst auch zwei Qualia Nootropic Step 1 trinken, das kann die „Meditation" wesentlich tiefer machen.

Mehr darüber in den Kapiteln 13 (Ernährung), 14 (Nahrungsergänzung) und 17 (Sitzen).

Nummer 2: Spüre deine täglichen Impulse auf und halte sie fest

Sobald du die Augenbinde abgenommen hast und bevor du in die Geschäftigkeit des Tages gerätst, nimm dir mindestens zehn Minuten Zeit, um die Impulse festzuhalten, die in der Ruhe entstanden sind. Wenn du Musiker bist, wirst du vielleicht eine Melodie summen oder spielen, wenn du schreibst, ein paar Ideen notieren. Wenn du ein Unternehmen führst, wirst du vielleicht Notizen über eine neue Marketingidee oder ein neues Produkt machen. Viele dieser Art Übungen wurden bereits in Kapitel 7 behandelt.

Nummer 3: Genieße eichten Sport und Bewegung

Achte darauf, dass jeden Tag Energie durch deinen Körper strömt. Das Ziel dieser Morgenroutine ist ganz einfach, sich aufzuwärmen, die Muskeln zu dehnen und den Energiefluss im ganzen Körper anzuregen. Es muss kein anstrengendes Work-out sein, sondern ein Gegenmittel gegen Stagnation und das viele Sitzen im Alltag. Ich mag Abwechslung und mache jeden Tag etwas anderes.

Möglichkeiten sind: ein zehnminütiger Spaziergang, eine Fahrradtour, Tanzen, Chi-Kung- oder Tai-Chi-Übungen oder sogar Sex. Ich habe festgestellt, dass manche Bewegungs- und Sportarten wegen der hormonellen Unterschiede besser zu Frauen passen und andere besser zu Männern. Finde selbst heraus, was für dich am stimmigsten ist.

Nummer 4: Nimm Nahrungsergänzungsmittel fürs Gehirn

Die häufigsten Hindernisse für natürliche Brillanz sind Unklarheit im Gehirn, Müdigkeit oder ein zerstreuter, hyperaktiver Geist/Verstand. Natürlich beeinflussen viele Faktoren unseren Bewusstseinszustand und ein wichtiger hat mit unserer Gehirnchemie zu tun. Oft lehnen Menschen meine Impulse ab, Nahrungsergänzungsmittel zu nehmen, und sagen: „Ich will nicht von teuren Pillen abhängig werden, es sollte möglich sein, alle Nährstoffe aus der Nahrung zu bekommen." Theoretisch stimmt das. Aber der Mineralstoffmangel in der Ackerkrume, Toxine, die sich aus der Umwelt ansammeln, ebenso wie Medikamente und viele andere Faktoren tragen dazu bei, dass du selbst bei einer gesunden organischen Ernährung mit Lebensmitteln aus dem örtlichen Bioladen nicht vor Mangelerscheinungen und Giften geschützt bist, die einen vernebelten Geist und Unklarheit hervorrufen. In Kapitel 14 werde ich die wichtigsten Nahrungsergänzungsmittel auflisten, die du nehmen könntest. In Kapitel 15 werden wir uns Mittel ansehen, die Daddy nicht erlaubt.

Nummer 5: Überdenke deine Schlafgewohnheiten

Ein wichtiger Faktor sind Schlafgewohnheiten. Viele meiner Klienten arbeiten in der Technologiebranche, häufig in Silicon Valley. Dabei ist es nicht ungewöhnlich, dass jemand regelmäßig nach Mitternacht zu Bett geht und um 7:00 Uhr wieder aufsteht. Da braucht man dann einen starken Espresso, um rechtzeitig zur Arbeit zu kommen. Tagsüber wird wenig gegessen und die größte Mahlzeit nicht vor 20:00 Uhr eingenommen, was dazu führt, dass man wieder spät ins Bett geht und der Körper zusätzlich mit der Verdauung eines schweren Essens belastet ist. Die Folgen sind Klagen über Erschöpfungszustände und die Frage, was man dagegen tun kann. Um die Chancen zu erhöhen, ein radikal brillantes Leben zu führen, ist es unbedingt notwendig, deine Schlafgewohnheiten zu überdenken: Wann du ins Bett gehst, wie lange du schläfst usw. Mehr dazu im nächsten Kapitel.

Nummer 6: Setz dir klare Ziele und finde einen Weg, Aufgaben zu organisieren

Ein weiteres wichtiges Element, das den Fluss von Brillanz bei vielen Menschen in der heutigen geschäftigen Welt stört, ist das Gefühl, zu viel zu tun zu haben. Brillant kreative Impulse, wie ein Buch zu schreiben, die CD aufzunehmen, das neue Produkt oder die Website zu entwickeln, oder die soziale Initiative werden verschoben auf „wenn ich Zeit habe". Viele Menschen erklären das häufig mit einer Mischung aus Scham und Frustration. Die Lösung ist, sich jeden Tag leicht zu erreichende Ziele zu setzen, die jeweils nur ein paar Minuten in Anspruch nehmen. Ich schlage vor, sich jeden Tag fünf Ziele zu setzen, von denen zwei direkt und eindeutig mit der größten Gabe verbunden sein sollten, die du der Welt zu geben hast. Wir haben das bereits in Kapitel 7 behandelt und werden in Kapitel 21 über Coaching wieder darauf kommen.

Nummer 7: Mach häufig Pausen

Ich empfehle, um die Mitte des Tages höchstens eine Stunde konzentriert zu arbeiten und dann eine angenehme Belohnungspause einzulegen. Das kann ein kurzer Spaziergang sein, tanzen, einen nahrhaften Snack zu sich zu nehmen, der die Gehirnchemie schnell wieder auffüllt, oder sich ein paar Minuten in den sozialen Medien abzulenken. Wenn du wie ich zu Hause arbeitest und dein Partner auch, könnt ihr ein paar Minuten „herummachen", um eure Energie aufzufrischen. Mehr über diese angenehmen und erfrischenden Pausen später.

Nummer 8: Plane einen täglichen Nervenzusammenbruch ein

Wie wir bereits besprochen haben, werden in unserer Kultur seit 1945 Leistung und Erfolg weit mehr als alle anderen Phasen des Kreislaufs betont. Deshalb werden Gefühle von Unzulänglichkeit, Bedauern, Versagen oder sogar Schuld allgemein kritisch betrachtet. Diese manchmal schmerzlichen Gefühle sind jedoch auch die besten Pforten zu Selbstreflexion, Lernprozessen und Demut – alles wichtige Zutaten, um wieder in Verbindung mit einer Quelle jenseits deines eigenen Geistes zu gelangen. Wenn du versuchst, diese Gefühle durch Geschäftigkeit, Alkohol, Freizeitdrogen oder die vielen anderen Formen der Ablenkung, die heutzutage beliebt sind, zu verdrängen, nehmen sie nur zu und müssen eines Tages ohnehin wahrgenommen werden. Also anstatt zu warten und zu verdrängen, bis du einen richtigen Burn-out oder Zusammenbruch hast, schlage ich vor, dass du jeden einzelnen Tag einen Minizusammenbruch einplanst. Nimm dir am Ende des Tages etwas Zeit, idealerweise wenn die Sonne untergeht, um über Fehler nachzudenken: Dinge, die du bedauerst, und Dinge, für die du dich schämst, bei denen du deine Werte und Integrität verletzt hast. Du kannst darüber Tagebuch führen oder eine der anderen 6:00-Uhr-zu-9:00-Uhr-Übungen praktizieren, die in Kapitel 7 beschrieben sind. Fasse dabei auch Vorsätze und arbeite mit einem Mentor oder Coach, damit du mit diesen schwierigen Gefühlen nicht allein bist.

Nummer 9: Überdenke Ernährungs- und Essgewohnheiten

Es gibt ein Wort, um die Gewohnheiten zusammenzufassen, in die wir in Hinsicht auf unsere Ernährung und Esskultur geraten sind: SAD, die „Standard American Diet". Die Art, wie wir Lebensmittel anbauen, ernten und konsumieren, hat sich seit der industriellen Revolution dramatisch verändert. Der Konsum von weißem Zucker, Weizen und einer Vielzahl chemischer Konservierungsstoffe führt dazu, dass wir häufig „lebensmittelähnliche Substanzen" zu uns nehmen, die unsere Vorfahren unzählige Generationen zurück nicht erkennen würden. Der Einzug von Elektrizität in unsere Häuser vor über 100 Jahren hat zudem unsere Essenszeiten völlig verändert. In Kapitel 13 werde ich erklären, warum es deine Brillanz erhöht, die meiste Nahrung zum Frühstück und Mittagessen zu dir zu nehmen und früh am Abend nur wenig mehr als eine Suppe zu essen. Außerdem findest du dort eine Liste der Nahrungsmittel, die gut für geistige Klarheit geeignet sind, ebenso wie eine Liste derjenigen, die man meiden sollte.

Nummer 10: Pflege brillante Freundschaften

Wir sind soziale Wesen und haben uns aus einer Stammeskultur entwickelt. Die meisten von uns werden angeregt, inspiriert und brillanter, wenn sie mit anderen Menschen zu tun haben. Aber wie nicht jeder Gedanke brillant und kreativ ist, ist nicht jede soziale Interaktion der eigenen Entwicklung zu mehr Brillanz dienlich. Es ist vielleicht nicht jeden Tag möglich, aber während der Woche ist es wichtig, Zeit für Freunde und Vorbilder einzuplanen, die das Beste in dir anregen. In Kapitel 19 werden wir mehr über brillante Freundschaften erfahren.

Nummer 11: Betrachte Sex als Medizin für mehr Kreativität

Gegen dieses Element erwarte ich wenig Widerstand. In vielen Traditionen und Kulturen gibt es eine reiche Geschichte der Erforschung der Möglichkeiten sexueller Erregung nicht nur für Zeugung und Lust, sondern auch als Weg, starke Energien freizusetzen und in unterschiedliche Körperregionen auszudehnen. Sexuelle Energie als Katalysator zu benutzen, fördert nicht nur die Gesundheit und ein langes Leben, sondern ist auch ein wesentliches Element, um brillant und kreativ zu sein. Wenn du das Glück hast, einen anziehenden, bereitwilligen Partner oder eine Partnerin an deiner Seite zu haben, plane mindestens einmal die Woche Sex als bewusste Übung ein. Besser noch täglich. Ich versuche gerade meine Frau zu stündlich zu überreden. Auch wenn du Single bist, ist es möglich, sexuelle Energie zu erzeugen. Mehr über brillanten Sex in Kapitel 12.

Beispielhafter Tagesablauf für maximale Brillanz

- 4:30 Uhr: Aufwachen ohne Wecker.
- 4:35 Uhr: Einen halben Liter Zitronenwasser mit Salz, Xylit, Aloe-Vera-Saft und Probiotika trinken.
- 5:10 Uhr: Qualia Step 1 einnehmen. Augenbinde anlegen und 25 bis 40 Minuten sitzen.
- 5:50 Uhr: 15 Minuten kreativer Ausdruck in irgendeinem Medium.
- 6:10 Uhr: 40 Minuten Chi Kung. Zeit und bevorzugte Sportart anpassen.
- 6:50 Uhr: Spazieren gehen und Blog-Post oder Artikel in einen Minirekorder diktieren.
- 7:30 Uhr: Warmes Frühstück zubereiten, Qualia Step 2 und Nahrungsergänzungsmittel nehmen, frühstücken, eine Liste von fünf Vorsätzen schreiben, die du am Tag einlösen willst.
- 8:00 Uhr: Abwaschen, aufräumen, duschen, anziehen, der Ehefrau (oder dem Ehemann) sagen, wie sehr man sie oder ihn liebt.
- 9:00 Uhr: Computer starten, E-Mails, soziale Medien checken, Terminkalender durchsehen. Dinge erledigen. Ungefähr jede Stunde eine angenehme Pause einlegen. Bei Müdigkeit sofort ein Schläfchen machen.

- 12:30 Uhr: Reichhaltiges warmes Mittagessen aus Gemüse und Proteinen.
- 13:30 Uhr: 30 Minuten Mittagsschlaf mit Wecker.
- 14:00 Uhr: Weitere Dinge erledigen.
- 17:00 Uhr: Den Entspannungsprozess einleiten. Entspannen, den Tag reflektieren, Lehren ziehen. Guter Zeitpunkt, um Freunde zu treffen, einen Spaziergang zu machen, Tee zu trinken.
- 18:00 Uhr: Leichtes Abendessen bestehend aus Suppe und Süßkartoffeln oder Kidgeree *(ein vor allem in England populäres Gericht aus Fisch, gekochtem Reis, Eiern und Butter sowie ursprünglich auch Lauch. Heute wird es häufig mit Currypulver oder Kurkuma und Koriander gewürzt und mit Sahne oder Joghurt verfeinert, Anm. d. Übers.)*.
- 18:30 Uhr: Zeit mit Ehefrau/-mann oder Lesen verbringen. Wenig oder keine elektronischen Geräte. Einmal um den Block gehen.
- 20:00 Uhr: Ins Bett gehen. Vor 21.00 einschlafen.

Was man jede Woche tun sollte

- Plane einmal pro Woche Sex ein.
- Lass dich einmal pro Woche coachen.
- Geh dreimal pro Woche zum Sport oder trainiere ernsthaft.
- Lege einmal pro Woche einen „12:00-Uhr-Tag" ein (kein Computer, keine Arbeit und anderen Aufgaben).
- Lade einmal pro Woche ein Vorbild zum Mittagessen oder zu einem Skype-Interview ein.
- Verbringe mehrmals pro Woche Zeit mit brillanten Freunden, die dich inspirieren.
- Fasse sonntagabends oder montagmorgens Vorsätze für die Woche.

Was man jedes Jahr tun sollte

- Geh einmal im Jahr im Winter auf einen einwöchigen Schweigeretreat. Schreib am Ende des Retreats deine Vorsätze für das Jahr auf.
- Nimm viermal im Jahr einen Erholungsurlaub von zwei bis fünf Tagen.

Kapitel 10
Brillanter Schlaf

Glücklicherweise ist in den letzten paar Jahrzehnten ungeheuer viel Forschung betrieben worden, die unser Verständnis dafür, wie wichtig Schlaf ist, erweitert und vertieft hat. Während des manischen Strebens nach Erfolg in den 1980er- und 90er-Jahren suchten viele Menschen nach Möglichkeiten, mehr Dinge mit weniger Schlaf zu erledigen – alles im Interesse einer vermeintlichen Produktivität. In letzter Zeit haben jedoch Bücher wie *The Secret World of Sleep* von Penelope Lewis und *The Sleep Revolution* von Arianna Huffington überzeugende Argumente dafür geliefert, dass tiefer, erholsamer Schlaf, früh beginnend und endend, eine wesentliche Grundlage für Kreativität, Glück und Produktivität ist.

Wenn wir schlafen, geschehen viele Dinge mit Körper und Psyche, viel mehr, als wir in diesem kurzen Kapitel behandeln könnten. Vor allem die Leber regeneriert sich während des Schlafs, aber er ist auch für die Verdauung, körperliche Heilungsprozesse und das Gleichgewicht der Gehirnchemie wichtig. Vor allem nachts produziert die Leber Glutathion, das das Gehirn vor Schäden durch freie Radikale schützt. Studien belegen einen Zusammenhang zwischen unzureichender Produktion von Glutathion, oft Spätfolge der Einnahme fiebersenkender Medikamente in der Kindheit, und Symptomen des Aufmerksamkeitsdefizitsyndroms. Mit anderen Worten: Glutathion ist ein wichtiger Stoff in der Gehirnchemie, um konzentriert und brillant zu sein. Niedrige Glutathion-Spiegel hemmen das Wachstum der Myelinscheide, die die Nerven umgibt und das Gehirn vor Überstimulation schützt. Studien haben gezeigt, dass der primäre Effekt von Schlafentzug, einschließlich des Zu-spät-ins-Bett-Gehens, die Hemmung der Glutathion-Produktion ist.

Eine Stunde Schlaf vor Mitternacht ...

Kennst du den Spruch „Eine Stunde Schlaf vor Mitternacht ist so viel wert wie zwei nach Mitternacht"? Zwar ist die moderne Forschung uneins darüber, aber es gibt für diese Ansicht reichlich Unterstützung in unterschiedlichen Systemen traditioneller Medizin, die entwickelt worden sind, lange bevor wir so aus unseren natürlichen Rhythmen geraten sind. Unsere Lebensstile haben sich in den letzten hundert Jahren dramatisch verändert, aber unsere Neurologie und Biochemie brauchen dafür viel länger.

In der seit 5000 Jahren dokumentierten chinesischen Medizin zum Beispiel, die seit den 1970ern großen Einfluss auf die westliche Welt ausübt, sind bestimmten Organen zugeordnete Körperfunktionen zu bestimmten Tageszeiten besonders aktiv oder regenerieren sich. Master Chunyi Lin wurde in China in eine Familie hineingeboren, die seit sieben Generationen mit „Chi" (Vitalenergie) heilt. In den 90er-Jahren wanderte er nach Minnesota aus und gründete dort *Spring Forest Qigong*. Er erklärt: „Unsere Körper und unsere Vitalenergie folgen den Bewegungen von Sonne und Mond. Wir haben unterschiedliche *Meridiane* oder Energielaufbahnen im Körper, von denen jeder einem anderen Organ zugeordnet ist. Du solltest spätestens um 22:00 Uhr (besser noch um 21:00 Uhr) zu Bett gehen, damit du im Tiefschlaf bist, wenn der Lebermeridian aktiv ist. Das ist zwischen 1:00 Uhr und 3:00 Uhr, also die Zeit, wenn sich deine Leber regeneriert: 70 % aller Toxine werden durch die Leber ausgeschieden. Zwischen 3:00 Uhr und 5:00 Uhr ist der Lungenmeridian dominant. Das ist die Zeit, in der 30 % der Toxine über die Atmung ausgeschieden werden. Befindest du dich in diesen Zeiträumen nicht in der Tiefschlafphase, weil du zu spät zu Bett gegangen bist, kann dein Körper nicht vollständig entgiften. Es ist auch sehr wichtig, vor 6:00 Uhr aufzustehen, denn das ist die Zeit, in der der Dickdarmmeridian aktiv ist. Wenn du jetzt wach und aktiv bist, kannst du alle Giftstoffe deines Körpers gut entsorgen."

In der vor über 5000 Jahren im Indus-Tal in Nordindien entwickelten ayurvedischen Medizin findet sich die Beschreibung von *Brahma Muhurta*, der Zeit eines großen Energieschubs, in etwa eineinhalb Stunden vor Sonnenaufgang beginnend. Ungefähr eine halbe Stunde vor Sonnenaufgang folgt dann ein zweiter Energieschub in der Atmosphäre. Zu dieser Zeit ist man für Gefühle wie Hoffnung, Inspiration und Frieden besonders offen und es ist die beste Zeit zum Meditieren.

In beiden Traditionen (chinesische Medizin und Ayurveda) wird der Nutzen für Gesundheit, langes Leben und geistige Klarheit betont, wenn man vor Sonnenaufgang wach und daher nicht zu lange vor Sonnenuntergang eingeschlafen ist.

Ein Leben bei Kerzenschein

In unseren eigenen kulturellen Traditionen müssen wir nur ein paar Generationen zurückspringen in eine ungefähr 100 Jahre zurückliegende Zeit, als die meisten Wohnhäuser noch keine Elektrizität hatten. Obwohl Thomas Edison die Glühbirne bereits 1878 erfunden hatte, war elektrisches Licht zum Wohnen in Amerika und Europa nicht vor den 1920er-Jahren allgemein verfügbar, also vor weniger als 100 Jahren, in weniger entwickelten Ländern noch später.

Hast du schon einmal versucht, ein paar Tage bei Kerzenlicht zu leben, während eines Stromausfalls oder beim Campen oder beim Aufenthalt in einem Entwicklungsland? Du weißt vielleicht, dass es sehr schwierig ist, nach Einbruch der Dunkelheit zu kochen, zu essen und abzuwaschen. Kochen und Essen muss vor Sonnenuntergang stattfinden. Nach Einbruch der Dunkelheit ist dein Bauch voll, das Geschirr abgewaschen und du hast nur eine Kerze oder ein Windlicht, um die Seiten deines Buches zu beleuchten. Es dauert nicht lange, bis dir die Augen zufallen, du in der Dunkelheit ins Bett kriechst und unwiderstehlich den Schlaf suchst. Wenn deine Vorfahren Schweden waren, könnte das während der Sommermonate ziemlich spät geschehen sein. Aber weiter südlich und im Winter könnte das Leben ohne Elektrizität deine Urgroßeltern gezwungen haben, mit ihrem Abendessen um 5:00 Uhr fertig zu sein und um 7:00 oder 8:00 Uhr ins Bett zu gehen. Da der menschliche Körper nur begrenzt schlafen kann, waren Urgroßmutter und -vater wahrscheinlich vor Sonnenaufgang wieder wach, frierend und hungrig und bereit, den Tag zu beginnen. Da ihre letzte Mahlzeit über 12 Stunden zurücklag, werden sie kurz nach Sonnenaufgang ein reichhaltiges warmes Frühstück genossen haben und mittags, wenn die Sonne hoch am Himmel stand, wieder hungrig gewesen sein.

So ist deine DNA programmiert. Unsere biologischen Bedürfnisse sind grob aus Komponenten unzähliger Generationen aufgebaut, die gezwungen waren, im Einklang mit dem Tag-Nacht-Rhythmus und dem Wechsel der Jahreszeiten zu leben. Erst seit relativ kurzer Zeit, innerhalb der letzten zwei oder drei Generationen, haben wir die Freiheit, aber auch das Übel, mit diesen natürlichen Rhythmen brechen zu können.

Carl erfindet sich neu

Als Carl mich bat, ihn zu coachen, war er Banker in New York. Er arbeitete für einen Hedgefonds, managte einen sehr umfangreichen Wertpapierbestand, dazu bestimmt, schnelle kurzfristige Steigerungen zu erzeugen, um Mandanten anzulocken, ihre Pensionsfonds seiner Firma anzuvertrauen. Auf die Art hatte er über zehn Jahren als „Tageshändler" fungiert, er konnte das im Schlaf: bei Tagesbeginn zu niedrigem Preis kaufen, abwarten, bei Börsenschluss teuer verkaufen. Carl träumte davon, einen eigenen Fonds zu gründen und sich mit langfristiger Perspektive auf Firmen zu konzentrieren, die sich im Hinblick auf die Umwelt und sozial verantwortlich verhielten. Sein Vorbild war Amy Domini. Er erzählte mir, dass er darum gebeten hätte, seine Arbeitszeit bei der Bank zu verringern, damit er zwei oder drei Stunden pro Tag Zeit hätte, an seinem eigentlichen Traum zu arbeiten. Aber – wie viele Menschen in New York, Tokyo, London und Sydney – war Carl zu unbestimmt und unkonzentriert, um irgendetwas Neues oder Innovatives zu tun.

Gleich in der ersten Sitzung stellte ich ihm dieselben Fragen, die ich jedem neuen Klienten stelle:

Um welche Uhrzeit gehst du ins Bett?

Wann wachst du auf?

Brauchst du einen Wecker?

Wann nimmst du deine tägliche Hauptmahlzeit ein?

Carl gab mir mehr oder weniger dieselben Antworten wie jeder andere ständig unter Strom stehende, in der Großstadt lebende, leistungsbereite Überflieger mit siebenstelligem Einkommen. Er gehe nach Mitternacht ins Bett, manchmal um zwei oder drei. Er wache morgens nur mit drei Weckern auf, die er in seinem Penthouse-Apartment verteilt habe. Er beginne den Tag mit einem Espresso oder zweien oder dreien, den Vormittag hindurch folgten Energydrinks, er äße erst mittags etwas Festes, ein spätes Lunch während der Arbeit, oft nur ein Sandwich, das er am Schreibtisch verzehre. Die einzige richtige Mahlzeit am Tag sei riesig, er nehme sie in einem der Fünf-Sterne-Restaurants New Yorks ein und spüle sie mit reichlich Alkohol herunter. Beim üppigen Dessert sei es häufig schon 22:00 Uhr. Es war also nicht überraschend, dass er jeden Abend erst nach Mitternacht nach Hause kam.

Ich bat Carl, mir einen Vertrauensvorschuss zu geben. Ich wusste, er würde mich hassen, mich treten, schreien und drohen, mich zu feuern, und sein Geld zurückwollen. Er tat alle diese Dinge. Dennoch: Ich bat ihn zu protokollieren, wann er abends das Licht ausschalte, und es einfach jeden Abend zehn Minuten früher zu tun. Ich sprach nicht seine Aufwachzeit an, nur seine Einschlafzeit. Nach einer Woche bat ich ihn, ein warmes Frühstück einzunehmen und zu Mittag eine richtige Mahlzeit zu essen. Nach einer weiteren Woche bat ich ihn schließlich, nichts mehr nach Einbruch der Dunkelheit zu essen, nur als Versuch, und abends keine elektronischen Geräte mehr zu benutzen. Das auszuhandeln war schwerer, als meine Kinder, die damals Teenager waren, dazu zu bringen, ihre Zimmer aufzuräumen. Ich bat Carl, ein kleines Tagebuch über seine Fortschritte zu führen und dazu ein DIN-A6-Heft und einen Bleistift zu benutzen (keine elektronischen Geräte am Abend, du erinnerst dich), in dem er auch seinen Energiepegel auf einer Skala von 1 bis 5 vermerken sollte. Jedes Mal, wenn Carl rückfällig wurde, was häufig geschah, schalt ich ihn nicht, sondern bat ihn einfach zu überprüfen, welche Auswirkungen Bettgehzeit, Essenszeit und Schlafenszeit auf seine Energie und Klarheit hätten.

Die erste Woche rückte seine Bettgehzeit von 2:00 Uhr auf 1:00 Uhr vor. Die nächste Woche von 1:00 Uhr auf Mitternacht. Woche drei: von Mitternacht auf 23:00 Uhr. In der vierten Woche nahm er zum Glück für uns beide einen fünftägigen Kurzurlaub, schlief eine Nacht 14 Stunden und ging zum ersten Mal in seinem Erwachsenenleben um 21:00 Uhr ins Bett. Nach diesem Urlaub hatte Carl seine Klarheit zurückgewonnen. Er konnte endlich wieder klar denken. Und das Wichtigste: Er konnte bald von selbst aufwachen, bevor der Wecker klingelte, vor Tagesanbruch. Und ja, so kitschig es klingen mag: Er gründete tatsächlich seinen Fonds mit sozialem Verantwortungsbewusstsein, verließ die Bank und zog nach New Hampshire. Er hat wahrscheinlich seine Freundin aus Highschoolzeiten geheiratet und hat jetzt einen Golden Retriever. Abspann mit Geigenmusik.

Das Rezept

Banker, Filmproduzenten, Softwareingenieure, Rockmusiker von L. A. bis New York – sie alle hassen mich. Eine Zeit lang. Ich habe alle möglichen Einwände gehört. *Es gibt kein halbwegs anständiges Restaurant in New York, das Leute vor 21:00 Uhr auch nur bedient. Ich bin anders als du, ich bin eine Nachteule. Ich werde alle meine Freunde verlieren. Jeder in meinem Büro arbeitet bis nach 20:00 Uhr, das ist üblich. Ich kann keine lange Mittagspause machen, sie werden mich feuern.* Und das alles, bevor wir das Thema Nachmittagsschlaf auch nur angeschnitten haben. Ich bitte diese Spitzenkräfte, es einfach als ein wissenschaftliches Experiment zu betrachten und die Ergebnisse festzuhalten. Später können sie jederzeit wieder zu ihrem alten Lebensstil zurückkehren. Aber es funktioniert mehr oder weniger jedes Mal.

Die folgenden sechs Faktoren führen zu mehr Klarheit und der Fähigkeit, neue, ursprüngliche Ideen zu entwickeln, kurz: brillanter zu werden.

- Geh jeden Abend fünf Minuten früher ins Bett, bis du von allein aufwachst, ohne Wecker und vor Tagesanbruch.
- Iss ein warmes Frühstück, am besten mit drei Eiern.
- Iss ein umfangreiches Mittagessen aus gekochtem Gemüse und Protein oder einen Salat.
- Iss nichts nach Sonnenuntergang, wenn's sein muss, beschränke dich auf Suppe.
- Vermeide oder schränke die Benutzung elektronischer Geräte nach Einbruch der Dunkelheit ein.
- Protokolliere deinen Fortschritt in diesen Dingen und vergleiche ihn täglich mit deinem Energiepegel und deiner geistigen Klarheit.

Das Gespräch

Ich ermutige meine bei Firmen angestellten Klienten immer, sich mit dem Personalleiter zum „Gespräch" zu verabreden. Das erzeugt in ihnen genauso viel Angst, wie ein schwuler Teenager vor seinem Coming-out gegenüber seinen evangelikalen Eltern in Alabama empfindet. Es ist notwendig, unser verrücktes Experiment beim Personalleiter oder Vorgesetzten oder sogar dem Geschäftsführer anzumelden. Ungefähr so: „Ich liebe diese Firma und will mein Bestes geben. Ich will nicht wie hirntot erscheinen und automatisch Aufgaben erledigen, sondern etwas ändern. Ich möchte einen Beitrag leisten. Deshalb habe ich einen Coach engagiert. Er ist sehr groß, sieht aus wie eine Stabheuschrecke und klingt wie John Cleese. Seltsamer Mann. Jedenfalls hat mich dieser Coach aufgefordert, einige Dinge in meinem Leben zu ändern, um bessere Ideen zu haben. Deshalb wollte ich Sie bitten, ob Sie mir einen Monat entgegenkommen könnten, um herauszufinden, ob es an meiner Leistung etwas ändert."

„Okay", antwortet der Personalleiter vorsichtig, „fahren Sie fort."

„Ja, also", schluckt mein Klient und blickt nervös zur Tür, „ich würde gerne jeden Tag eine Stunde Mittagspause machen, damit ich richtig essen kann."

„In Ordnung, was noch?"

„Ich kann zwar um 9:00 Uhr hier sein oder noch früher, aber ich muss um 18:00 Uhr gehen, damit ich meine Suppe essen und schnell ins Bett gehen kann."

„Wie bitte?", fragt der Personalleiter. „Das verstehe ich nicht. Sie wollen mit wem ins Bett gehen? Wir haben da strenge Regeln, wie Sie wissen."

„Nein, ich will früh ins Bett gehen."

„Okay, noch was?"

Wieder nervöses Herumzappeln. „Ja, ich kann keine Arbeit mehr mit nach Hause nehmen. Nur einen Monat. Als Experiment. Wir wollen herausfinden, wie das wirkt. Mein Coach sagt, keine elektronischen Geräte nach Einbruch der Dunkelheit. Darüber lässt er nicht mit sich reden."

Und genau wie der Pastor und seine Frau in Alabama übertreffen die Leute, deren Urteil wir gefürchtet haben, unsere Erwartungen und willigen ein, mehr aus Respekt vor unserem wahren Potenzial als aus eigener Überzeugung. Ich habe viele Menschen aufgefordert, dieses Gespräch zu führen, und bisher ist nie etwas abgelehnt worden. Vielmehr hat sich ihre Produktivität und Innovativität nach einem Monat Experiment oft so verbessert, dass einer meiner Klienten gebeten wurde, andere Angestellte mit diesen Schlafgewohnheiten vertraut zu machen.

Nachmittagsschläfchen

Das letzte Element, das den Schlafcocktail abrundet, bilden ein oder zwei Schläfchen am Tag, was bedeutet, ein weiteres Gespräch mit dem Personalleiter zu führen, das man vor dem Spiegel proben sollte.

Es gibt zwei wesentliche Schlüssel zu effektiven Nickerchen. Der eine ist, sie auf maximal 30 Minuten zu begrenzen, oft reichen 20 Minuten vollkommen aus. Wenn du länger schläfst, kommst du in den tieferen Thetaschlaf und bist hinterher angeschlagen. Der zweite Schlüssel ist, bei den ersten Anzeichen von Müdigkeit und Unkonzentriertheit so schnell wie möglich ein Nickerchen zu machen. Wenn du innerhalb von Minuten auf einen Konzentrationsverlust reagierst, ist vielleicht nur ein Nickerchen von wenigen Minuten erforderlich, um wieder klar zu sein. Länger zu warten aktiviert Stresshormone, um durchzuhalten, und anschließend dauert es viel länger, sich zu entspannen und einzuschlafen.

Der Maler Salvador Dali pflegte tagsüber Nickerchen zu machen, wobei er aufrecht auf einem Stuhl saß und einen Schlüsselbund in der Hand hielt (ihr kennt das aus Kapitel 7). Neben dem Stuhl auf dem Boden, direkt unter den Schlüsseln, war eine Metallplatte. Er schlief ein, gelangte in einen Alphazustand, der gesteigerte Kreativität fördert und die Konzentration wiederherstellt, aber sobald er tiefer sank und das Bewusstsein verlor, ließ er die Schlüssel auf die Metallplatte fallen und wachte erfrischt auf. Dieser Methode haben wir Uhren über Wüstenlandschaften, Schiffe mit Schmetterlingsflügeln und Elefanten mit Posaunenköpfen zu verdanken.

Einschlafen

Was kannst du bei Einschlafproblemen machen? Jeden Tag nur zehn Minuten früher ins Bett zu gehen oder sogar weniger, sollte das verhindern. Aber hier sind noch weitere Tipps:

- Nimm ein heißes Bad, bevor du ins Bett gehst.
- Atme tief in den Bauch ein und aus, nachdem du das Licht ausgeschaltet hast. Leg beide Hände auf den Unterleib, sodass sie sich mit jedem Atemzug ein paar Zentimeter oder mehr heben und senken. Fahre fort, bis du einschläfst.
- Reduziere die Raumtemperatur. Forschungen haben ergeben, dass wir bei niedrigeren Temperaturen tiefer schlafen und mehr Zellerneuerung und Verjüngung stattfindet.
- Praktiziere entspannende Yogastellungen für 15 Minuten, unmittelbar bevor du schlafen gehst. Beispiele dafür findest du auf der Website.

- Nimm am Wochenende einmal Gabatrol, es hilft dir Schlaf nachzuholen. Näheres im Kapitel über Nahrungsergänzungen und auf der Website

- Lies vorm Schlafen lieber ein Buch, als YouTube-Videos oder TV-Shows auf dem Computer anzusehen. *(Für jüngere Leser: Ein „Buch" ist ein rechteckiger Gegenstand, meistens 15 x 22 cm groß, häufig vorne mit einem farbigen Bild. Es besteht aus vielen Blättern „Papier", an einer Seite gebunden. Man kann die Kante gegenüber der gebundenen öffnen und die Worte auf der „Seite" lesen. Das war in früheren Generationen ziemlich beliebt.)* Die Bewegung der Augen von links nach rechts ohne die elektromagnetische Strahlung eines iPads oder eReaders regt die Ausschüttung von Serotonin im Gehirn an, aus dem in Rückenlage Melatonin produziert wird, was zu tiefem, erholsamem, gesundem, regenerierendem, warmem, sicherem, leckerem, köstlichem, wohlverdientem Schlaf führt.

Kapitel 11
Brillanter Urlaub

Fast jeder freut sich darauf, Urlaub zu machen. Es ist Zeit zum Entspannen, Sport zu treiben, Schlaf nachzuholen, wunderbare neue Orte zu entdecken, Spaß mit deinen Liebsten zu haben und länger zu leben. Im Folgenden ein paar Impulse, wie ein Urlaub aussieht, der deine Kreativität anregt und fast unweigerlich zu einem Strom glänzender neuer Ideen führt. Oberflächlich betrachtet erscheint ein solcher Urlaub vielleicht wie jeder andere Urlaub: Du reist irgendwohin, buchst eine Unterkunft und wirst in Restaurants essen. Der Unterschied liegt in der Intention und damit im Ziel: Es ist eine Zeit, um sich tief gehend auf die Entwicklung von Brillanz zu konzentrieren. Dieser Urlaub gehört in den größeren Kreislauf deines Jahres oder Projekts – und der Urlaub, der der Anregung von Kreativität dient, ist zugleich ein Kreislauf in sich.

Bevor wir fortfahren, wollen wir uns ansehen, wie ein „normaler" Urlaub für gewöhnlich aussieht und warum das nicht immer zu Brillanz führt. Häufig fährt man erst in den Urlaub, wenn man schon erschöpft, gestresst und überlastet ist und eine Pause braucht. Mit anderen Worten: Man wartet damit, Urlaub zu machen, bis es einem schlecht geht. Der Körper arbeitet mit einem Überschuss an Adrenalin und Kortisol weiter und wahrscheinlich mangelt es ihm an Wohlfühl-Botenstoffen wie Serotonin und GABA. Du startest also in letzter Minute, in großer Hektik und Hetze, um alles zu erledigen. Das verursacht noch mehr Erschöpfung, als ohnehin schon besteht. Du brauchst jemanden, der die Katze versorgt, musst veranlassen, dass die Post zurückbehalten wird, einen neuen Badeanzug und Sonnencreme kaufen und hast einen Haufen anderer Aufgaben. Am Abreisetag musst du vielleicht früher aufstehen als sonst, um rechtzeitig am Flughafen zu sein, und es ist gut möglich, dass du dehydriert ins Flugzeug steigst. Wenn du ankommst, hast du wahrscheinlich einen Jetlag. Zum monatelang aufgebauten Stressüberschuss kommt noch der unmittelbare Stress durch Flüssigkeits- und Schlafmangel. Und wenn du am ersten Morgen aufwachst, konfrontiert mit einem gleißenden Strand, frischen Mangos und Ananas und einer endlosen Liste verlockender Ausflüge, fühlst du dich kotzelend. Was tust du angesichts dieses lächerlichen Widerspruchs zwischen einer herrlichen Umgebung und einem schrecklichen inneren Zustand? *Ich weiß, es ist erst Mittag, aber zur Hölle, wir sind im Urlaub, oder? Außerdem ist mein Partner oder meine Partnerin gerade beleidigt davongestürmt. Ja, ich glaube, ich gönne mir einen kleinen Drink. Ha, das habe ich gebraucht. Schenk mir noch einen ein. Na ja, mach einen Doppelten draus.* Alkohol wirkt auf die Rezeptoren der Neurotransmitter GABA, Glutamin und Dopamin ein. Die Wirkung auf die ersten beiden führt zu den physiologischen Folgen des Trinkens wie verlangsamte Bewegungen und stockendes Sprechen. Es ist jedoch die Wirkung des Alkohols auf Dopaminrezeptoren im Belohnungszentrum des Gehirns, die zu Enthemmung, Verwirrtheit und mangelnder Entscheidungsfähigkeit führen. Die Folge ist häufig ein nächster Drink und noch einer – du verlierst die Hemmung und beginnst womöglich einen Streit.

Abgesehen vom Alkohol ist es im Urlaub beliebt, gefährlichen Sportarten wie Wasserski, Fallschirmspringen, Ziplining, Kitesurfen und Bungeejumping zu frönen. Das Gefährliche und Neue dieser Aktivitäten erzeugt einen Dopaminrausch im Gehirn. (Persönliche Anmerkung: Falls du den Eindruck gewinnst, ich wäre ein völliger Partymuffel – ich **liebe** alles, was ich bis hierher beschrieben habe. Alles! Und ich mache auch auf diese Art Urlaub, sooft ich kann). Herkömmlicher Urlaub sorgt für eine bestimmte Art Erholung und Regeneration, aber er bietet für gewöhnlich nicht die idealen Bedingungen für das tiefere Abtauchen, die für Inspiration und zur Förderung von Brillanz nötig sind.

Hier stelle ich dir eine andere Art Urlaub vor, nicht als Ersatz für zwei Wochen Spaß in der Sonne, sondern als Ergänzung. Du kannst diesen

Urlaub allein oder mit einem oder mehreren Freunden machen. Darüber nachzudenken, den Urlaub mit anderen zu verbringen, lohnt sich nur, wenn du sicher bist, dass sie dieselben Beweggründe haben wie du.

Die Planung

Für mich ist die Winterzeit zwischen Jahresbeginn und Frühlingsanfang am besten geeignet, um einmal im Jahr diese Art Urlaub zu machen. Es ist eine gute Zeit, um sich von der Welt zurückzuziehen und auf Retreat zu gehen. Dabei ist es sehr wichtig, den richtigen Ort zu wählen, damit es funktioniert. Die richtige Gehirnchemie für Brillanz zu stimulieren, erfordert einen Ort, der schön, ruhig und anregend zugleich ist – eine ungewöhnliche Mischung. Wenn das unmöglich erscheint, ist es vielleicht einfacher, wenn du verstehst, wonach du nicht suchst:

- Versuch nicht, diese Art Urlaub an einem Ort zu machen, an dem der Fokus auf sozialen Kontakten liegt, wie Club Méditerranée oder die Partyszene auf Ibiza. Wenn du die ganze Zeit eine Menge Leute um dich herum hast, kannst du dich nicht tief genug fallen lassen, um an die Quelle von Brillanz zu gelangen.
- Fahre nicht an einen Ort, der zu ruhig und abgeschieden ist, es sei denn, deine Kreativität fließt schon, bevor du aufbrichst. Du brauchst Anregung, um von 12:00 Uhr zu 3:00 Uhr zu gelangen.
- Geh ebenfalls nicht an einen Ort, der zu eintönig und karg ist, wie ein Kloster oder ein Zen-Zentrum. Auf die Art läufst du Gefahr, bei 12:00 Uhr stecken zu bleiben.

Auf der Website findest du eine kleine Liste der Orte, die für mich wunderbar funktioniert haben. Das sind nur einige Beispiele, um dich auf die Spur zu bringen. Wenn du verstanden hast, worum es geht, weißt du, dass es unendlich viele Orte auf der Welt gibt, um diese Art seinen Urlaub zu verbringen.

Was man mitnehmen sollte:

Aufnahmegerät, Notizbücher, Bleistifte und Schreibstifte, Filzstifte, Wasserfarben, Musikinstrumente, Badezeug, Inner Balance Trainer von HeartMath, Qualia, Gabatrol, Probiotika, Nahrungsergänzungsmittel, die dich unterstützen, Augenbinde, Wecker.

Wie lange:

Mindestdauer – darunter nicht in Erwägung zu ziehen – ist ein langes Wochenende, das heißt, du kommst am Freitag vor dem Abendessen an und fährst nicht vor Sonntagabend wieder nach Hause. Das ist eine Art Miniurlaub. Wirkliche Brillanz stellt sich allerdings erst nach fünf Tagen oder einer Woche ein, zwei Wochen wären ideal. Alles unter einem Wochenende könntest du einfach einen 12:00-Uhr-Tag nennen, ohne dir Gedanken darüber zu machen, Brillanz hervorzurufen.

Die Phasen des Urlaubs:

Du durchläufst im Urlaub die meisten Phasen des Brillanz-Kreislaufs, mit denen du jetzt vertraut bist. An deinem Reiseziel wirst du nahezu sicher irgendwo zwischen 6:00 Uhr und 9:00 Uhr in den Kreislauf eintreten. Aus den Gründen, die ich zu Beginn des Kapitels erwähnt habe, hast du es nicht nur mit aufgestautem Stress zu tun und Anspannung, die sich im Alltag aufgebaut hat, sondern mit den Folgen der Reise. Rechne damit, dass du die ersten paar Tage reizbar und nicht ganz auf der Höhe bist.

Gewöhn dich am ersten Abend ein, breite dein kreatives Werkzeug aus, sodass es leicht erreichbar ist. Nimm eine gute Mahlzeit zu dir, aber trink keinen Alkohol. Lass dir ein heißes Bad ein und sei ungefähr um 21:00 Uhr im Bett. Es kann sein, dass du in der ersten Nacht ungewöhnlich lange schläfst – das ist gut so. Schlaf am ersten Morgen so lange aus, wie du kannst, und mach dann einige Dehnübungen. Wenn du das Glück hast, am Meer zu sein, geh schwimmen. Frühstücke gut oder brunche. Lenk dich nicht durch Sightseeing oder große Ausflüge ab und vermeide die Begegnung und das Gespräch mit anderen Gästen. Halt dich von sozialen Medien fern und surfe nicht im Internet.

Probiere am ersten Morgen einige Übungen aus, die in Kapitel 7 aufgeführt sind, um von 9:00 Uhr zu 12:00 Uhr zu gelangen. Das heißt, am ersten Tag fällst du in einen Rhythmus von Schlafen, Meditieren, Dehnen, Essen, Vertiefen, Schlafen – und alles von vorn. Und Abwarten. Während eines einwöchigen Kreativitätsurlaubs solltest du mindestens den ersten Tag in dieser Phase tiefer Ruhe bleiben. Selbst an einem Wochenende wird sie die Hälfte des Samstags in Anspruch nehmen.

Wenn du dich allmählich ausgeruhter fühlst, wirst du tiefere Momente des Erwachens erleben und kannst versuchen, von 12:00 Uhr zu 3:00 Uhr zu gelangen. Das ist der Hauptteil des Urlaubs. Bei einem einwöchigen Urlaub würde das den zweiten, dritten, vierten und fünften Tag beanspruchen. An einem Wochenende beginnt es Samstagmittag. Wenn du Schlaf nachgeholt hast, führt der Nachschub von GABA im Gehirn zu einem Gefühl des Wohlbefindens und der Fähigkeit, dich tiefer fallen zu lassen. Pflege Gefühle körperlichen Wohlbefindens. Der mittlere Teil des Urlaubs wird mit einer Kombination von Kitzel- und Festhalteübungen verbracht, mit häufigen kurzen, angenehmen Belohnungspausen. Du musst dabei eigentlich keinem festen Schema folgen, sondern kannst es spielerisch betrachten, wie einen Kindergarten für Erwachsene.

Du entspannst dich einfach, ruhst dich aus und wartest, dass Impulse entstehen. Du kannst dabei meditieren, in einem Hot Tub entspannen, am Strand in der Sonne liegen, im Meer oder Pool spielen oder was auch immer. Finde möglichst viele Wege, um tiefe Ruhe und Entspannung zu erfahren, und wenn du dann Freude, Energie und Leichtigkeit spürst, sei aufmerksam, dehne die Aufmerksamkeit aus und steigere sie. Allmählich achtest du auf die ersten kleinen Triebe von Ideen und Kreativität, die an die Oberfläche kommen wollen. Das geschieht ganz von allein, wenn du nicht zu viel Kontakt zu anderen hast.

Dann kannst du die entstandene kreative Energie festhalten, indem du einen Spaziergang mit dem Aufnahmegerät machst, Stift und Papier, eine Videokamera, Farben, Wachsmalstifte, Musikinstrumente benutzt oder sie auf irgendeine andere Art zum Ausdruck bringst. Jedes Mal, wenn du vom Kitzeln zum Festhalten übergehst und das Gefühl hast, etwas beendet zu haben, wie wenig es auch ist, gönn dir eine angenehme Pause. Wenn ich ein Buchkapitel beendet habe, gehe ich anschließend in ein Café mit Blick auf den Strand, starre eine Zeit lang zum Horizont und nippe an etwas Köstlichem mit einem Schirmchen und einer Kirsche. Oder ich gehe irgendwo spazieren, wo es schön ist. Oder, wenn ich den Urlaub mit meiner Frau mache, ziehen wir uns vielleicht zusammen eine Zeit lang ins Schlafzimmer zurück. Wann immer du eine Pause machst, such nach der angenehmsten Art, sie zu verbringen, die du dort, wo du bist, finden kannst. Aber meide Alkohol, Kontakte und Reizüberflutung.

Am Übergang von Phase 3:00 Uhr zu 6:00 Uhr beendest du den Urlaub. Bei einem einwöchigen Retreat wäre das der letzte Tag, bei einem Wochenende der letzte Nachmittag. Du machst noch nichts, sondern fasst nur feste Vorsätze für die Zeit, wenn du nach Hause kommst. Du kannst schon planen, wie du die Impulse umsetzen willst, die du eingefangen hast, und spielerisch eine Liste der Dinge erstellen, die daheim zu tun sind. Es ist auch ein guter Zeitpunkt, um Pläne zu schmieden, wie du nach dem Urlaub auf dich selbst achtgibst. Vielleicht nimmst du dir vor, regelmäßig zu meditieren, mehrere Male die Woche zum Sport zu gehen, Yoga zu praktizieren und anderes, was dir guttut.

Der Urlaub ist eine wunderbare Möglichkeit, um ein Projekt in die Wege zu leiten. Ich habe jedes Mal festgestellt, dass es die beste Zeitinvestition im ganzen Jahr ist. So kam auch dieses Buch zustande, indem ich mir Zeit für mich nahm und ermöglichte, dass aus dem kleinen Trieb eine große Pflanze wuchs.

Ich schlage vor, dass du Pläne machst, bevor du weiterliest. Überlege, wann und wo du mindestens ein Wochenende oder besser eine Woche frei nehmen kannst, um einen Urlaub wie diesen auszuprobieren. Ich schicke alle meine Klienten, die es ernst meinen, in einen solchen Urlaub. Anordnung des Arztes! Wenn du es einmal probiert hast, findest du vielleicht wie ich den üblichen Urlaub, inklusive Alkohol, Sightseeing, Shopping und Tanz bis tief in die Nacht, nicht mehr ganz so reizvoll und genießt diese Art Urlaub viel mehr.

Kapitel 12
Brillanter Sex

Wie gutes Essen, Musik und Tanz lieben Menschen auf der ganzen Welt, aller Kulturen und Glaubensrichtungen Sex – da sind wir uns einig. Du kannst aus vielen Gründen Sex haben: um Kinder zu zeugen, um Stress und Anspannung abzubauen, aus sinnlicher Lust oder um dem Menschen, dem du dich am nächsten fühlst, deine Liebe zu zeigen. Menschen lernen auch, sexuelle Energie für Gesundheit und ein langes Leben zu nutzen. In diesem Kapitel geht es darum, wie wir sexuelle Erregung auf sehr angenehme Weise nutzen können, um kreative Brillanz zu entwickeln.

Wir könnten sagen, in gewisser Weise ist sexuelle Energie brillante kreative Energie, lediglich im Genitalbereich erlebt. Es sind also nicht zwei verschiedene Dinge, sondern es ist eine Energie, die in unterschiedliche Bahnen geleitet werden kann. Die Beziehung eines Menschen zu seiner sexuellen Energie ist ganz ähnlich wie die Beziehung zu seiner kreativen Energie. Wenn die eine blockiert ist, ist die andere wahrscheinlich auch blockiert. Und wenn die eine fließt, fließen sie wahrscheinlich beide. Zu wissen, wie man bewusst mit sexueller Erregung umgeht, ist daher eine starke und wirkungsvolle Erfahrung, um Brillanz zu beleben.

Dr. Saida Désilets ist eine der führenden lebenden Lehrerinnen weiblicher Sexualität und sowohl in tantrischen wie taoistischen Praktiken ausgebildet. „Jeder denkt, dass sich sexuelle Energie auf die Genitalien und den physischen sexuellen Akt beschränkt", sagt sie. „In Wahrheit ist diese Energie jedoch Lebendigkeit, regt den ganzen Körper an und beschränkt sich nicht auf die Genitalien. Sexuelle Spannung ist genau dasselbe wie kreative Spannung und kreative Spannung ist notwendig, um Genialität zu verwirklichen."

Tatsächlich folgt sexuelle Energie etwa den gleichen Phasen wie der Brillanz-Kreislauf. Von 12:00 Uhr bis 3:00 Uhr ist die Phase des Flirtens: etwas fühlen und dann die schwächsten, subtilen Reizimpulse kitzeln. Diese schwach wahrgenommenen subtilen Impulse sexueller Energie können ignoriert, sublimiert oder unterdrückt werden – oder man kann darauf reagieren. Das Vorspiel mit Küssen, Berühren und Streicheln entspricht der Phase von 3:00 Uhr zu 6:00 Uhr. Während die Energie zunimmt, wird sie konzentrierter und zielgerichteter. Je mehr wir uns 6:00 Uhr nähern, desto näher kommen wir einem sexuellen Höhepunkt und dem Loslassen. Die Ruhe nach dem sexuellen Akt entspricht der Phase von 6:00 Uhr bis 9:00 Uhr, einschließlich der klischeehaften Frage: „Wie war es für dich, Liebling?" Bei einem Mann minimiert sich die Energie in dieser Phase des sexuellen Kreislaufs und er schläft vielleicht ein. Entsprechend 9:00 Uhr bis 12:00 Uhr folgt eine Phase sexueller Regeneration, in der man vielleicht eine Zeit lang frei von Gedanken und sexueller Begierde ist, sodass sich eine neue Welle der Erregung aufbauen kann.

Nicht für Männer und Frauen gleich

Fast alle Übungen in diesem Buch sind für Männer und Frauen gleich. Was die bewusste Kultivierung sexueller Energie angeht, ist es anders, hier geht es offensichtlich um unterschiedliche Körperteile, Hormone und subjektive Erfahrungen. Die Empfindung von Weite und Ruhe um 12:00 Uhr ist weder männlich noch weiblich. Die zarten kreativen Impulse, die zwischen 12:00 Uhr und 3:00 Uhr entstehen, sind bei Männern und Frauen auch gleich, also nicht geschlechtsspezifisch. Aber Sex holt uns machtvoll in unseren Körper zurück und wenn wir uns 6:00 Uhr nähern, also sexueller Aktivität, drückt sich männliche und weibliche Energie ganz unterschiedlich aus. Deshalb werden wir sexuelle Übungen für Männer und Frauen getrennt behandeln.

Die Kunst und Wissenschaft von der Entwicklung und Transformation sexueller Energie ist glücklicherweise seit Jahrtausenden gut erforscht und dokumentiert. Es gibt in erster Linie zwei Traditionen, auf die wir uns stützen können, wenn wir praktische, lange erprobte Impulse suchen. Die eine ist die tantrische Tradition, die meistens dem kaschmirischen Shivaismus zugeordnet wird, die andere sind taoistische Praktiken, die Jahrtausende zurück nach China reichen.

Wir werden nun die Grundprinzipen dieser Praktiken behandeln, können aber nicht alle Details berücksichtigen, die du wissen musst, um diese Disziplin zu beherrschen. Wenn du dich eingehender damit beschäftigen willst: Die „Bibel" für Männer ist *The Multi-Orgasmic Man* von Mantak Chia und Douglas Abrams Arava. Die beste Quelle für Frauen sind die Beiträge von Dr. Saida Désilets (beispielsweise auf YouTube). Für Paare empfehle ich *The Multi-Orgasmic Couple* von Mantak und Maneewan Chia.

Sexuelle Bildung für Männer

Mantak Chia betont, dass ein Mann zuerst lernen muss, Orgasmus und Ejakulation zu trennen. Wenn ich das sage, runzeln Männer häufig die Stirn und bitten mich, das zu wiederholen. Wir haben uns daran gewöhnt, diese beiden Dinge zu vermischen, und denken, dass mit Höhepunkten sexueller Erregung automatisch der Samenerguss einhergeht. Aber das stimmt nicht, du kannst starke Orgasmen ohne Ejakulation erleben und du kannst tatsächlich Orgasmen nicht nur in deinen Genitalien, sondern auch in anderen Teilen deines Körpers erfahren. Du glaubst mir nicht? Der einzige Weg, um es herauszufinden, ist durch Übung.

Im ersten Stadium des Übens geht es ums Atmen. Chia beschreibt, wie man sich darauf konzentriert, tief in den Bauch zu atmen, um die dort schlummernde Energie zu wecken und im ganzen Körper zu verteilen. Die meisten von uns atmen nicht tief und sind sich dessen nicht einmal bewusst.

Im zweiten Stadium geht es darum, den PC-Muskel zu trainieren, der zwischen dem Schambein und dem Steißbein sitzt. Wenn du diesen Muskel trainierst, kannst du die Ejakulation kontrollieren und hinauszögern, um Energie in andere Körperregionen strömen zu lassen.

Die zentrale Übung nach Mantak Chia wird der „Big Draw" genannt. Sie ist ganz einfach und du kannst schon in ein paar Wochen mit Erfolgen rechnen. Wenn du dich mit den Grundlagen des Atmens und der Muskelkontrolle vertraut gemacht hast, praktizierst du jeden Tag diese einfache Übung. Setz dich nackt im Schneidersitz hin oder auf einen Stuhl. Stimuliere deinen Penis mit der Hand, bis du eine Erektion hast, also tu genau das, was sie dir in der Kirche früher verboten haben. Wenn du erregt bist, wenn sich an der Spitze deines Penis jene heiße Energie zu bilden beginnt, benutzt du deinen Atem und deinen Willen, um die Energie durch den Penisschaft in den Bereich des Damms zurückzuziehen. Die meisten Männer schaffen das in ein paar Tagen. Dann gehst du einen Schritt weiter und ziehst die Erregungsenergie mit kurzen Atemzügen vom Damm die Wirbelsäule hinauf. Nach ein paar Tagen wirst du die starke Erregung im Bauch, dann in der Magengegend spüren können, dann breitet sie sich in die Herzgegend aus. Wenn du es richtig gut kannst, wirst du die Energie bis in den Schädel ziehen können, und wenn du deine Zunge hinten an den Gaumen rollst, fällt die Erregungsenergie wieder in Kaskaden an der Vorderseite deines Körpers herab. Dies ist auch bekannt als „kleiner Energiekreislauf". Je mehr du übst, desto mehr wirst du fähig sein, diese sexuelle Energie in verschiedenen Teilen des Körpers zusammenzuziehen und so einen Orgasmus des Herzens und einen Orgasmus des Bauches zu erleben. Du wirst auch Kontrolle und Entscheidungsfreiheit darüber erlangen, wann du ejakulieren willst. Die taoistischen Übungen verbieten dir nicht zu ejakulieren, das könnte Blockaden verursachen und zu Prostataproblemen führen, sondern besagen, dass du Kontrolle und Freiheit darüber erlangen solltest, wie oft du ejakulierst. Wenn du so weit bist – Mantak Chia prophezeit, dass es nur ungefähr 21 Tage dauert – kannst du mit deiner Partnerin üben, falls du in einer Beziehung lebst.

Wichtige Anmerkung: Ich hoffe, das hat gereicht, um dich zu inspirieren, die Übungen zu erlernen. Wenn du wirklichen Nutzen daraus ziehen willst, ist es wichtig, Mantak Chias Buch zu lesen, vielleicht sogar Anleitung von einem qualifizierten Lehrer zu erhalten.

Sexuelle Bildung für Frauen

Seit Jahrtausenden erleben wir, dass Männer Frauen sagen, was sie mit ihrem Körper machen sollen, was sie mit ihrer sexuellen Energie machen sollen und was sie mit ihrem Leben machen sollen. Genug davon, es reicht! Deshalb, Ladys, werde ich nicht so arrogant sein, euch zu sagen, wie ihr eure sexuelle Energie kultivieren könnt. Ich lebe mit einem männlichen Körper und habe keine Ahnung, wie es sich für euch anfühlt. Eine der besten lebenden Lehrerinnen, was die Kultivierung und Lenkung sexueller Energie angeht, ist Dr. Saida Désilets, die bei Mantak und Maneewan Chia in die Schule gegangen ist und viele andere Traditionen studiert hat. Ihre Methode zielt darauf, dass Frauen in einen grundlegenden Zustand entspannter Erregung versetzt werden. Sie sagt: „Ich glaube, dass der weibliche Genius sich mit dem verbindet, was eine Frau als sexuelles und sinnliches Wesen ist – beides ist untrennbar miteinander verwoben. In einem entspannten Erregungszustand verbinden sich unsere Gehirnareale mit Kreativität, Vertrauen und Selbstachtung. Zudem werden transzendentale Zustände aktiver."

Wird dieser grundlegende Zustand entspannter Erregung auf verschiedenste Art und Weise angeregt, ist das ein äußerst kraft- und machtvoller Zustand, den Dr. Désilets *Erotic Field Meditation* nennt. Sie erklärt: „Ich selbst bin überkreativ und habe enorm viel in meinem Leben geschaffen. Dabei habe ich häufig mit meiner sexuellen Energie gearbeitet. Bevor ich diese Methode entwickelt hatte, fühlte ich mich oft so als ob zwölf wilde Pferde in unterschiedliche Richtungen galoppieren würden – und ich kam nirgendwo an. Jetzt gehen sie alle in einer Reihe und schon beim sanftesten Input macht es *Boom!* Und wir sind da! Meine eigene Vitalität, meine Lebenskraft und Lebendigkeit zu verstehen – das machte den großen Unterschied aus. Die *Erotic Field Meditation* gibt Frauen eine neue Orientierung und eine Ahnung ihrer erotischen Energie, die überall existiert: Jede Frau befindet sich in einem Feld bewusster erotischer Energie. Aufgrund unserer Erziehung und frühester Konditionierungen sind viele Frauen von ihrem Becken und der daraus hervorgehenden

Kraft abgeschnitten. Ich unterstütze Frauen darin, ihre Herzen mit ihren Genitalien rückzuverbinden – eine uralte einfache Methode. Nimm dir einige Momente in deinem Alltag und versetze dich in einen sanften Erregungszustand, ohne dich zu einen Orgasmus zu bringen (du kannst dich beispielsweise über deine Atmung mit deiner Vagina verbinden). Und dann kehre mit dieser Erregung in den Alltag zurück. Das hat nichts mit sexueller Spannung zu tun, sondern vielmehr damit, dich in deinem innersten Selbst als sinnliches Wesen zu erleben."

Gemeinsam üben

Wenn du in einer Liebespartnerschaft lebst, kannst du jetzt die Früchte deines Übens einbringen und erforschen, wie beim gemeinsamen Sex Brillanz entwickelt werden kann. Diese Praktiken können allen möglichen Zwecken dienen: Sie können Intimität und Liebe intensivieren, sie können deine Gesundheit verbessern und sogar das Leben verlängern, wie man annimmt. Ich konzentriere mich hier speziell darauf, wie sich die Kultivierung sexueller Energie auf Brillanz auswirkt.

Mir gefällt die von meinem Freund John Gray entwickelte Übung „Polarity Sex" sehr gut, die man hin und wieder praktizieren kann. Sie hat drei Stadien:

Zuerst bereitet die Frau dem Mann Lust. Er kann sich hinlegen und entspannen, während sie ihn streichelt und seinen Körper massiert. Sie kann dabei mit der Hand oder dem Mund seinen Penis berühren, seine Erregung aber immer so lenken, dass sie in Schenkel und Unterleib strömt, der Bereich der Erregung also über die Genitalien hinausgeht. Dieses Stadium kann ungefähr fünf Minuten dauern. Es ist wichtig, dass er keine Ejakulation hat.

Die zweite Phase konzentriert sich auf ihre Lust und dauert viel länger. Da er jetzt erregt und energiegeladen ist, ist er motiviert und begierig, es seiner Partnerin so schön wie möglich zu machen. Am besten beginnt man damit, sanft ihren Körper zu streicheln und zu berühren: die Schenkel, die Körperseiten, die Arme, zarte, federleichte Bewegungen sind am besten. Nach fünf oder zehn Minuten kann man sich langsam den erogenen Zonen nähern. Die meisten Frauen geben leise Laute der Lust von sich oder stöhnen, wenn sie so berührt werden. Dann ist es Zeit, zu sanfter Brustmassage überzugehen. Die Brüste haben mehr Nervenenden als jeder andere Teil des Körpers. Umschließe die Brüste mit den Händen und bewege sie sanft und rhythmisch im Uhrzeigersinn, stimuliere dabei hin und wieder die Brustwarzen. Du kannst auch sanft die Lippen deiner Partnerin küssen und daran saugen. Am besten nähert man sich der Vagina nicht, bevor sie sehr feucht ist. Dann bereitet der Mann der Frau mit dem Finger oder der Zunge Lust. Am besten bewegt man die Zunge in ständig neuen Mustern um die Klitoris, während man gleichzeitig einen Finger in die Vagina gleiten lässt und fest gegen den G-Punkt drückt – das ist das leicht schwammige Gewebe hinter und über dem Schambein. Der Mann macht so weiter, bis sie einen Orgasmus hat oder sagt, dass sie vollkommen zufrieden ist.

Die dritte Phase ist die Penetration. So lange mit dem Eindringen zu warten, bewirkt häufig, dass kein schnelles Reiben folgt, das wir manchmal mit Sex verbinden, denn es ist für beide Partner einfacher, entweder stillzuhalten und zu atmen oder sich sanft rhythmisch zusammen zu bewegen. In diesem Stadium erlebt ihr vielleicht beide eine Art Plateau-Orgasmus, der sich häufig im ganzen Körper ausbreitet. Ihr spürt vielleicht bis in die Finger- und Zehenspitzen und in jedem Teil des Körpers eine prickelnde Erregung.

Für einen Mann lohnt es sich wirklich, diese Übung auszuprobieren und nicht zu ejakulieren, wenn er sie nutzen will, um seine Brillanz zu steigern. Für einige Männer klingt das vielleicht ein bisschen, wie in die Disco zu gehen und nicht zu tanzen oder in einen Vergnügungspark und nicht mit der Achterbahn zu fahren, dabei geht es einfach nur darum, zu experimentieren und Neues auszuprobieren. Sex ohne Ejakulation ist anders und man muss sich daran gewöhnen. Indem du dich vollkommen darauf konzentrierst, deine Partnerin zu befriedigen, weckst du den Liebenden in dir, der auch der Welt etwas geben kann.

Auf diese Art Sex zu haben, ist selten ein Quickie, du musst 45 Minuten bis eine Stunde einplanen, um zu diesem Plateau-Ganzkörper-Orgasmus zu kommen, den du im ganzen Körper spürst.

Wenn ihr auf diese Weise zusammen Sex praktiziert, werdet ihr wissen, wann es Zeit ist aufzuhören, nicht wegen seiner Ejakulation oder ihrer Klimax, sondern weil ihr euch beide im ganzen Körper so vollkommen lebendig fühlt, wie ihr es euch nur vorstellen könnt. Dann zieht er seinen noch erigierten Penis zurück. Ihr werdet einander auf eure eigene intime Art für diese Reise zu den Sternen und zurück danken. Anschließend duschst du schnell, ziehst dich an und gehst vom Megakitzel zum Megafesthalten über.

Du merkst, dass die Erregungsenergie, die in den Genitalien entstanden ist, nicht mehr allein sexuell ist. Es ist vollkommene Lebendigkeit geworden. Es ist nicht mehr allein sexuelle Erregung, sondern kreative Erregung. Du bist ein Mann oder eine Frau und brennst. Jetzt finde heraus, was geschieht, wenn du deine Aufmerksamkeit wieder dem Schreiben des nächsten Kapitels deines Buches oder dem Launch eines neuen Produktes oder irgendeiner Art von Problemlösung widmest. Als Mann bist du nicht mehr ein Kerl, der eine Erektion hat, sondern du bist eine Erektion und stößt das Geschenk deiner Brillanz mit Leidenschaft in die geöffneten Lippen der Menschheit, die unbedingt vorsichtig und hingebungsvoll geliebt werden muss. Als Frau brennt dein Herz, die Liebe, die du anfangs für deinen Partner empfunden hast, tritt über die Ufer und strömt durch die Brüste als gestärktes Mitgefühl für alles, was lebt und atmet.

Wenn du Single bist

Nach dieser detaillierten Beschreibung einer alternativen Art, Sex zu haben, fühlen sich Singles vielleicht ein bisschen ausgeschlossen. Die gute Nachricht ist, dass du es auch allein praktizieren kannst und es genauso wirkungsvoll sein kann.

Wenn du ein Mann bist, stimulierst du dich selbst, praktizierst den Big

Draw und den kleinen Energiekreislauf. Wenn du spürst, wie sich die Erregungsenergie im ganzen Körper ausbreitet, schließe sie in den Genius ein, den du verschenkst. Wenn du eine Frau bist, bereite dir ebenfalls Lust und lass sie sich ausbreiten, dann verwandle die Lust in starke Herzensliebe. Lass sie entlang der Bahnen fließen, die du für kreativen Ausdruck nutzt, als Geschenk an all deine Kinder, in allen Farben und Formen.

Schwule Paare

So wie ich kein Experte für weibliche sexuelle Energie bin, habe ich keine Erfahrung mit schwulem Sex. Ich kann in dieser Hinsicht keine Ratschläge geben. Aber Erregung ist Erregung, mit wem du sie auch teilst, und es lassen sich viele der beschriebenen Grundsätze anwenden. Der Kern all dieser Praktiken ist derselbe und ganz einfach. Komme in einen Zustand sexueller Erregung, allein oder mit jemand anders, dann finde einen Weg, dass sich die sexuelle Energie in deinem ganzen Körper ausbreitet, und lass sie anschließend in Form deiner brillanten Gabe zum Ausdruck kommen.

Kapitel 13
Brillante Ernährung

Was du isst und trinkst hat enormen Einfluss auf deine Lebensqualität. In erster Linie betrifft es deine physische Gesundheit und deine Lebenserwartung, aber es hat auch Auswirkungen auf deinen emotionalen Zustand, deine Beziehungen und die Klarheit deines Geistes. Da es im wahrsten Sinne ein Thema ist, bei dem es um Leben und Tod geht, gibt es heutzutage eine schier endlose Flut von Ratgebern, was du essen solltest. Das kann verwirrend und frustrierend sein. Klick im Internet hier – und du sollst nur rohe Früchte und Gemüse essen … klick da – und du sollst alles kochen … klick dort – und du erfährst, dass du nur Dinge essen solltest, die im Umkreis von 150 km um deinen Wohnort angebaut wurden und die saisonal sind … klick wieder – und du stößt auf eine unendliche Menge von Firmen, die abgepacktes „Superfood" aus aller Welt anbieten, das dir in glänzenden Folienverpackungen geliefert wird. Angesichts so vieler widersprüchlicher Empfehlungen schlagen viele Menschen die Hände über dem Kopf zusammen und essen – egal was.

Auch beim Thema Brillanz spielt Ernährung eine Rolle, denn dein Gehirn braucht Nährstoffe, um gut zu funktionieren. Wie wir wissen, verbraucht Verdauung Energie – wenn dein Körper also damit beschäftigt ist, eine schwere Mahlzeit zu verdauen, kann das zu geistiger Unklarheit beitragen. Der einfache Schlüssel dazu, einen Körper und einen Geist zu haben, die den größtmöglichen Fluss von Brillanz zulassen, ist, ein Maximum an Nährstoffen mit einem Minimum an Verdauungstätigkeit aufzunehmen.

Ich habe mit Hunderten brillanter Menschen darüber gesprochen, was sie essen und was nicht und welchen Einfluss das auf ihre anhaltende geistige Klarheit hat. Dabei habe ich niemanden getroffen, der diese Frage ernster genommen hat als Eric Edmeades, den Gründer von Wild-Fit. 1991, mit Anfang zwanzig, war Erics Gesundheitszustand mehr als schlecht. Er hatte ständig Bauchkrämpfe und konnte nicht arbeiten, während sie andauerten, Akne, die es manchmal schwierig machte, den Kopf zu drehen, so starke Rachenentzündungen, dass seine Mandeln regelmäßig bluteten, und derart schwere Nasenschleimhautentzündungen, dass er jahrelang nicht durch die Nase geatmet hatte. Zudem war er übergewichtig. Er hatte Ärzte und Spezialisten aufgesucht, hatte alle verschriebenen Tabletten genommen und Spritzen über sich ergehen lassen. Im besten Fall verschaffte ihm das ein bisschen Erleichterung von Schmerzen und Leiden, aber diese kamen immer wieder. Sein Arzt plante eine Mandeloperation. Da schlug ein Freund Erics beiläufig vor, er solle doch seine Ernährung umzustellen. „Was soll's", dachte Eric, „ich probiere es einen Monat lang aus. Ich habe nichts zu verlieren." Indem er weißen Zucker, Milchprodukte und Weizenmehl wegließ und mehr Früchte und Gemüse zu sich nahm, verringerten sich seine Probleme und verschwanden nach 30 Tagen völlig. Er war ein anderer Mensch. Eric suchte seinen Arzt auf und teilte ihm mit, dass er die Mandeloperation nicht machen lassen wollte. Zu seiner Überraschung versuchte der Arzt, ihn trotzdem zur Operation zu überreden. „Kommen Sie, wenn Sie jetzt absagen, verlieren Sie den Termin und müssen vielleicht monatelang auf den nächsten freien Operationstermin warten – außerdem können wir Ihnen einen Preisnachlass anbieten, einen Finanzierungsplan ..." Der Arzt war überhaupt nicht interessiert zu erfahren, was Eric gemacht hatte, das seinen Gesundheitszustand so dramatisch verbessert hatte.

Erics Onkel war orthopädischer Chirurg. „Wie lange hast du Medizin studiert?", fragte Eric ihn. „Ungefähr zehn Jahre", erwiderte sein Onkel. „Wie viel Zeit davon hast du dich mit Lebensmitteln und Ernährung beschäftigt?" Eric erinnert sich, dass sein Onkel den Kopf zur Seite neigte wie ein Hund, der verwirrt ist. Er sah Eric an und antwortete: „Ich kann mich an keine erinnern."

Die nächsten Jahre stellte Eric jedem Arzt, den er traf, dieselbe Frage und bekam dieselbe Antwort. Sein Gesundheitszustand wurde immer besser. Er probierte Vegetarismus, Veganismus, die Ernährung ausschließlich von rohen Lebensmitteln, makrobiotische Ernährung und vieles andere: Keine war perfekt, aber jede einzelne Ernährungsmethode war eine enorme Verbesserung zu seiner Ernährungsweise davor. Eric entwickelte einen leidenschaftlichen Drang zu erfahren, warum keiner der Ärzte etwas von den Grundlagen der Ernährung wusste. In den nächsten Jahren beschäftigte er sich mit Anthropologie, Archäologie, Biochemie, mit allem und jedem, das Licht in den Zusammenhang von Ernährung und Gesundheit bringen konnte.

Als Eric einige Jahre später, 1997, für Virgin Airlines zu Fotoaufnahmen nach Afrika flog, blätterte er im Inflight-Magazin und fand einen Artikel über Elefanten in Zoos. Im späten 19. Jahrhundert überlebten Elefanten nur sechs oder sieben Jahre in Gefangenschaft. Als man begann, Elefanten in freier Wildbahn zu erforschen, fand man heraus, dass sie 70 oder 80 Jahre alt werden. In dem Artikel wurde festgestellt, dass ein Unterschied zwischen der Nahrung des Elefanten in Gefangenschaft und seiner „Wildnisernährung" besteht. Dabei ging Eric ein Licht auf. „Mir wurde sofort klar, dass die Bezeichnung ‚Wildnisernährung' nicht richtig war. Was Elefanten in der Wildnis fressen, ist schlicht ihre artgerechte Elefantenernährung. Was sie in Gefangenschaft fressen, ist nicht artgerecht."

In dem Moment hatte Eric geradezu eine Erleuchtung. „Ich verstand, dass jedes Lebewesen auf der Erde seine spezielle ‚Diät' hat. Das Wort kommt aus dem Griechischen und bedeutet ‚Art zu leben'. Jedes Lebewesen hat seine spezielle Art zu leben und wenn es davon abweicht, hat das Konsequenzen. Wir wissen nicht genau, wie unsere ‚Diät' aussieht, denn die Nahrungsmittelindustrie und die pharmazeutische Industrie – jeder hat das Verständnis für unsere natürliche Art zu leben verwirrt." Kurz darauf las Eric einen Artikel von Stanley Boyd Eaton im *New England Journal of Medicine* mit dem Titel *Paleolithic Nutrition (Steinzeiternährung)* aus dem Jahr 1985. Es war der erste Versuch, die natürliche

Lebensweise des Homo sapiens zurückzuverfolgen. Eric bedauerte, dass diese heutzutage nirgendwo zu beobachten sei. Du kannst die natürliche Lebensweise von Elefanten erforschen, indem du in die Savanne Afrikas gehst. Aber wohin sollst du gehen, um Menschen zu finden, die noch auf ursprüngliche Weise leben? Wo findest du Menschen, die „in der Wildnis" leben? Eric forschte weiter.

Er fuhr zur Fundstätte Florisbad in Südafrika, wo T. F. Dreyer 1932 einen 259.000 Jahre alten Schädel aus der Mittelsteinzeit gefunden hatte, und besichtigte Höhlen in der Nähe, die Menschen über 200.000 Jahre lang ununterbrochen bewohnt hatten. „Sie hatten drei oder dreieinhalb Meter tief in den Höhlenboden gegraben und Glasscheiben errichtet, sodass man Holzstufen hinabsteigen und den Höhlenabfall der letzten 200.000 Jahre betrachten konnte. Wenn Menschen in Höhlen leben, bringen sie den Müll nicht hinaus, sondern werfen ihn auf den Fußboden. So konnte man die kulinarische Geschichte unserer Vorfahren sehen." Aber Archäologie und Anthropologie reichten Eric nicht, er war immer noch begierig darauf, heute noch natürlich in der Wildnis lebende Menschen zu finden.

Die Gelegenheit kam ein paar Jahre später, als er im Rahmen eines Leadershipprogramms Leute auf den Kilimandscharo in Tansania führte. Sein Logistikteam wusste, dass er Interesse an Anthropologie hatte, und bot an, ihn zum Eyasisee im zentralen Rift Valley zu bringen, um die Volksgruppe der Hazda zu besuchen. „In der Wissenschaft ist man sich überwiegend einig, dass menschliches Leben im Rift Valley in Afrika begann. Das war die Gelegenheit, auf die ich gewartet hatte. Die Hazda haben relativ wenig Kontakt zur Außenwelt, deshalb kommt ihre Lebensweise der unserer Vorfahren vor Hunderttausenden von Jahren vergleichsweise am nächsten und bietet in dieser Hinsicht die bestmögliche Anschauung, die man heute finden kann. Es genügte nicht, sie nur zu besuchen, sie nahmen mich auf und ich verbrachte eine Zeit lang mit ihnen. Ich hatte keinen Proviant dabei, sondern lebte wie sie. Am ersten Tag gingen wir jagen. Wir gingen 43 km bei 42 Grad. Am zweiten Tag gingen wir 27 km, wir mussten abbrechen, denn wir hatten ein Flussschwein getötet und mussten es zurücktragen. Es passte genau: Ich hatte mich viel mit

Anthropologie, Archäologie und menschlichen Wanderungsbewegungen auf der Erde beschäftigt und wusste, was ich fragen und worauf ich achten musste, als ich dort war. Ich achtete darauf, wie sie Nahrung ausgruben, wie sie wussten, wo sie graben mussten, wie sie Honig gewannen und wie sie jagten." Eric ist seitdem noch mehrmals bei den Hazdas gewesen, mit dem Ergebnis, dass er das Gefühl hat, seine Suche nach der natürlichen Ernährung des Menschen sei beendet. Er sagte: „Elefanten fressen 200 kg Gras und Früchte und trinken sieben Liter Wasser am Tag. Wenn du daran etwas änderst, werden sie krank. Geparden brauchen ungefähr zweieinhalb Kilo frisches Fleisch, mehr oder weniger jeden Tag. Wenn sie das nicht bekommen, leiden sie unter Mangelerscheinungen. Blattfressende Ameisen fressen eigentlich keine Blätter. Sie zerkleinern sie und sammeln sie, damit sie kompostieren, und fressen dann die Pilze, die daraus wachsen. Der Homo sapiens entwickelte sich in Afrika. Von hier aus breitete er sich in Hunderttausenden von Jahren nach Asien, Europa und Amerika aus. Aber in diesen Regionen ist er nicht beheimatet. Wenn wir etwas über unsere natürliche Lebensweise erfahren wollen, müssen wir dorthin gehen, wo wir herkommen, und uns die Menschen dort anschauen. Es ist wichtig, sich über Zeiträume klar zu werden und über die Geschwindigkeit evolutionärer Prozesse bei Menschen. Wie lange brauchen wir, um unsere (Leistungs-)Fähigkeit, Nahrung zu verarbeiten, und unsere Nahrungsansprüche zu ändern? Nahrung muss für uns bioverfügbar sein. Dein Holzschreibtisch enthält Riboflavin, aber du kannst es nicht essen, denn du bist kein Biber und keine Termite. Die Nahrungsmittelindustrie setzt heute Dingen Vitamine und Mineralien zu, aber das heißt nicht, dass du sie aufnehmen kannst. Kuhmilch enthält Calcium, aber es ist für den Menschen nicht bioverfügbar. Es ist für Kälber verfügbar, während wir nicht die Fähigkeit entwickelt haben, es zu verdauen. Wenn sich herausstellte, dass Menschen ihre DNA sofort ändern könnten, hätte die Vergangenheit keine Bedeutung. Aber wie sich zeigt, können wir es nicht. Wir sind Homo sapiens. Wir brauchen Vitamin C und Eisen und bestimmte Fette und Proteine und Sauerstoff. Was haben wir in den letzten Millionen Jahren hauptsächlich gegessen? Nicht

McDonald`s, nicht raffinierten Zucker, nicht Kuhmilch. Nicht Weizen oder Mais oder weiße Kartoffeln. Nicht verarbeitete Nahrung, nicht gentechnisch veränderte Lebensmittel. Wie sieht die ursprüngliche Ernährung des Menschen aus? Die Antwort ist: mindestens 200 Pflanzenarten im Jahr, saisonal abwechselnd Blattgemüse und Wurzelgemüse. Wir haben tierische Produkte wie Eier, Fleisch und Fisch gegessen. Wir haben Nüsse und Bohnen und Früchte und Honig gegessen. Jede Änderung daran, sei es, indem man etwas hinzufügt oder wegnimmt, hat erst kürzlich stattgefunden und bedeutet Stress für das gesamte Verdauungssystem und das hat auch Auswirkungen auf die geistige Klarheit."

Infolge dieser Erkenntnisse hat Eric „WildFit" ins Leben gerufen, eine weltweite Netzgemeinde, die sich die Grundregeln der natürlichen Ernährungsweise des Menschen zu eigen macht und danach lebt. Inzwischen haben mehr als 10.000 Menschen seine Kurse absolviert. Menschen, die übergewichtig waren, berichten, dass sie abgenommen haben und problemlos ihr Gewicht halten. Menschen, die unterernährt waren, berichten von Gewichtszunahmen. Andere berichten von Linderung bei Allergien, Hautproblemen, Kopfschmerzen oder Verdauungsproblemen. In unserem Zusammenhang ist jedoch am wichtigsten, dass seine Schüler von einer anhaltenden geistigen Klarheit, den ganzen Tag lang, berichten. Eric rät Menschen, diese Ernährung zu nutzen, um radikal brillant zu sein.

„Betrachte deinen Körper als eine Menge unabhängiger Systeme, die zusammenarbeiten, um optimale Bedingungen fürs Überleben zu schaffen", sagt Eric. „Da ist das Lymphsystem, das Herz-Kreislauf-System, die Leber, das Herz und das Gehirn. Erinnerst du dich an *Star Trek*? Wenn die Dilithiumkristalle nicht richtig funktionieren, ordnet Kapitän Kirk an, zuerst die nicht lebenswichtigen Kontrollsysteme abzuschalten. ‚Spocky, schalte das Umgebungskontrollsystem ab, schalte die Gravitationssysteme ab …' Wenn wir zu wenig Energie haben, aufgrund einer Kombination von schlechter Ernährung und Lebensstil, schaltet der Körper zuerst nicht lebensnotwendige Funktionen ab. Das Immunsystem wird geschwächt, die Verdauung wird träge, das Muskelreparatursystem wird stillgelegt. Wenn du Ingenieur wärst und entscheiden müsstest, welches System heruntergefahren werden sollte, an welcher Stelle würde das Gehirn stehen? Die meisten Menschen antworten: ‚am Ende'. Wenn jemand nachmittags um vier müde und unkonzentriert wird, bedeutet das, dass alle anderen Systeme im Körper bereits stillgelegt sind. Wenn die geistige Klarheit vermindert ist, ist das Ende der Reihe erreicht. Alle Vitalität woanders im Körper ist bereits aufgebraucht." Eric hat für die Leserinnen und Leser dieses Buches ein Video aufgenommen, dass du auf unserer Website anschauen kannst.

Ernährungsweisheiten

Master Chunyi Lin legt Wert auf drei wesentliche Punkte, um ein Optimum an geistiger Klarheit und Brillanz durch Ernährung zu erlangen: Iss saisonal, denn Früchte und Gemüsesorten, die der Saison entsprechend geerntet wurden, harmonisieren den Körper mit der jeweiligen Jahreszeit, was weniger Verdauungsstress bedeutet. Zweitens ist es wichtig, „lokale" Nahrungsmittel zu sich zu nehmen. Und drittens sollte man die Hauptmahlzeit am Morgen einnehmen, wenn der Magenmeridian aktiv ist, mittags gut essen und abends nur noch wenig (wie beispielsweise eine leicht verdauliche Suppe).

Dem stimmt auch die ayurvedische Lehre zu. Dort wird zudem empfohlen, sehr kalte Speisen zu vermeiden, weil diese das Verdauungsfeuer hemmen, und vor den Mahlzeiten heißes Ingwerwasser zu trinken, das sowohl die Verdauung als auch die geistige Klarheit anregt.

Ich habe mit zahlreichen brillanten Menschen darüber gesprochen, wie sie sich ernähren. Ihre Antworten stimmen nicht absolut überein, außer in folgenden Punkten: Hör auf deinen Körper und iss bewusst statt aus Gier oder Anpassung an ein pauschales Konzept.

Es folgen einige allgemeine Regeln, die sich als Zusammenfassung der Interviews ergeben haben. Meine Empfehlung ist, dass du damit experimentierst: Füge einen Punkt zu deinen Essgewohnheiten hinzu oder streiche etwas – und dann beobachte, ob die Veränderung dich mehr oder weniger brillant macht. Auf diese Weise kannst du langsam alles weglassen, was deine Klarheit beeinträchtigt, und alles bestehen lassen, was dein Gehirn am leistungsfähigsten macht. Wenn du einen einfachen Schnellstart willst, am Ende des Kapitels findest du ein Beispiel für einen Speiseplan.

Grundlegende Ernährungsregeln

1. Iss mehrere kleinere Mahlzeiten

Um geistige Unklarheit und einen niedrigen Energiespiegel zu vermeiden, die häufig auf eine große Mahlzeit folgen, probiere, fünfmal am Tag kleinere Mengen zu essen. Das können Frühstück, Vormittagssnack, Mittagessen, Nachmittagssnack und ein leichtes Abendessen sein.

2. Vereinfache deine Mahlzeiten

Unsere genetischen Vorfahren aßen vorwiegend eine „Sache" pro Mahlzeit. Nach der Jagd aßen sie Fleisch, nicht mit Wein oder Pommes Frites oder Sauce béarnaise. Wenn sie Beeren oder Nüsse gesammelt hatten, aßen sie sich satt an dem, was sie gefunden hatten, und kombinierten es nicht mit anderen Zutaten zu einem Superfoodriegel. Um geistige Unklarheit zu minimieren, solltest du Protein mit Gemüse kombinieren oder Kohlenhydrate mit Gemüse, aber nicht Protein mit Kohlehydraten. Also nicht Burger mit Pommes. Iss Obst getrennt.

3. Ernähre dich hauptsächlich von Gemüse

Iss zwei bis drei Portionen Gemüse pro Mahlzeit. Dazu gehören grüne Blattgemüse wie Spinat, Kohl und Mangold ebenso wie Wurzelgemüse, beispielsweise Karotten, Rote Bete und Süßkartoffeln. Vermeide weiße Kartoffeln, da sie ein Toxin enthalten, das schwer verdaulich ist. Sie kamen in der Gegend von Afrika, wo wir herstammen, nicht vor.

4. Iss gesunde Fette

Entgegen vieler Informationen, die in den letzten Jahrzehnten verbreitet worden sind, ist Fett gut fürs Gehirn. Das Gehirn braucht sogar gesundes

Fett, um gut zu funktionieren. Die guten Fette, die du brauchst, sind in Kokosnuss, Avocado, fetthaltigem Fleisch und Nüssen enthalten. Wenn du Milchprodukte verträgst, ist auch Butter eine gute Quelle für Fett.

5. Flüssigkeit

Trink zwei bis drei Liter am Tag, zwischen den Mahlzeiten, nicht zum Essen. Trink nach dem Aufstehen einen halben Liter Wasser mit dem Saft einer Zitrone, einer Prise Meersalz, einer Prise Xylit und 60ml Aloe-Vera-Saft. Da das meiste Wasser heute verarbeitet ist, ist es der Mineralstoffe beraubt, die in Quellwasser noch vorhanden sind. Wenn du Salz und ein natürliches Süßungsmittel hinzufügst, ist es für die Zellen einfacher, Wasser aufzunehmen.

6. Iss milchsauer vergorene Nahrungsmittel

Viele wichtige Stoffe im Gehirn, die für Kreativität und geistige Klarheit sorgen, wie Serotonin und GABA, werden im Darm produziert. Wenn du schon einmal Antibiotika genommen hast, selbst wenn es in deiner Kindheit war, könnte deine natürliche Darmflora aus dem Gleichgewicht sein. Das kann zu Verdauungsstörungen, Blähungen und Gasen führen, aber auch zu geistiger Unklarheit und Stimmungsschwankungen. Vergorene Nahrungsmittel wie Sauerkraut, Miso, Kefir und Kombucha können das Gleichgewicht gesunder Bakterien im Darm wiederherstellen. Du wirst schnell merken, dass das auch Auswirkungen auf deine Denkfähigkeit und Kreativität hat.

7. Iss Eier zum Frühstück

Eigelb ist reich an Nährstoffen, die das Gehirn braucht, um optimal zu funktionieren. Es ist reich an der Aminosäure Tryptophan, die zu Serotonin umgewandelt wird. Außerdem enthält es viel Tyrosin, Ausgangssubstanz zum Beispiel für die Biosynthese von Dopamin. Eigelb gehört zu den wenigen Nahrungsmitteln, die Vitamin D enthalten, ohne welches das Gehirn Hirnhormone nicht nutzen kann, um die Konzentration zu erhöhen. Eigelb enthält zudem alle B-Vitamine, die für gesunde Hirnchemie notwendig sind.

Viele Menschen haben immer noch Sorge, dass Eier zu einem erhöhten Cholesterinspiegel beitragen. An der Harvard Universität wurde wiederholt nachgewiesen, dass das nützliche Cholesterin in Eiern nicht den Cholesterinspiegel ansteigen lässt. Es wurde sogar nachgewiesen, dass Eier den Blutdruck senken, wenn man zu hohen Blutdruck hat. Viele brillante Menschen essen morgens zwei bis drei Eier, fünf bis sieben Tage die Woche. Die nützlichen Nährstoffe in Eiern werden am besten aufgenommen, wenn sie mit grünem Gemüse gegessen werden statt mit Kartoffeln oder anderen Kohlehydraten.

8. Nimm die größte Mahlzeit mittags ein

Nach einem gekochten Frühstück, bestehend aus zwei bis drei Eiern und grünem Gemüse, sollte die größte Mahlzeit um die Mittagszeit eingenommen werden, um die Leistungsfähigkeit des Gehirns zu erhalten. Wenn die Sonne am höchsten am Himmel steht, ist die Verdauung alter ayurvedischer und traditioneller chinesischer Medizin zufolge am leistungsfähigsten.

Das ideale Mittagessen besteht aus zwei bis drei Tassen Gemüse oder Salat mit einem Proteinlieferanten, zum Beispiel Huhn, Pute, Fisch, rotes Fleisch oder, wenn man Vegetarier ist, Tempeh oder Bohnen. Iss zweimal die Woche Fisch zum Mittagessen, die darin enthaltenen Omega-3-Fettsäuren sind ein wichtiger Nährstoff fürs Gehirn. Füge der Mahlzeit gesunde Fette bei, das kann bereits das Fett im Fleisch sein, oder du kannst Avocado, Olivenöl, Kokosöl oder Traubenkernöl nehmen.

Da es die schwerste Mahlzeit am Tag ist, versuche es einzurichten, nach dem Mittagessen 20 Minuten zu schlafen. Dadurch fühlst du dich erfrischt und wacher am Nachmittag. So ein Mittagsschlaf sollte nicht länger als 30 Minuten dauern, sonst sinkt dein Körper in eine tiefere Schlafstufe und du fühlst dich den Rest des Tages benommen.

9. Iss ein leichtes Abendessen vor Sonnenuntergang

Viele Menschen haben mit diesem Vorschlag Probleme. Wir haben bereits im Kapitel übers Schlafen darüber gesprochen. Deine Vorfahren waren Menschen, eine Säugetierart, die während der hellen Stunden des Tages überwiegend wach war und nach Einbruch der Dunkelheit schlief.

Vor 1920 hatten die Menschen kein elektrisches Licht. Sie waren gezwungen, mit der Zubereitung der Mahlzeit und dem Essen fertig zu sein, bevor die Sonne unterging, und bald darauf zu schlafen. Wenn du die Angewohnheit hast, nach Einbruch der Dunkelheit ein großes Abendessen zu dir zu nehmen, wie es viele Menschen tun, und wenn du merkst, dass dein Gehirn nicht sein größtmögliches Potenzial ausschöpft, könnte dies die kleine Veränderung sein, die einen großen Unterschied macht. Probiere einen Monat lang, abends vor Sonnenuntergang nur eine Suppe zu essen und danach nichts mehr. Dann beobachte, was passiert. Wenn es keinen Unterschied macht, kannst du jederzeit zur alten Gewohnheit zurückkehren. Es könnte jedoch das Wichtigste sein, das du aus diesem Buch mitnimmst.

Hier vier Ideen fürs Abendessen:

- Hühnersuppe. Du kannst sie einmal pro Woche oder sogar alle zwei Wochen zubereiten und in verschlossenen Schraubgläsern im Kühlschrank aufbewahren.
- Kidgeree. Ein altes Lieblingsgericht vom indischen Subkontinent, leicht verdaulich und ausgewogen im Hinblick auf wichtige Nährstoffe. Schnell zuzubereiten. (Siehe S. 158).
- Knochenbrühe. Etwas, das du ein- oder zweimal im Monat zubereiten und anschließend in Gläsern im Kühlschrank aufbewahren kannst. Schneide abends etwas Gemüse hinein und fertig.
- Gemüsesuppe mit Miso und Kokosnussbutter. Im Mixer zuzubereiten.

10. Snacks zwischendurch

Um deinen Blutzuckerspiegel stabil zu halten, was zugleich dazu beiträgt, dass du emotional ausgeglichen und geistig klar bist, ist es empfehlenswert, zwischendurch vormittags und nachmittags einen Snack zu essen. Probiere es aus und finde heraus, wie das bei deinem Körperbau und Gewicht funktioniert. Hier einige Snacks, die sich bewährt haben:

- Mandelmilch, Kokosnussmilch, Kakao, Carob, Maca. 30 Sekunden mixen.

- Früchte. Apfel oder Birne oder Banane oder eine Handvoll Blaubeeren.
- Nüsse Am besten abends einweichen, dadurch sind sie leichter zu verdauen.
- Tortillachips oder Leinsamencracker.

11. Nahrungsmittel, die man meiden sollte

Hier ist eine Liste verbreiteter Lebensmittel, auf die brillante Menschen nach eigener Aussage verzichten, weil sie die Erfahrung gemacht haben, dass sie sich ohne besser fühlen.

- Weißer Zucker, einschließlich aller Nahrungsmittel, die hauptsächlich Zucker enthalten, wie kohlensäurehaltige Getränke, Süßigkeiten und Kuchen. Kombucha, oben schon erwähnt, ist eine Ausnahme, da der Zucker im Gärungsprozess abgebaut wird.
- Milch und Milchprodukte. Viele Ernährungswissenschaftler schätzen, dass heute mehr Menschen allergisch gegen Milch sind, als sich bewusst sind. Versuche, einen Monat Milch bei deiner Ernährung wegzulassen, und beobachte, ob du einen Unterschied bemerkst. Joghurt und Kefir können ausgenommen werden, da sie vergoren sind und die Lactose abgebaut ist.
- Weizen. Eric Edmeades betrachtet Gluten als natürlichen Schutzmechanismus einer Pflanze und als giftige Substanz für den Menschen. Er sagt, dass Weizen nicht in der Gegend von Afrika wächst, aus der wir stammen. Geh genauso vor wie oben: Versuche, Weizen einen Monat wegzulassen, und beobachte, ob zum einen deine Verdauung besser wird und zum anderen deine geistige Klarheit.
- Erdnüsse. Nüsse wie Mandeln, Cashewnüsse, Haselnüsse und Walnüsse waren seit prähistorischer Zeit Teil der menschlichen Ernährung. Erdnüsse dagegen stammen aus Südamerika und wurden erst in den letzten paar hundert Jahren in unsere Ernährung aufgenommen. Viele Menschen beobachten, dass es für ihre Gesundheit und Klarheit besser ist, wenn sie auf Erdnüsse verzichten.
- Künstlich verarbeitete Nahrungsmittel. Das ganze Spektrum chemischer Zusatzstoffe in Nahrungsmitteln, die heutzutage abgepackt

verkauft werden, kommt natürlich in der menschlichen Evolution nicht vor, sondern ist erst in den letzten Jahrzehnten in unsere Ernährung eingeführt worden. Versuche, nur Früchte und Gemüse aus natürlichem Anbau zu essen, und finde heraus, ob du einen Unterschied bemerkst.

- Regelmäßiger Alkoholkonsum. Während gelegentlicher Alkoholgenuss mit brillanten Freunden nützlich sein kann, um die Kreativität anzuregen, führt täglicher oder sogar regelmäßiger Konsum von Alkohol zur Vergiftung der Leber und trägt zu Launenhaftigkeit und häufig Aggressivität bei.

Beispiel für einen Speiseplan

Immer wenn ich ein Buch oder einen Artikel mit Empfehlungen lese, was ich essen soll und was nicht, werde ich ungeduldig. „Okay, okay, genug Theorie, sag mir einfach, was ich zum Frühstück, Mittag- und Abendessen zu mir nehmen soll. Ich probier's aus und sehe, wie es mir dabei geht." Wenn es bei dir genauso ist – hier ist der Speiseplan, an den ich mich ziemlich strikt halte, wenn ich mich in einem kreativen Prozess befinde.

- Nach dem Aufstehen: Einen halben Liter lauwarmes Wasser mit dem Saft einer Zitrone, einer Prise Salz, einer Prise Xylit und Probiotika.
- Nach der morgendlichen Praxis, ungefähr um 8:00 Uhr:
  An fünf Tagen pro Woche drei Eier und Gemüse, gekocht.
  Avocado oder eine ordentliche Portion von einem anderen gesunden Fett.
  Zweimal pro Woche Haferflocken oder Buchweizen.
- Vormittagssnack, ungefähr um 11:00 Uhr:
  Mandelmilch, Kokosnussmilch, Kakao, Carob, Maca, Mixgetränk nach Wahl ... oder Apfel, oder Banane oder Birne ... oder eine Handvoll Goji-Beeren und eine Handvoll Cashewnüsse oder ein anderer Snack, der dir Auftrieb gibt und ein Minimum an Verdauungstätigkeit erfordert.
- Mittagessen, zwischen 12.30 Uhr und 13.00 Uhr:
  Zwei Portionen Gemüse mit Wurzel-, Blattgemüsen, Hülsenfrüchten.

Huhn, Fisch, Lamm, Rindfleisch oder Bohnen.
Eine ordentliche Portion gesundes Fett
- Anschließend 20 Minuten Mittagsschlaf.
- Nachmittagssnack:
Tibetan Magic mit Shilajit (siehe nächstes Kapitel).
Sassafras, Rooibostee, Xylit, Super Yang Jing, Deer Antler Drops
- Abendessen, eine halbe Stunde vor Sonnenuntergang:
Gedämpftes Gemüse, püriert, mit Kokosnussöl oder Hühnersuppe oder Knochenbrühe,
Kidgaree.
- Nach Einbruch der Dunkelheit nichts mehr essen.

Viel Freude beim Ausprobieren! Und bitte vertraue dabei der Weisheit deines Körpers mehr als aller Theorie!

Kapitel 14
Nahrungsergänzungsmittel für Brillanz

Die Mehrheit der brillanten Menschen, mit denen ich über die Jahre gesprochen habe, nimmt Nahrungsergänzungsmittel. Ich möchte noch einmal darauf hinweisen, dass es wichtig ist, etwas langsam auszuprobieren, immer nur eine Sache, und zu sehen, ob es etwas bewirkt. Unten habe ich in absteigender Reihenfolge ihrer Bedeutung die Nahrungsergänzungsmittel aufgelistet, die am ehesten bewirken, dass das Gehirn in optimalem Zustand für Klarheit und Brillanz ist. Ich bin kein Arzt und nicht qualifiziert, medizinischen Rat zu geben. Die Liste beruht schlicht darauf, was meine Interviewpartner hilfreich fanden. Man sollte seinen Arzt, Heilpraktiker oder Apotheker fragen, bevor man Ergänzungsmittel kauft. *(Anm. des Verlages: Es kann sein, dass einige der folgenden Mittel im deutschsprachigen Raum nicht verfügbar oder zugelassen sind.)*

John Gray ist für sein bahnbrechendes Buch über Beziehungen *Männer sind vom Mars. Frauen von der Venus* bekannt. Über 60 Millionen Exemplare wurden in verschiedenen Sprachen verkauft und zwei Jahrzehnte hat es oben auf den Bestsellerlisten gestanden. Nicht so viele Menschen wissen, dass John außerdem einer der kenntnisreichsten und beredsamsten Experten für die Wirkung von Nahrungsergänzungsmitteln auf das Gehirn ist. Er hat unter dem Namen *Mars Venus Wellness* seine eigenen Rezepturen entwickelt und sein 2015 erschienenes Buch *Staying Focused in A Hyper World* enthält eine Fülle von Informationen über die Ursachen des Aufmerksamkeitsdefizitsyndroms und natürliche Methoden, es zu heilen. Das Buch beschäftigt sich hauptsächlich mit der Krankheit ADHS, aber es ist ebenfalls relevant für Menschen, die mehr

Brillanz in ihr Leben bringen wollen, und es enthält viel mehr Informationen, als wir in diesem Kapitel unterbringen können.

Für die meisten der nachfolgenden Informationen bin ich John Gray zu Dank verpflichtet, ebenso Daniel Schmachtenberger, dem Gründer des *Neurohacker Collective* und dem Erfinder von Qualia, das wir auf S. 209/210 besprechen werden.

Die 10 Topnahrungsergänzungsmittel für mehr Brillanz

1. Mineralstoffe

John und Daniel sind sich einig, dass die wichtigste Nahrungsergänzung für das Gehirn bioverfügbare Mineralien sind. Aufgrund der Industrialisierung der Landwirtschaft in den letzten 70 Jahren und der Einführung chemischer Düngemittel und Pestizide ist der Boden weitgehend wesentlicher Spurenelemente, die in Früchten und Gemüse vorkommen, beraubt. Wenn du dich wie meine Frau und ich aus deinem eigenen Gemüsegarten versorgst und den Boden auf seinen Mineralgehalt testen lassen würdest, wäre die Notwendigkeit einer Mineralstoffergänzung vielleicht etwas geringer. Aber warum ein Risiko eingehen? Mineralstoffe sind an wichtigen Stoffwechselprozessen im Körper beteiligt. Das heißt, sie bewirken allein nichts, sondern sind „Helfermoleküle", die dafür sorgen, dass andere Nährstoffe aktiv werden und funktionieren. Zink und Magnesium sind dafür gute Beispiele. Sie sind beide Kofaktoren in der effizienten Produktion und Nutzung von Vitamin D. Unsere Gehirne funktionieren nicht richtig, wenn ein Mangel an diesem Vitamin herrscht, aber unser Körper kann das Vitamin nicht richtig nutzen, wenn es an diesen Mineralstoffen als Kofaktoren mangelt.

Im Allgemeinen können wir Mineralstoffe nicht im Rohzustand nutzen. Ein galvanischer Zinküberzug zum Beispiel kann als Beschichtung von Autobatterieknoten oder Maschendrahtzäunen dienen, aber du kannst ihn nicht abkratzen und essen. Magnesium ist eines der zehn häufigsten Elemente der Erdkruste und mengenmäßig der vierthäufigste Mineralstoff im menschlichen Körper. Es ist essenziell für unsere Zellen und über 300 Enzyme benötigen es als Kofaktor. Um diesen wichtigen Nährstoff aufnehmen zu können, muss er jedoch eine organische (oder anorganische) Verbindung mit einem sogenannten Komplexbildner eingehen. Deshalb kauft man Magnesium L-Threonate, Magnesiumcitrat und Magnesiumhydroxid, nicht einfach Magnesium.

Als du ein Baby warst, bekamst du diese wichtigen Mineralien mit der Muttermilch, die reich an Orotsäure ist. Immer mehr Forscher erkennen, dass es die effizienteste und natürlichste Form der Chelation sein könnte, Mineralstoffe an denselben Träger zu binden, den eine Mutter bei der Ernährung des Babys produziert. Der deutsche Physiker Dr. Hans Nieper war ein Pionier hinsichtlich der Entdeckung von Mineral-Orotaten und stellte fest, dass Magnesiumorotat, Lithiumorotat oder Potassiumorotat für uns wesentlich besser bioverfügbar sind als andere Bindungsformen. Zu Lebzeiten war er Opfer von Kampagnen diverser Arzneimittelfirmen, die versuchten, ihn zu diskreditieren, aber viele seiner Theorien, insbesondere über Orotate, wurden nach seinem Tod weiterentwickelt. Als John Gray seine Forschung las, war es schwierig, einen Mineralstoff zu finden, der an Orotsäure gebunden war. Deshalb tat er, was er zeitlebens immer tat: Er entwickelte sein eigenes. (marsvenus.com)

2. Probiotika

John Gray erinnert uns daran, dass alle natürlich vorkommenden chemischen Botenstoffe im Gehirn wie Serotonin im Darm produziert werden. „Bei Menschen, die sich nicht konzentrieren können", schreibt er, „die an ADHS, Autismus, Demenz, Depressionen oder Angstzuständen leiden, besteht häufig eine Störung sowohl der Gehirnfunktion als auch der Darmtätigkeit. Das können ein Reizdarm, Blähungen, Magenschmerzen oder Durchfall sein. Das alles sind Symptome einer gestörten Darmflora."

Andrew Newberg, Professor für Radiologie am Institut für Nuklearmedizin, Direktor des Instituts für Neuro-PET-Forschung und Dozent für Religionswissenschaften an der Universität von Pennsylvania, ist der

Ansicht, dass wir nicht nur im Schädel Gehirnzellen haben, sondern auch im Herzen und im Darm, wir haben eigentlich drei Gehirne. Der Darm ist mit derselben grauen Substanz ausgekleidet wie das Gehirn. Eine intakte Darmflora, „Mikrobiom" genannt, betrifft die Produktion von Nährstoffen, Molekülen, Enzymen und Vitaminen, die zu optimaler Gehirnfunktion führen. Sie wirken zusammen bei der Verarbeitung und Umwandlung unserer Nahrung, sodass wir sie verwerten können.

„Probiotika sind die Medizin der Zukunft", sagt John Gray. „Antibiotika töten einige der ursprünglichen Probiotika, die wichtig sind und von der Mutter auf das Kind übertragen wurden." Die Lösung ist einfach und besteht darin, täglich ein probiotisches Nahrungsergänzungsmittel zu nehmen, bis das gesunde Gleichgewicht des Mikrobioms wiederhergestellt ist. Die Sache hat jedoch einen Haken. Nicht alle probiotischen Stämme sind gleich. Viele Produkte, die du in deinem örtlichen Naturkostladen findest, enthalten mehrere Stämme gesunder Bakterien, aber sie sind nicht mehr aktiv.

Drei probiotische Produkte ragen aus der Masse heraus, weil sie aktive, funktionsfähige Lebendkulturen gesunder Bakterien enthalten:

- **HMF Forte** von Genestra enthält 10 Milliarden KbE pro Kapsel. Es muss in einer Kühltasche verschickt und im Kühlschrank aufbewahrt werden. Einige unabhängige Labore wiesen nach, dass es zu den probiotischen Nahrungsergänzungsmitteln mit der größten Menge lebender Bakterien zählt.

- **Enterogenic Concentrate** von Integrative Therapeutics ist eine Mischung präbiotischer und probiotischer, hochkonzentrierter humanstämmiger Mikroorganismen. Es wird von den meisten Menschen gut vertragen und liefert Darmbakterien und Wachstumsfaktoren, die nachweislich eine gesunde Kolonisation fördern. Es muss nicht kühl gelagert werden, die Aktivität der Mikroorganismen bei Raumtemperatur wird bis zum Verfallsdatum garantiert.

- **Bravo Joghurt** besteht aus zwei Beuteln, die man zusammen in Milch einrühren und dann morgens und abends zu sich nehmen muss. Es erfordert also Zubereitung und Kühlhaltung. Der Hersteller behauptet, dass es 42 verschiedene probiotische Stämme mit Kolostrum enthält und innerhalb von Wochen deine Darmflora erneuern wird. John Gray behauptet: „Es hat erstaunliche Effekte in Hinsicht auf eine bessere Hirnfunktion, mehr Energie und bessere Verdauung gehabt. Ich habe am Bauch viel Gewicht verloren." (marsvenus.com)

3. „Potential Vitamins"

Dieses Multivitamin ist kein gewöhnliches, sondern wurde von Dr. Jerry Schlesser entwickelt, um die schulischen Leistungen und das Verhalten von Schulkindern zu verbessern. Die Anthony Elementary School, eine erfolglose K-5-Schule in Leavenworth, Kansas, hatte große Probleme. Die Schule erreichte bei Vergleichstests nie die geforderten Leistungen, die Polizei wurde mindestens einmal pro Woche gerufen, um außer Kontrolle geratene Kinder zu disziplinieren. Die Gewaltstatistik war neunmal so hoch wie der staatliche Durchschnitt und die Abwesenheitsraten bei Lehrern und Schülern waren enorm. Die Schule stand kurz vor der Schließung.

Die Kinder bekamen ein Jahr lang jeden Tag zwei Tabletten *Potential Vitamins*. Sonst wurde nichts geändert. Nach einem Jahr schnitt die Schule im Leistungsvergleichstest deutlich besser ab, in Mathematik am besten im ganzen Bezirk und in Englisch am zweitbesten. Meldungen im Sekretariat aufgrund disziplinarischer Probleme gingen um 97 % zurück und es gab weniger Abwesenheit. Die Schule wurde von der „Confidence in Public Education Task Force" als „Topschule" ausgezeichnet und erhielt einen Exzellenzpreis vom Gouverneur des Staates. Es war Thema eines PBS-Spezials mit dem Titel „Wie man eine erfolglose Schule aus der Krise führt". *(PBS ist die Abkürzung für Public Broadcasting Service, eines nicht kommerziellen Senders in den USA, Anm. d. Übers.)* *Potential Vitamins* unterscheidet sich dadurch von anderen auf dem Markt befindlichen Vitaminpräparaten, dass es keine künstlichen Farb- und Geschmacksstoffe enthält, die nachweislich negative Auswirkungen auf

Verhalten und Gehirnchemie haben. Es enthält nützliche Antioxidanzien aus Superfrüchten und Beeren gemäß ORAC-Wert, wie Heidelbeeren, Blaubeeren, Cranberrys, Trauben, Holunderbeeren, Himbeeren, Hagebutten, Brombeeren, Granatäpfeln und roten Traubenschalen. Diese Früchte liefern wichtige Antioxidanzien aus natürlichen Nahrungsmittelquellen, die angeblich nützlich für Gehirn- und Nervenfunktion, Gedächtnis und neurokognitive Leistungen sind. Obwohl das Produkt ursprünglich für Schulkinder entwickelt wurde, nehmen John Gray und ich und viele unserer Freunde es jeden Tag. Vielleicht probierst du es auch einmal aus. (mykidspotenzial.com)

4. Vitamin D3

Vitamin D3 ist ein wichtiger Baustoff, jede Zelle deines Körpers hat eine Andockstelle. Es ist von entscheidender Bedeutung für die Gesundheit deines Gehirns und Nervensystems ebenso wie für das Herz-Kreislauf- und Immunsystem. Für ein gutes Gedächtnis und geistige Klarheit braucht man eine ausreichende Versorgung mit Calcium, für dessen Resorption Vitamin D3 notwendig ist. Auf natürliche Weise wird Vitamin D3 gebildet, wenn wir uns in der Sonne aufhalten, das heißt, dass möglichst der größte Teil des Körpers zwei Stunden am Tag der Sonne ausgesetzt ist. So lebten die meisten unserer Vorfahren. Heute kann das nicht jeder einrichten, besonders nicht während eines langen Winters. Selbst wenn wir genügend Sonne bekommen könnten, wissen wir heute um die Gefahr von Hautkrebs und benutzen Sonnenschutz, der verhindert, dass unser Körper D3 bildet. Die Lösung ist eine Nahrungsergänzung. John Gray bevorzugt Source Naturals und findet, dass 2000 bis 500 IE sicher sind.

5. Omega-3-Öl

Für ein gutes Gedächtnis müssen die Gehirnzellen schnell und leicht miteinander kommunizieren können. Im Laufe unseres Alterungsprozesses werden unsere Nervenzellen kleiner, unser Blut und die Gefäße, die

Nährstoffe zu den Zellen bringen, werden schlechter, häufig leiden wir an Entzündungen. Als Folge produziert das Gehirn weniger Neurotransmitter. Gedächtnis und kognitive Funktionen leiden. Es wurde nachgewiesen, dass Omega-3-Fettsäuren, besonders Docosahexaensäure (DHA), die elektrische Reizweiterleitung zwischen den Nervenzellen wirksam fördern, Entzündungen reduzieren, die Konzentration verbessern und Gedächtnisverlust entgegenwirken. In einer 2014 veröffentlichten neurologischen Studie wurde festgestellt, dass Frauen nach der Menopause, die höhere Spiegel der Omega-3-Fettsäuren EPA und DHA hatten, über ein größeres Gehirnvolumen verfügten, was gleichbedeutend ist mit der Erhaltung des Gehirns für zusätzliche zwei Jahre. Ein kleineres Gehirnvolumen ist mit der Alzheimererkrankung und Folgen des Alterns in Verbindung gebracht worden. Der Körper kann Omega-3-Fettsäuren nicht produzieren, sondern muss sie aus der Nahrung aufnehmen.

Eine der besten Quellen für Omega-3 ist Fisch, der Verzehr birgt jedoch das Risiko, Quecksilber und andere Schwermetalle sowie Mikroplastik zu sich zu nehmen. Hier stelle ich dir zwei Nahrungsergänzungsmittel vor zur Versorgung mit Omega-3-Fettsäuren:

* **Vectomega** ist eine relativ neue Form der Omega-3-Fettsäure von Wildlachs zur Unterstützung des Herzens und des Gehirns. Es enthält 50-mal mehr Triglycerid-Fischöl als andere Omega-Öl-Produkte, denn die Fettsäuren sind an Phospholipide statt Triglyceride gebunden und dadurch stabiler. Vectomega wird mit Enzymen und kaltem Wasser hergestellt, ohne Hitze, Druck oder Lösungsmittel. Das hat zur Folge, dass man keine Magenprobleme bekommt oder ständig aufstoßen muss, was bei Einnahme von Omega-3-Produkten manchmal vorkommt.

* **Liposomal DHA:** Empirical Lab stellt ein fantastisches Omega-3-Produkt her, liposomal formulierte DHA. Es muss kühl gelagert werden. Liposome bieten eine der effizientesten Möglichkeiten, Nährstoffe zu den Zellen zu transportieren.

6. Liposomal Vitamin C

Vitamin C ist das wichtigste Vitamin für die Gesundheit. Ohne Vitamin C ist unsere Gesundheit nicht nur beeinträchtigt – wir würden sterben. Wenn Tiere krank werden, produzieren sie 200-mal mehr Vitamin C im Körper als notwendig. Wir gehören zu den wenigen Arten, die kein Vitamin C bilden können, sondern es aus der Nahrung aufnehmen müssen. Glutathion (wir behandeln es gleich) wird in der Leber gebildet. Dabei wird Vitamin C wiederverwendet, recycelt. Der Gebrauch von Paracetamol und anderen Arzneistoffen, besonders in der Kindheit, verhindert jedoch, dass unser Körper genug Glutathion bildet.

Die Schwierigkeit, einen ausreichenden Vitamin-C-Spiegel aufrechtzuerhalten, besteht darin, dass es sehr schnell vom Körper ausgeschieden wird. Du kannst dafür sorgen, dass du dich über die Ernährung reichlich mit Vitamin C versorgst, indem du zum Beispiel Zitrusfrüchte, rote Paprika und Kohl isst. Das ist vielleicht ausreichend, wenn du in einem guten Gesundheitszustand bist. Wenn du jedoch krank wirst, brauchst du ungefähr 200-mal mehr Vitamin C als sonst. Eine Möglichkeit, zusätzlich Vitamin C zu dir zu nehmen, ist in Pulverform, zum Beispiel synthetisierte Ascorbinsäure oder komplexere Produkte wie EmergenC, die noch andere Vitamine und Mineralstoffe enthalten. Das Problem ist jedoch auch hier, dass das meiste ausgeschieden wird, sodass du viele große Dosen am Tag nehmen musst, wenn du krank bist, um nur ein Minimum davon zu resorbieren. Die für die meisten Menschen wenig praktikable Alternative wäre, Vitamin C über eine intravenöse Infusion verabreicht zu bekommen. Ärzte sagen, dass du auf diese Art 200-mal mehr Vitamin C resorbierst als durch Nahrungsergänzung in Pulverform, aber du müsstest in ein Krankenhaus, um die Behandlung vornehmen zu lassen.

Die Lösung des Problems ist liposomal formuliertes Vitamin C. Das heißt, das Vitamin wird unter großem Druck mit Phosphatidylserin überzogen, um seine Bioverfügbarkeit zu erhöhen. Empirical Labs stellt eine ganze Reihe liposomaler Produkte her. Sie sind etwas teurer als die üblichen Produkte, aber du merkst den Unterschied.

Als ich mit John Gray das Buch *Conscious Men* schrieb, waren wir von dem Projekt begeistert und haben zusammen viele Stunden hineingesteckt. Manchmal arbeiteten wir bis 2:00 Uhr morgens und standen um 7:00 Uhr wieder auf, um weiterzumachen. John verfügt offenbar über unbegrenzte Energie und obwohl er sechs Jahre älter ist als ich, hatte ich Mühe mitzuhalten – manchmal fühlte ich mich ziemlich erschöpft, wenn ich morgens aufwachte. Dann mixte er mir in der Küche einen Zaubertrunk zusammen. Dazu goss er Kokosmilch in seinen Mixer, fügte hochwirksame Probiotika sowie jeweils einen knappen Teelöffel voll aus sechs Flaschen zu, die er im Kühlschrank aufbewahrte. Ich hatte keine Ahnung, was es war. Nachdem er das Ganze 30 Sekunden gemixt und mir das Glas gegeben hatte, konnte ich nicht glauben, welche Wirkung es hatte. Es war, als würde man eine vertrocknete Pflanze gießen und beobachten, wie sie innerhalb von Sekunden wieder zum Leben erweckt wird. Ich konnte geradezu spüren, wie mein Gehirn klarer wurde, meine Sehkraft besser und meine Energie zunahm – in Echtzeit. Diese Mischung bestand aus liposomalem Vitamin C, Glutathion, B12, DHA, CoQ10 und Resveratrol von Empirical Lab.

7. MCT-Öl

MCT-Öl (Medium-Chain-Triglyceride) wird aus Kokosfett gewonnen, in dem die mittelkettige Caprylsäure vorkommt. Dieses Öl wird schnell zu Ketonkörpern verstoffwechselt, liefert dem Gehirn fast sofort Energie, ohne dass es Glukose aus Zucker und Kohlenhydraten bedarf. Es ist von geringer Dichte und wird leicht resorbiert. Das Fazit ist, dass das Öl viel Energie liefert und nicht als Körperfett eingelagert wird. Es wurde nachgewiesen, dass MCT-Öl die sportliche Leistung verbessert, indem es den Muskelaufbau beschleunigt und die Regeneration unterstützt. Es begünstigt auch den mitochondrialen Energiestoffwechsel und die kognitive Leistung, fast ohne die Leber zu belasten wie andere Fette. Außerdem hat es starke antimikrobielle Eigenschaften, ist hilfreich für eine gesunde Verdauung und ein intaktes Immunsystem. Meiner Erfahrung nach das beste Produkt auf dem Markt ist *Brain Octane*, es wird von denselben Leuten produziert, die Bulletproof Coffee herstellen. (bulletproof.com/Brain-Octane)

8. Glutathion

Glutathion ist einer der wichtigsten Stoffe im Körper, um gesund zu bleiben und Krankheiten vorzubeugen, er ist jedoch auch wichtig für die Produktion chemischer Botenstoffe im Gehirn. Glutathion wird ständig in der Leber, der Bauchspeicheldrüse, den Nieren und sogar in den Augenlinsen gebildet. Es ist reich an Schwefel und somit ein hochwirksames Antioxidans, das im ganzen Körper freie Radikale fängt und Schwermetalle reduziert. In einem jungen gesunden Körper besteht kein Bedarf für zusätzliche Glutathion-Einnahme, denn die Leber bildet es. Die Frage stellt sich erst, wenn die Leber geschwächt oder krank ist. Unser Körper stellt die ausreichende Produktion von Glutathion hauptsächlich aufgrund des Gebrauchs fiebersenkender Medikamente wie Paracetamol ein, denn diese bewirken zugleich, dass die Leber aufhört, Glutathion zu produzieren. Regelmäßiger Alkoholkonsum hat denselben Effekt. Wenn du vermutest, dass deine Leber gestresst ist und nicht genügend Glutathion produziert, ist die beste Ergänzung liposomales Glutathion von Empirical Labs.

9. Coenzym Q10

CoQ10 ist ein extrem wichtiges Coenzym, das dem Körper hilft, Sauerstoff bei der Erzeugung von Energie zu nutzen. Bei einem Mangel an CoQ10 fühlt man sich müde und erschöpft. Es ist das ultimative Anti-Aging-Mittel. „Die Menschen denken oft, dass sie alt werden, und haben deshalb weniger Energie", sagt John Gray, „dabei ist es andersherum. Wenn dein Körper weniger Energie produziert, führt das zu den Symptomen des Alterns." CoQ10 ist sowohl für das Gehirn als auch für die Muskulatur absolut wichtig. Es ist von wesentlicher Bedeutung für die

Funktion der Mitochondrien, die für den Energiestoffwechsel im Körper sorgen. Die Verbindung von CoQ10 mit Liposomen ist eine ausgezeichnete Möglichkeit, den empfindlichen Nährstoff in alle Teile des Körpers zu transportieren. Liposomal CoQ10 umgeht den Verdauungstrakt und gelangt direkt zu den Zellen. Um Muskelmasse wiederaufzubauen, kann man es zusammen mit Kollagen-Peptiden nehmen.

10. Traubenkernextrakt

In Frankreich, Italien und anderen südlichen Ländern haben die Menschen immer die Traubenkerne mitgegessen und sie werden auch in der Weinherstellung verarbeitet. Manche behaupten, dass das für den außerordentlichen intellektuellen und philosophischen Beitrag, den diese Länder geleistet haben, mitverantwortlich ist. Traubenkerne enthalten Proanthocyanidine, die sich zum Beispiel auch in Kiefernrinde finden und zur Gruppe der Flavanole gehören – hochwirksame Antioxidantien, die in der Lage sind, freie Radikale im Körper unschädlich zu machen, aber auch ausgezeichnet für Konzentration, Auffassungsvermögen, Energie und Gelassenheit sind. 300 mg pro Tag, kombiniert mit 600 mg Vitamin C, erhöhen die Wirksamkeit des Vitamin C ebenso wie die von Vitamin D und sind mit einem besseren Energiestoffwechsel im Gehirn in Verbindung gebracht worden

Der Zaubertrank

Nootropics müssen als eine Klasse für sich erörtert werden. Das Wort bezieht sich auf jede Art von Smart Drug oder Gehirndopingmittel, die direkt kognitive Funktionen, Gedächtnis, Kreativität und Motivation verbessern. Das Gebiet ist in den letzten Jahren zunehmend populär geworden, das Thema wird aber auch äußerst kontrovers diskutiert. Neurowissenschaftler, Psychiater und Ärzte haben sich in die Debatte eingeschaltet, ob solche Substanzen ethisch vertretbar sind, und Bedenken im Hinblick auf gegenteilige Effekte geäußert. Das Hauptproblem ist, dass fast alle Substanzen, die die kognitiven Fähigkeiten sofort verstärken, Stimulanzien sind, zum Beispiel Kaffee, Adderall und viele Energydrinks, die langfristig auch negative Auswirkungen auf die Gesundheit haben können.

Eine wie ich finde nahezu perfekte Lösung für diese schwierige Frage ist das von Daniel Schmachtenberger und seinem Team vom Neurohacker Collective entwickelte Qualia. Es ist in hübsche schwarze Flaschen mit goldener Schrift gefüllt. Allein beim Anblick hebt sich meine Laune. Step One nimmst du beim Aufstehen. Es wirkt sofort (innerhalb von 30 Sekunden bemerkbar) und enthält eine Mischung aus Wirkstoffen, die augenblicklich Klarheit und Produktivität anregen. Noch genialer wird es dadurch, dass es eine Mischung Step Two gibt, die du zum Frühstück oder Mittagessen nimmst. Step Two hat keinen sofort merklichen Effekt, es enthält Nährstoffe, die das Gehirn dabei unterstützen, Nervenverbindungen wieder aufzubauen und kognitive Fähigkeiten langfristig zu stärken. Fast jeder, den ich kenne, nimmt Qualia mit übereinstimmend positiven Effekten. Mehr Infos findest du auf der Website.

Nahrungsergänzungsmittel, die nach Bedarf genommen werden können

Alles, was wir bisher erwähnt haben, hat wahrscheinlich mehr oder weniger für jeden, der es nimmt, positive Effekte. Jetzt richten wir unsere Aufmerksamkeit auf Nahrungsergänzungsmittel, die nützlich sind, aber nur bei Bedarf. Wie gesagt, ich berichte von positiven Erfahrungen, die andere mit bestimmten Mitteln gemacht haben. Bevor du irgendeines davon nimmst, lass dich von deinem Arzt, Heilpraktiker oder Apotheker beraten.

Lithium Orotate

Dieses Mittel wurde von Dr. Neiper entwickelt. Berichten zufolge hilft der vernünftige Gebrauch, Stimmungsschwankungen auszugleichen. Es ist in John Grays Mineralstoffergänzung enthalten. Leidest du jedoch unter starken Stimmungsschwankungen, könntest du es zusätzlich nehmen, wenn dein behandelnder Arzt dem zustimmt. John sagt, ein oder zwei Tabletten pro Tag sind für diesen Zweck ausreichend.

Verdauungsenzyme

Wir wissen, dass die Neurotransmitter, die wichtig für Brillanz sind, überwiegend im Darm produziert werden. Wenn deine Verdauung nicht gut funktioniert, wenn du nach dem Essen Blähungen hast oder schon nach ein paar Bissen ein Völlegefühl, produziert dein Körper nicht genügend Enzyme. Es gibt drei Arten von Verdauungsenzymen: Amylasen bauen Stärken in Zuckermoleküle ab, Proteasen Proteine in Aminosäuren und Lipasen bauen Fette ab. Wir produzieren diese Enzyme im Mund, im Magen und im Dünndarm. Die Zellulose in den pflanzlichen Zellwänden, oft „Faser" genannt, können wir nicht abbauen. Die Pflanzenfasern werden unverdaut weiter in den Dickdarm geleitet und dienen dort gesunden Bakterien als Nahrung. Ist deine Verdauung schlecht, wird empfohlen, zwei Tabletten vor der Mahlzeit zu nehmen.

Maca

Die Maca-Knolle (Lepidium meyenii) gehört zu einer Klasse von Stoffen, die als Adaptogene bezeichnet werden und dem Körper helfen, mit Stress umzugehen. Maca wird häufig als Superfood bezeichnet und wächst in den Höhenlagen der peruanischen Anden. Es wird überwiegend wegen seiner positiven Wirkung auf das hormonelle Gleichgewicht empfohlen sowie auf den Energielevel des gesamten Organismus. Es hat einen höheren Calciumgehalt als Milch mit hoher Bioverfügbarkeit. Wir haben an anderer Stelle über sexuelle Energie gesprochen. Wenn du merkst, dass deine Libido gering ist, was möglicherweise einen negativen Einfluss auf deine Kreativität hat, könnte Maca das Richtige für dich sein.

Tibetan Magic

Es handelt sich um ein einzigartiges Tonikum aus tibetischen und chinesischen Heilkräutern, hergestellt von Dragon Herb, einer der angesehensten Firmen, die traditionelle Heilkräuter vertreiben. Es wird beschrieben, dass es den Sauerstoffgehalt im Blut erhöht, was sowohl körperliche als auch geistige Energie direkt beeinflusst. Es wirkt stimmungserhellend, beruhigt die Nerven und schärft die Sinne. Hauptbestandteil ist das tibetische Heilkraut Rhodiola sacra, das als heiligstes Kraut in Tibet verehrt wird. Es erhöht Konzentration und Gedächtnis sowie körperliche Ausdauer, soll die sexuelle Leistungsfähigkeit verbessern und den Genuss erhöhen. Tibetan Magic ist mit anderen Kräutern und Wildkirschsaft (ein starkes Antioxidans) vermischt und kann warm als Kurzer (4 cl) getrunken werden.

Colter Merrick, Gründer von Elixart und Lehrer in unserer Brilliance Practice Community, mischt den Tibetan Magic mit Pur Black, Shilajit, ätherischen Ölen von Zimt und Kardamom und kohlensäurehaltigem Wasser. Es gibt kaum einen besseren Muntermacher am Nachmittag.

Ameisenextrakt

Dieses Produkt könnte der ultimative Energiekick sein, wenn du damit umgehen kannst. Das Kleingedruckte offenbart – hol tief Luft, bevor du weiterliest –, dass es aus Changbai-Mountain-Ameisen hergestellt ist. Du hast richtig gehört: Die wirksamen Hauptbestandteile sind Ameisen, krabbelnde kleine schwarze Insekten. Der Extrakt der speziellen Ameisenart ist in Asien für seinen gesundheitlichen Nutzen bekannt und die Einnahme weitverbreitet. Er sorgt für einen schnellen Energiekick im Gehirn und im Körper und ist deshalb der perfekte Muntermacher am Nachmittag. Misch das Konzentrat mit Sprudelwasser. (dragonherbs.com)

Gabatrol

Wenn man schlecht schläft, weil man überarbeitet ist oder Angstgefühle hat, berichten viele Menschen, dass ihnen die Einnahme von Gabatrol hilft. Es ist eines der wenigen GABA-Produkte, die das Gehirn erreichen. Wenn du magst, dann schau dir auf der Website das kurze Video von Brian Cunningham an, der erklärt, wie man mit Gabatrol die besten Resultate erzielt.

Jod

Jod ist ein wichtiger Mineralstoff, von dem viele von uns heutzutage nicht genug bekommen. Es wird im Körper abgebaut, wenn wir zu viel Chlor, Fluorid und Brom aufgenommen haben. Dein Arzt kann einen Bluttest machen, um einen Jodmangel zu ermitteln, aber es gibt auch einen Test, den du zu Hause durchführen kannst, indem du eine Jodlösung kaufst und sie in einem Bereich von 7,5 x 7,5 cm auf deine Haut aufmalst. Befürworter des Tests behaupten, dass du an Jodmangel leidest, wenn die gelbe Farbe der Jodlösung innerhalb von ein paar Stunden verschwindet. Wenn es 24 Stunden gelb bleibt, verfügst du über genügend Jod.

Auch hier gilt: Viel Freude beim Ausprobieren! Und bitte vertraue dabei der Weisheit deines Körpers mehr als aller Theorie!

KAPITEL 15
Verbotene Substanzen

1943 nahm ein Schweizer Chemiker, nennen wir ihn Al, der für die pharmazeutische Firma Sandoz arbeitete, in seinem Labor ein Glas vom Regal, das dort schon einige Jahre gestanden hatte, übrig geblieben von Forschungen über Mutterkorn als Kreislaufstimulans, deren Ergebnisse jedoch unbefriedigend waren.

Es war extrem ungewöhnlich, dass ein Chemiker sich einen Stoff zu Forschungszwecken noch einmal vornahm, den man schon fallen gelassen hatte. Aber es war 1943, die Welt war im Krieg und die Schweiz nicht daran beteiligt, sodass jeder viel Zeit zur Verfügung hatte. Al beschloss, die Synthese des Präparats zu wiederholen. Später an dem Tag fühlte er sich benommen und musste sich hinsetzen. Sein Bewusstsein war eindeutig verändert. Er vermutete, dass eine winzige Menge der Substanz auf seinem Finger gelandet sein musste, und führte seinen veränderten Bewusstseinszustand darauf zurück. Also unternahm Al einen Selbstversuch. Er beschloss, ein bisschen mehr von der Substanz zu nehmen und zu beobachten, was geschieht. Man muss bedenken, dass Arzneimittel gewöhnlich in Milligramm eingenommen werden. Wenn man zum Beispiel Vitamin C als Ascorbinsäure nimmt, wählt man wahrscheinlich eine Dosis von 500 bis 1000 mg. Al wollte äußerst vorsichtig sein und nahm weniger als 1 mg, nämlich 250 Mikrogramm, ein Viertel von einem Milligramm oder 0,00025 g. Jede andere in der Pharmakologie bekannte Substanz wäre in der Dosis wahrscheinlich wirkungslos.

Tatsächlich war die Wirkung jedoch äußerst stark und dauerte drei Tage an. (Nachträglich stellte sich heraus, dass es sich bei der von ihm gewählten Dosis um das Drei- bis Fünffache der aus heutiger Sicht wirksamen

Dosis handelte.) Laut Protokoll hatte er anfangs Schwindel, Angstgefühl, Sehstörungen, Lähmungen, Lachreiz. Später begann er es zu genießen, war erstaunt, schockiert, fasziniert. Er senkte die Dosis und testete es an seiner Laborantin und anderen Kollegen im pharmazeutischen Institut. Alle machten die Erfahrung einer dramatischen Bewusstseinsveränderung, kamen zu tiefer Einsicht und Selbstreflexion, als ob ihnen die Augen geöffnet worden wären und sie die Welt zum ersten Mal in ihrer Schönheit sahen.

Die neu entdeckte Substanz wurde an Tieren getestet und dann an Menschen unter klinischen Bedingungen. Es wurde festgestellt, dass es nützliche psychiatrische Anwendungsmöglichkeiten gab. Also wurde die Substanz patentiert und unter dem Namen Delysid verkauft. In den folgenden 20 Jahren gab es eine immens hohe Anzahl an Studien in über 30 Ländern zu Delysid. Es wurde in psychiatrischen Kliniken angewendet, wo Patienten mit geringem Selbstwertgefühl unter kontrollierten Bedingungen vorübergehend Linderung erfuhren, ihr Leben in neuem Licht sahen und sich ihnen neue Möglichkeiten eröffneten. Es wurde in Gefängnissen angewendet, wo eine Dosis die durchschnittliche Rückfallquote von über 80 % auf unter 20 % senkte. Es gab auch militärische Tests. Zusätzlich zur Anwendung bei der Behandlung psychischer Krankheiten wurde Delysid von Künstlern, Musikern, Schriftstellern und Wissenschaftlern benutzt, die feststellten, dass es die Kreativität erheblich steigerte. In den frühen 1960ern wurde eine Gruppe von Harvard-Professoren auf die Substanz aufmerksam. Sie hatten schon andere ähnliche Substanzen organischen Ursprungs erprobt. Ein ganzes Institut war eingerichtet worden, um die Wirkung solcher Substanzen zu erforschen, sogenannter Entheogene, nicht nur zur Behandlung psychischer Krankheiten, sondern als Mittel, um einen erweiterten Zustand des Bewusstseins zu erlangen.

1963 kam es zu einem plötzlichen Ende. Delysid wurde in den Vereinigten Staaten verboten, für psychiatrischen wie experimentellen Gebrauch, und der Rest der Welt folgte dem Beispiel.

Der Schweizer Wissenschaftler in dieser Geschichte war bekanntlich Albert Hofman und sein Sorgenkind die Droge Lysergsäurediethylamid, kurz LSD-25.

Bevor wir weitermachen, möchte ich etwas vorausschicken – einen wichtigen „Haftungsausschluss": Ich rate keinesfalls dazu, irgendetwas Illegales zu tun. Ich befürworte den Gebrauch bestimmter illegaler Substanzen nicht und verwende keinesfalls illegale Substanzen in meinen Seminaren. Mit den Informationen, die ich hier liefere, kann jeder eigenverantwortlich machen, was er oder sie will.

Ich habe lange überlegt, ob ich dieses Kapitel publizieren soll. Es kann sein, dass ich dadurch Leserinnen und Leser verliere. Es gibt aber einen einfachen Grund, warum ich mich entschlossen habe, das Thema hier zu behandeln: Empirie. Zu den Ergebnissen, was Brillanz fördert und beschleunigt, bin ich gekommen, indem ich in den letzten 20 Jahren mit über 420 Menschen gesprochen habe. Keinesfalls alle, aber eine bedeutsame Anzahl davon hat eine oder mehrere der Substanzen probiert, die wir in diesem Kapitel erwähnen werden. Und viele der Befragten beschreiben ihre Erfahrungen damit als zentral für die Verwirklichung von Brillanz. Es wird mich zwar Leserinnen und Leser kosten, wenn ich über illegale Drogen spreche, und das Ganze wird kontrovers diskutiert werden aber es wäre eine schwerwiegende Unterlassung, es nicht zu tun, wenn wir wirklich unvoreingenommen verstehen wollen, was sich tatsächlich auf Brillanz auswirkt. Das „Gruppendenken" über Drogen und Menschen, die drogenabhängig sind, von dem wir alle beeinflusst sind, ist so verbreitet, dass es schwierig ist, jemanden zu finden, der bereit ist, die Fakten zu überprüfen. Eine solche Überprüfung hat jedoch in den letzten Jahren stattgefunden und ist jetzt im Gang.

Im Sommer 2016 leitete ich einen einwöchigen Radical Brillance Retreat auf Korfu in Griechenland. Eine der Teilnehmerinnen war eine Professorin für Pharmakologie an einer Universität in den Niederlanden. Ihre Aufgabe bestand darin, die Zusammenarbeit zwischen der Pharmaindustrie und den lokalen Gesundheitsbehörden zu koordinieren, zu entscheiden, welche Arzneimittel nützlich und welche Geschäftemacherei sind. Sie weiß, wie man Stoffe objektiv beurteilt. Im Raum waren noch zwei Psychiater, ein Rechtsanwalt und ein Arzt. Auch der Rest der Anwesenden war gebildet und interessiert. Diese Gruppe wollte über Entheogene sprechen. Wir fragten uns: *Wenn die Regierung einen guten Grund hätte, einen Stoff zu verbieten, was wären die Faktoren, die die Entscheidung rechtfertigen würden?*

Alle diskutierten eifrig und nach ungefähr einer Stunde wurden folgende Kriterien genannt:

- Macht der Stoff süchtig?
- Ist er gefährlich für die eigene Gesundheit?
- Könnte er zu aggressivem oder gefährlichem antisozialen Verhalten führen?
- Könnte er gefährlich für die Gesundheit anderer sein?
- Ist er gefährlich für Kinder und Teenager?
- Führt er zu Kriminalität oder sozialen Problemen?
- Ist er umweltschädlich?

Dann sahen wir uns noch einmal zusammen eine Reihe von Substanzen an, die irgendwie das Bewusstsein verändern könnten, gleichgültig, ob sie gerade legal oder illegal waren. Die Ergebnisse waren sehr interessant.

Heroin bekommt bei einer solchen Beurteilung immer schlechte Noten: Es macht süchtig, es kann dich leicht umbringen, es fördert Kriminalität. Eine genauso schlechte Beurteilung erhielten Kokain und Methamphetamin, aber auch Alkohol, Tabak und viele verordnete Opiate schnitten schlecht ab. Eine ähnliche Überprüfung der Drogengesetze ist in den letzten Jahren in weiten Kreisen diskutiert worden.

Diese Debatte muss jedenfalls geführt werden. In den 1960ern zum Beispiel war Homosexualität noch illegal. Heute klingt es verrückt, aber man konnte ins Gefängnis kommen, weil man schwul war. Heute dürfen Schwule heiraten. Vor 160 Jahren haben Weiße in Amerika Schwarze als Sklaven gekauft und verkauft. Heute ist die Sklaverei vom Erdboden verschwunden. Marihuana wurde erstmals 1913 verboten, jetzt ist es in vielen Ländern für medizinische Zwecke und als Freizeitdroge erlaubt. Vielleicht werden andere Substanzen im Hinblick auf einen möglichen Nutzen ebenfalls neu bewertet, insbesondere für das Streben nach Brillanz. Man wird sehen.

Erinnern wir uns daran, dass dies ein Buch über Brillanz ist, nicht über Drogenpolitik. Wir sprechen über solche Substanzen nur insoweit, als sie einigen Menschen helfen könnten, brillant zu sein. Es gibt viele Gründe, warum bewusstseinsverändernde Drogen genommen werden. Hier nur einige davon:

- Medizinische Gründe: Lindert der Stoff möglicherweise eine Krankheit? Zum Beispiel hat sich kürzlich gezeigt, dass Cannabis ein breites medizinisches Wirkungsspektrum hat, eingeschlossen eine antikarzinogene Wirkung. Speziell in der Psychiatrie lindert der Stoff nachweislich Symptome geistiger Krankheiten.

- Spirituelle Gründe: Einige Substanzen wurden seit Jahrtausenden in rituellen Zeremonien eingesetzt, um Menschen mit einer höheren Kraft in Verbindung zu bringen oder das Gefühl der Einheit mit dem Universum zu vermitteln. Peyote zum Beispiel wurde von den Inkas auf diese Weise verwendet und Ayahuasca von den Amazonas-Schamanen.

- Als Freizeitdrogen: Das umfasst eine große Bandbreite möglicher Motive und hauptsächlich in diesem Bereich sehen Regierungen sich genötigt einzuschreiten. In diesem Fall nehmen Menschen die Stoffe nur, um Spaß zu haben, sich zu entspannen oder der Langeweile des Alltags in einer mechanischen, lieblosen Welt zu entfliehen.

- Für mehr Brillanz: Das interessiert uns hier. Hat sich diese Substanz als wirkungsvoll erwiesen, die Funktionsweise des Gehirns zu verändern

– sei es für kurze Zeit oder für einen längeren Zeitraum –, sodass man seine besonderen Gaben erkennt und verwirklicht und dadurch vielleicht die Entwicklung der Menschheit voranbringt?

Welche Substanzen verstärken Brillanz?

Wir ignorieren alle anderen Gründe für die Einnahme bewusstseinserweiternder Substanzen und konzentrieren uns ausschließlich auf die Förderung von Brillanz. Wenn wir sie im Hinblick darauf noch einmal überprüfen, kommen nur wenige Substanzen infrage. Unter diesem Gesichtspunkt und auf der Grundlage der Gespräche, die ich geführt habe, können wir bewusstseinsverändernde Substanzen in drei Gruppen einteilen.

1. Kein Nutzen für Brillanz und zudem häufig gefährlich

Dazu gehören süchtig machende Barbiturate, süchtig machende Opiate wie Heroin und Opium, Kokain und Methamphetamin. Diese Substanzen haben extrem hohes Suchtpotenzial, sind außerordentlich gefährlich für die Gesundheit und es gibt keinen glaubwürdigen Beweis, dass sie auf irgendeine Art Brillanz fördern.

2. Bewusstseinsverändernd, aber nicht unbedingt in Richtung Brillanz

Dazu gehören Substanzen, die den Bewusstseinszustand verändern, aber mir wurde wenig oder gar nichts darüber berichtet, dass sie kreative oder kognitive Fähigkeiten erhöhen. Marihuana zum Beispiel entspannt dich, baut Ängste ab, verursacht Kicheranfälle oder macht Heißhunger, aber es wird nicht mit Brillanz in Verbindung gebracht. Ayahuasca ist in den letzten Jahren überall auf der Welt ziemlich populär geworden und es sorgt sicherlich für tiefes Eintauchen ins Unbewusste, oft in seinen dunkleren Aspekten. Aber es gibt keine übereinstimmenden Aussagen, dass es zu Brillanz führt. Iboga und Ibogain vermitteln ebenfalls einen tiefen Einblick in die Schatten der eigenen Seele und sind daher nützlich für ein gründliches Eintauchen um 9:00 Uhr, aber es gibt keine Berichte, dass sie unmittelbar Brillanz fördern.

3. Substanzen, die vielen übereinstimmenden Berichten zufolge Brillanz verstärken

Es gibt vier Substanzen, von denen berichtet wird, dass sie wesentlich dazu beitragen können, große Kunstwerke zu schaffen, die Wissenschaft voranzubringen oder die eigenen Gaben zu verstärken.

- LSD. Wir haben schon darüber gesprochen. Steve Jobs hat oft berichtet, dass seine LSD-Trips ungeheuer bedeutsam für seine Arbeit waren. Er soll einmal gesagt haben: „No Acid, no Apple." Die Beatles haben dank LSD möglicherweise ihre besten Lieder geschrieben.
- MDMA. Nicht zu verwechseln mit der Straßendroge Ecstasy, die auch MDMA enthält, aber für gewöhnlich mit anderen Stoffen wie Amphetaminen gestreckt ist. Reines MDMA wurde in klinischen Studien an Irakveteranen getestet, die unter posttraumatischen Belastungsstörungen litten. Drei therapeutische Sitzungen, in denen MDMA verwendet wurde, reduzierten den Stresslevel auf ein normales Niveau. Keine andere Behandlung war nur annähernd so wirkungsvoll. Einige Menschen haben mir berichtet, dass MDMA eine starke Wirkung im Hinblick auf Brillanz habe, denn es vermittelt ihnen die Erfahrung, dass sich ihr Herz öffnet und sie ein viel größeres Maß an Liebe und Mitgefühl empfinden, was auch ihre Arbeit durchdringt.
- Psilocybinhaltige Pilze. Es handelt sich um die einzige organische Substanz auf der Liste. Wer Psilocybin in Zusammenhang mit Kreativität verwendet, berichtet von einem starken Gefühl der Verbindung mit der Natur und der Fähigkeit, sich mit dem Geist der Bäume, Pflanzen und der ganzen Erde als lebendes Wesen verbunden zu fühlen und von ihm erfüllt zu sein.

Wichtige Vorbehalte

Ein Hammer kann benutzt werden, um ein Haus zu bauen, aber auch um etwas Schönes zu zerschlagen. Ein Messer kann von einem Chirurgen benutzt werden, um ein Leben zu retten, aber es kann auch als Waffe dienen. Keine der genannten Substanzen ist für jeden hilfreich, und jede kann auch schädlich sein.

In seinem Buch *LSD, mein Sorgenkind. Die Entdeckung einer „Wunderdroge"* beklagt Albert Hofmann den Missbrauch der Droge, von der er sich viel versprochen hatte, bevor sie in den 60ern zur Partydroge verkam. Es gibt einige wichtige Faktoren, die Berichten zufolge beim Gebrauch der Substanz von Bedeutung sind, wenn sie Brillanz verstärken und nicht einfach ein wilder und manchmal holpriger Trip sein soll.

- Dosis: Zu den wilden LSD-Trips, über die berichtet wird, bei denen Leute denken, sie könnten fliegen, oder Halluzinationen haben, kommt es bei Dosierungen von 250 Mikrogramm und sogar bis 400 Mikrogramm. „Microdosing" heißt, eine sehr kleine Dosierung von ungefähr 10 Mikrogramm zu nehmen, was keine Auswirkung auf die Wahrnehmung haben soll, keine Halluzinationen hervorruft, sondern dabei helfen kann, einfach die beste Ausgabe von dir selbst zu sein, gute Ideen zu haben und fähig zu sein, sie mühelos umzusetzen.

- Umgebung: Menschen, die eine dieser Substanzen benutzen, um Brillanz zu verstärken, nehmen sie nicht auf einer Party oder einem Rockkonzert, sondern in kontrollierter Umgebung, häufig in Stille, damit sie sich auf ihre Gabe konzentrieren können.

- Supervision: Manche dieser Substanzen, insbesondere MDMA, bringen viel bessere Ergebnisse, wenn ein Supervisor dabei ist, der die richtigen Fragen stellt, um deine Aufmerksamkeit auf das Wesentliche zu konzentrieren, so erschließen sie potenzielle Gaben.

- Persönliche Geschichte: Hofmann betonte, dass LSD sich zum Beispiel nicht zur Behandlung von Depressionen eigne, denn es verstärke, was bereits in einem Menschen ist. Wenn man unterschwellig an Depressionen, Angst oder Selbstverachtung leidet, kommen diese Gefühle unter dem Einfluss der Droge an die Oberfläche. Wenn du einen Haufen großartiger Ideen hast, die gerade aufkeimen und darauf warten, aufgegriffen zu werden, treten sie ebenfalls stärker hervor. Hofmann schreibt, dass viele der Unfälle und Psychosen, zu denen

es unter dem Einfluss von LSD kam, darauf zurückzuführen sind, dass es ohne Supervision genommen wurde und die Betroffenen eine ungünstige persönliche Geschichte hatten.
- Ziel und Absicht: Wie diese Art Entheogene wirkt, hängt in vielen Fällen davon ab, worauf man die Aufmerksamkeit richtet. Wenn man die Absicht hat, high zu werden, bringen sie dich dahin. Hat man die Absicht, großartige Ideen voranzubringen und zur Entwicklung der Menschheit beizutragen, dann ist der vernünftige, verantwortungsvolle und sachgerechte Gebrauch der Entheogene vielleicht der fehlende Schlüssel.

Wer weiß, vielleicht überdenken wir in einem künftigen, weiterentwickelten Zustand der Menschheit das Verbot dieser Substanzen und überlegen, ob sie einen Platz in der Förderung von Brillanz haben, sofern sie verantwortungsvoll benutzt werden.

An dieser Stelle möchte ich noch einmal an den Haftungsausschluss von Seite 216 und Seite 4 erinnern.

Kapitel 16
Brillanz jenseits von Glaubenssätzen

Die 9:00-Uhr-Phase im Kreislauf gehört dem gesunden Selbstzweifel, der Erkenntnis, wie begrenzt unsere Individualität im Verhältnis zu der ungeheuren geheimnisvollen Kraft ist, die uns Leben schenkt. Insofern ist es wertvoll, dich einmal pro Tag oder pro Woche in deiner Begrenztheit zu akzeptieren, aus deinen Fehlern zu lernen und dir vorzunehmen, es nächstes Mal besser zu machen.

Das gilt jedoch nicht vorbehaltlos, denn es gibt etwas, das leicht mit dem Gesunden von 9:00 Uhr verwechselt wird: antrainierte einschränkende Überzeugungen, die ähnlich einem Fehlerprogramm in der Software funktionieren. Du wirst schon gemerkt haben, dass diese Programmfehler hauptsächlich zwischen 12:00 Uhr und 3:00 Uhr auftreten. Fast jeder hat genial brillante Ideen, aber wenn diese nach konkreter Form drängen, stoßen sie auf gewohnte unbewusste, tief verwurzelte Denkmuster und sterben, bevor sie ans Tageslicht kommen. Diese Denkmuster werden „Konditionierung", „Programmierung" oder „negative Glaubenssätze" genannt.

Wahrscheinlich ist dir das nur allzu vertraut. Hier sind einige verbreitete Beispiele tief sitzender, unbewusster Überzeugungen, die die Entfaltung originaler Brillanz stören:

Ich bin nicht gut genug.

Ich bin noch nicht so weit.

Keiner wird mir zuhören.

Ich werde bestraft werden.

Ich bin nicht okay, wie ich bin.

Ich bin nicht schön.
Keiner mag mich.
Mit mir stimmt etwas nicht.
Die Zeit reicht nicht.
Es ist zu spät.

Wir könnten die Liste endlos fortführen und den Rest des Buches damit füllen. Und wahrscheinlich würde ich jede der Aussagen aus eigener Erfahrung kennen und du würdest sie aus eigener Erfahrung kennen. Wir denken alle, dass diese tief sitzenden Überzeugungen persönliche und unsere speziellen Probleme sind, aber tatsächlich sind sie universell, jeder macht irgendwann eine solche Erfahrung. Uns unterscheidet nicht, ob uns diese negativen Überzeugungen vertraut sind oder nicht, sondern wie wir damit umgehen.

Wenn wir erkennen, dass wir Gegenstand des eingeschränkten, einengenden Selbstgesprächs sind und dass es zutiefst den Fluss von Brillanz stört, gibt es zwei grundverschiedene Arten, diese Programmfehler in der Software anzugehen und zu überwinden, was zugleich den entscheidenden Unterschied im Hinblick auf die Verwirklichung von Freiheit ausmacht.

Die erste Möglichkeit besteht darin, die „negativen Überzeugungen" in „positive Überzeugungen" zu verwandeln. Das ist die riesige Industrie positiven Denkens: Affirmationen, kreative Visualisierung, Manifestieren, Gesetz der Anziehung. Wenn du diese Methode anwendest, nimmst du vielleicht einen Satz wie „Ich bin nicht gut genug" zur Kenntnis und findest dann Möglichkeiten, permanent das genaue Gegenteil zu wiederholen: „Ich bin gut genug." Du kannst es in dein Tagebuch schreiben, auf den Badezimmerspiegel, es singen, es zu deinen Freunden sagen, sie bitten, es wieder zu dir zu sagen, es auf deine Kleidung drucken lassen. Du könntest eine Lebensart aus Selbstbestätigung machen: „Seht mich an, ich bin eindeutig, unübersehbar und herrlich gut genug!"

Die zweite Möglichkeit ist – statt eine Überzeugung gegen eine andere einzutauschen –, die grundsätzlich eingeschränkte Natur aller Überzeugungen zu erkennen, ob sie nun als positiv oder negativ bezeichnet werden, sich zu entspannen und präsent, unvoreingenommen und achtsam zu sein. Es bedeutet zu lernen, Überzeugungen aufzulösen, ohne sie durch neue zu ersetzen.

Der russische Philosoph George Gurdjieff gilt weithin als einer der größten Geister des 20. Jahrhunderts. Er sagte einmal in etwa: „Menschen leben in einer Gefängniszelle, die sie selbst geschaffen haben. Aber den meisten gelingt es, die Möbel in der Zelle umzuräumen und es dann Freiheit zu nennen." Wenn wir „ich bin nicht gut genug" in „ich bin gut genug" umformulieren oder wenn wir „keiner mag mich" mit der Behauptung „jeder mag mich" übertünchen, bleiben wir in den engen Grenzen des Geistes, nur dass die einschränkenden Überzeugungen mit goldener Farbe besprüht sind. Das erregt vielleicht den Anschein, sehr selbstbewusst zu sein, und bringt möglicherweise materiellen Gewinn ein, aber es fördert nicht Brillanz. Da wir einen Gedanken durch einen anderen ersetzen, ist kein Platz für originale kreative Impulse, die aus dem Mysterium entstehen. Wir wiederholen krampfhaft Gedanken und bleiben so an der Oberfläche des Geistes.

Diesen Unterschied zu verstehen, ist der erste Schritt, um sich von einschränkenden Denkmustern zu befreien. Wenn das klar ist, gibt es viele einfache Werkzeuge, die wunderbar funktionieren, um uns von diesen einengenden Überzeugungen zu befreien und zu einem Leben der Brillanz zurückzuführen.

Kraftvolle Fragen stellen

Der erste Schritt – und manchmal ist kein weiterer mehr notwendig – ist, klar zu erkennen, dass ein einschränkender Gedanke nur ein Gedanke ist, ohne Macht, etwas zu tun, und viel willkürlicher, als uns bewusst ist. Es folgt eine Reihe von Fragen, die unterstützend sein können, sich aus dem Griff einschränkenden Denkens zu befreien.

- Was ist das? Erkenne den einschränkenden Gedanken oder Glaubenssatz. Sätze wie „ich bin nicht gut genug" oder „es ist alles so schwer" schleichen sich in unsere Sprache und unser Denken ein und wir sind uns häufig nicht einmal bewusst, dass es nur ein Gedanke ist. Der erste Schritt ist zu fragen „Was war das?" und fähig zu sein zu erkennen, dass es ein Gedanke war.

- Würde ich es mir bei (m)einem Kind wünschen? Wenn du eigene Kinder oder Neffen und Nichten hast, frage dich: „Würde ich mir wünschen, dass mein Kind so denkt?"
- Würdest du es auf einer Speisekarte wählen? Wenn du in ein Restaurant gingest, wo es viele verschiedene Denkmuster gibt, aus denen du auswählen könntest, würdest du bewusst und absichtlich diese Denkweise wählen?
- Hast du dich vertraglich verpflichtet, sie beizubehalten? Gibt es ein Gesetz in der Stadt oder dem Land, in dem du lebst, das dir vorschreibt, an dieser Überzeugung festzuhalten? Hast du einen Vertrag unterschrieben, dass du so denken musst?
- Könntest du es loslassen? Wer wärest du, wie würde dein Leben aussehen, wenn du dich einfach entscheiden würdest, deine Treue zu dieser Art zu denken aufzugeben?

Diese Fragen allein schaffen oft schon genügend Distanz zum „schadhaften" Denken, sodass genügend Freiheit da ist, dass Brillanz wieder frei fließen kann. Zur Erinnerung: Wir benutzen diese Fragen, um Überzeugungen aufzulösen und aufzugeben, nicht um sie durch glänzende, positive neue zu ersetzen. Brillanz fließt nur ohne dogmatisches Denken, nicht, indem es umgepolt wird.

Ist das wahr?

Das ist ein Spiel, das du allein oder mit einem Freund spielen kannst. Häufig sind wir in unseren Überzeugungen gefangen und merken nicht einmal, wenn sie wirksam sind. Du kannst den Wecker auf deinem Handy so einstellen, dass er in unregelmäßigen Abständen losgeht (nach zwei Stunden, nach einer halben Stunde, dann nach einer Stunde usw.), um dich daran zu erinnern, diese Frage zu stellen: „Ist das wahr?" Du kannst auch deine Partnerin oder deinen Partner, deine Kinder, deine Freunde und deinen Goldfisch bitten, dir regelmäßig diese Frage zu stellen. Es ist ganz einfach: Immer, wenn du merkst, dass du denkst oder sagst „ich bin nicht gut genug ... die Zeit reicht nicht ... ich werde versagen ...", stell dir die Frage oder bitte jemand anders zu fragen: „Ist das wahr?"

Damit die Frage hilfreich ist, müssen wir uns an den Unterschied zwischen einer Tatsache und einer Meinung erinnern. Etwas ist faktisch, wenn jeder geistig gesunde Mensch auf der Erde zustimmen würde, dass es wahr ist. Wenn Menschen über Dinge uneinig sind, befinden wir uns im Reich der Meinungen. Ein gutes Beispiel für eine Tatsache ist: „Paris ist die Hauptstadt von Frankreich." Jeder, der die Bedeutung der Wörter kennt, würde keine Einwände dagegen haben, dass die Aussage einer Tatsache entspricht. Weitere Beispiele für Tatsachen sind „Dienstag ist der Tag nach Montag oder der Yen ist die nationale Währung Japans". Auf der anderen Seite ist der Satz „Franzosen sind arrogant" keine Tatsache, sondern eine Meinung, aus dem einfachen Grund, dass nicht jeder zustimmen würde. Besonders Franzosen hätten ein Problem mit der Behauptung.

Tatsachen sind wahr oder unwahr, Meinungen (oder Überzeugungen) sind weder wahr noch unwahr, sondern nützlich oder nicht. Zu erkennen, dass ein einschränkender Gedanke keine Tatsache und somit nicht wahr ist, sondern eine Meinung darstellt, ermöglicht es dir zu überprüfen, ob er nützlich und es wert ist, daran festzuhalten. Wenn du deinen Geist frei machen willst, um mehr Raum für Brillanz zu haben, gewöhne dir an, die Überzeugungen und willkürlichen Meinungen, die deinen Tag füllen, aufzuschreiben. Führe eine Liste. Um mit Byron Katie zu sprechen: Je mehr du zu Papier bringst, desto mehr Freiheit erlebst du.

Kannst du es loslassen?

Einschränkende Denkmuster erscheinen nicht nur als Gedanken im Geist, sondern wir erfahren sie auch als Gefühle im Körper. Zum Beispiel „die Zeit reicht nicht", der typische Gedanke, der Brillanz stört, ist nicht nur in unserem Denken, sondern wir fühlen eine Anspannung, ein Zusammenziehen, häufig in der Brust. Sobald sich deine Aufmerksamkeit vom Gedanken auf das Gefühl des Zusammenziehens in deinem Körper verlagert, kannst du dir die einfache Frage stellen: „Kann ich es loslassen?" Du kannst es auch so ausdrücken: „Will ich daran festhalten, recht zu haben, oder will ich in diesem Moment lieber frei sein?"

Radikales Loslassen

Einige Denkmuster, die unser Leben bestimmen, sind schädlich, ihre Wurzeln scheinen so tief zu reichen, dass es schwer ist, sich von ihnen zu befreien. Da kann es nützlich sein, eine tiefergehende Methode zu benutzen. Eine davon ist „Radical Releasing": eine einfache Möglichkeit, uns das häufige Vorkommen einer Überzeugung bewusst zu machen, diese Häufigkeit bewusst zu steigern und dann in grenzenloses Bewusstsein einzutreten. Mehr Infos dazu findest du auf meiner Website.

Genügend Distanz zu deinem Geist zu bekommen, damit er dich nicht länger knechtet, ist eine wichtige Komponente, um Brillanz zu leben. Nur wenn du die zunehmende Macht der Überzeugungen spürst, ist es möglich zu erfahren, wie es ist, von einem von Überzeugungen beherrschten Geist zu einem freien Geist zu gelangen, in dem Brillanz gedeihen kann.

Kapitel 17
Sitzen

Wie du dir mittlerweile wahrscheinlich denken kannst, ist ein wesentlicher Bestandteil für die Entwicklung radikaler Brillanz, dass du jeden Tag eine gewisse Zeit sitzt und nichts tust. Ich nenne es deshalb gerne „Sitzen", weil es nicht sofort unangenehme Minderwertigkeitsgefühle hervorruft. Jeder, der stehen kann, kann auch sitzen. Dein Hund kann sitzen. Aber obwohl „sitzen" ein so harmloses, anspruchsloses Wort ist, deuten Menschen es häufig in „Meditation" oder „spirituelle Praxis" um – und damit fängt der Ärger an.

Meine Anleitungen zum Sitzen sind außerordentlich einfach.

- Schritt 1: Setz dich auf einen Stuhl oder mit gekreuzten Beinen und aufrechter Wirbelsäule auf den Boden.
- Schritt 2: Stell auf einem Wecker 20 Minuten (oder länger) ein.
- Schritt 3: Lege eine Augenbinde an.
- Schritt 4:

Es gibt keinen Schritt 4, auch keinen Schritt 5. Das ist alles. Stell den Wecker, lege eine Augenbinde an und fertig – der Rest liegt nicht an dir. Mir scheint, man kann bei etwas so Einfachem nichts falsch machen. Und doch höre ich immer wieder Sätze wie: „Also, ich bin darin nicht besonders gut. Es lief nicht besonders gut. Ich glaube, ich bin nicht gut im Meditieren." Diese Art Antworten erstaunen mich und führen mich zu dem Schluss, dass es lohnt, einige Zeit damit zu verbringen zu klären, was es bedeutet zu sitzen.

Stell dir folgende Situation vor: Es ist Sonntagmittag und wir haben ein schönes Essen zubereitet. Großmutter will vorbeikommen, war aber vorher noch nie in unserem neuen Haus. Unsere Auffahrt liegt ein bisschen verborgen und ist schwer zu finden. Deshalb bitte ich dich, einen Klappstuhl zu nehmen, ans Ende der Auffahrt zu gehen, dich dort hinzusetzen, zu warten und nach unserer Oma Ausschau zu halten. Nach ungefähr einer halben Stunde ist sie noch nicht angekommen, wahrscheinlich ist viel Verkehr oder sie hat verschlafen. Also gehe ich ans Ende der Auffahrt, immer noch die adrett aussehende Küchenchefschürze umgebunden, nähere mich dem Stuhl und frage: „Wie geht's?" „Nicht besonders", antwortest du. „Warum nicht?" „Ich kann das nicht besonders gut", sagst du. „Was meinst du damit?", frage ich. Ich werde langsam neugierig. „Also, ich sitze hier und halte Ausschau, aber es ist eine Menge Verkehr. Ich habe es nicht geschafft, den Verkehr aufzuhalten." „Worum habe ich dich gebeten? Ich habe nichts davon gesagt, dass du den Verkehr aufhalten sollst. Ich habe dich nur gebeten, dich hinzusetzen und nach Oma Ausschau zu halten." „Ja, aber ich glaube nicht, dass ich dafür gemacht bin, hier zu sitzen. Ich bin nicht wirklich glücklich dabei." „Glücklich? Wer hat etwas von Glück gesagt? Du sollst nur hier sitzen und nach Oma Ausschau halten."

Genauso ist es mit der Anleitung zum Sitzen. Es ist nichts Kompliziertes. Stell den Wecker, leg die Augenbinde an. Der Rest liegt nicht an dir. Warte auf Oma. Der aufmerksame Leser wird jetzt vielleicht die Analogie bemerkt haben. „Wofür steht Oma in der Geschichte?" Das ist eine gute Frage. Genau das ist der Grund für die Verwendung einer Analogie. Es gibt etwas Entsprechendes zur ankommenden Oma, wenn du sitzt. Vielleicht ist es ein Glück, dass es keinen Namen, keine Form hat. Es hat keine Nationalität. Es hat keine Stimme. Aber wenn du sitzt und wartest, wird Oma irgendwann kommen. Du sitzt und bist aufmerksam, für das Sitzen hat es keine Bedeutung, Erfolg zu haben, es spielt keine Rolle, ob der Geist aktiv oder ruhig ist. Es ist gleichgültig, was das Sitzen angeht. Es ist egal, ob dein Körper unruhig ist oder juckt oder schmerzt oder sich großartig fühlt. Es ist gleichgültig für das Sitzen. Der Inhalt ist einfach gleichgültig, es geht nur ums Sitzen und Beobachten. Wenn du sitzt und beobachtest – ob du gerade einen unruhigen Geist oder einen ruhigen

Geist beobachtest –, bist du mit Sitzen beschäftigt. „Was tust du?" „Ich sitze. Ich tue nichts." Je mehr du einfach nur ruhig sitzt und beobachtest, was geschieht, ohne etwas vorauszusetzen oder zu erwarten, entspannst du dich ein bisschen mehr und bist das, was sitzt und beobachtet. Du entspannst dich und beobachtest die Gedanken, statt dich mit ihnen zu identifizieren.

Und langsam, ganz von allein, ohne dass du irgendetwas tun musst, beginnt das Parfum, die Essenz dessen, was beobachtet, seinen Duft zu verströmen. Ohne etwas zu tun, erkennst du allmählich die Natur dessen, das beobachtet, dir wird deine „wahre Natur" bewusst. Je stärker die Vorstellung ist, deinen Geist zu beruhigen, desto mehr verhinderst du paradoxerweise, dass sich diese wahre Natur offenbart.

Wenn du die Vorstellung aufgibst, einen ruhigen Geisteszustand zu erlangen oder ein Gefühl der Glückseligkeit oder des Friedens oder eine Art Höhepunkt der Erleuchtung, kommst du ganz natürlich zur Ruhe. Lässt du jedes Ziel los, entspannst du dich und fühlst dich in dir selbst zu Hause. Mach dir am Anfang keine Gedanken darüber, wie du atmest oder ob deine Wirbelsäule gerade ist oder ob du dich eins mit allen Dingen fühlst oder Elvis Presley nachahmst. Stell einfach den Wecker, leg die Augenbinde um und warte auf Oma. Nach ein oder zwei Wochen wirst du von ganz allein das Streben nach einem zukünftigen Zustand aufgeben.

Wenn es dir Freude bereitet, kannst du ein paar kleine spielerische Veränderungen vornehmen. Sitzen gehört in unserem Kreislauf in den Bereich zwischen 11:00 Uhr und 1:00 Uhr. Die folgenden Modifikationen haben also irgendwo dort ihren Platz:

Body-Scan

Du kannst zusätzlich zum Sitzen und Warten, ganz langsam deinen Körper scannen. Das ist eine 11:00-Uhr-Übung und funktioniert im Wesentlichen so: Du lenkst deinen Atem zuerst zu den Zehenspitzen und atmest dann mit einem leichten Seufzer aus. Dann konzentrierst du dich auf deine Fußsohlen und atmest mit einem Seufzer aus, anschließend gehst du weiter zu den Fersen. Du kannst das sehr langsam praktizieren, über einen Zeitraum von einigen Minuten bis hin zu einer Stunde, indem du dich durch jeden Teil deines Körpers arbeitest bis hinauf zum Scheitel. Es hilft, physische, emotionale und geistige Anspannung loszulassen und tiefer zu entspannen. Auf der Website gibt es eine detaillierte (und ausführliche) Anleitung von mir, die dich dabei unterstützen kann.

Erforschen

Das unterscheidet sich eigentlich nicht vom Sitzen und Beobachten, wie es bereits beschrieben wurde, bringt nur ein bisschen mehr gezielte Neugier in die Sache. Nachdem du den Wecker gestellt hast und eine Augenbinde trägst, kannst du dir einfach eine Frage stellen, ganz sanft: „Wer erlebt diesen Moment?" Oder: „Was erlebt diesen Moment?"

Denke daran, es bedeutet nicht, danach zu fragen, was ich höre, sondern danach zu fragen, wer ist das, der die Geräusche hört. Was ist das Wesen dessen, das hört? Es bedeutet nicht, was ich sehe (falls du die Augen geöffnet hast) oder welche Bilder mir durch den Kopf gehen, was auch eine Art Sehen ist, sondern es bedeutet: Wer oder was nimmt Farbe und Form und Beschaffenheit und Gestalt wahr? Was ist das Wesen dessen, das sieht? Es bedeutet auch nicht, „was spüre ich körperlich?", einschließlich meiner Gefühle. Es bedeutet: Wer ist sich des ständigen Wechsels körperlicher Empfindungen und emotionaler Energie bewusst? Was ist das Wesen dessen, das dieses spürt? Diese Art zu forschen hat der indische Weise Ramana Maharshi populär gemacht. Es bedeutet noch nicht, etwas Bestimmtes zu tun oder zu versuchen, um irgendetwas zu erreichen, sondern ist einfach eine Methode, die Aufmerksamkeit zu lenken und neugierig auf etwas zu werden, das bereits da ist.

Offen für kreative Impulse sein

Die dritte Modifikation beim Sitzen ist, eine offene Haltung gegenüber kreativen Impulsen zu entwickeln. Wenn du ein Elternteil bist, hast du sicher irgendwann einmal die Erfahrung gemacht, „das Spiel anzuschauen". Persönlich habe ich genauso viel Interesse an Zuschauersport wie an Vorsorgeuntersuchungen beim Zahnarzt. Ich mache fast alles lieber, als dazusitzen und zuzusehen, wie Leute einen Ball kicken. Wenn jedoch meine Kinder mitspielten, war es etwas vollkommen anderes: Ich bin zu jedem Basketballspiel, jedem Fußballspiel, jeder Art Spiel, das sich bot, gegangen, obwohl ich fast nie die Regeln verstand. Sobald einer meiner süßen Knöpfe in die Nähe des Balls kam, war ich auf den Beinen und schrie: „Ja, Abby, lauf! Schober, du machst das!" Ich glaube, ein paar der anderen Eltern haben sogar versucht, mich von den Spielen auszuschließen, so laut war ich.

Dieselbe Haltung kannst du gegenüber kreativen Impulsen einnehmen, die während des Sitzens kommen. Du musst die Regeln nicht verstehen, nicht das besondere Kunstverständnis eines Kenners haben. Wenn du merkst, wie kreative Energie entsteht, was häufig mit einem angenehmen körperlichen Gefühl verbunden ist, sag ganz laut „ja!" dazu, auch wenn es dir peinlich ist. Du spürst dabei möglicherweise eine leichte Erregung, ein Gefühl der Begeisterung in der Brust, ein Kribbeln im Hals, als ob du lachen oder schreien wolltest. Was es auch ist, sag „ja!" dazu. Gib ihm nach. Gib ihm Raum. Beweg dich und atme.

Masturbation

Die vierte nützliche Intensivierung der Meditation, die ich sehr empfehle, ist Masturbation. „Was?", höre ich einige Leute sagen. Ich glaube, du hattest keinen guten Korrekturleser, mein Freund, das war bestimmt ein Tippfehler. Nein, du hast mich richtig verstanden. Ich spreche davon als einer Übung, um Brillanz zu fördern. Bist du ein Mann, empfehle ich, wenn du auf deinem Meditationskissen sitzt, Wirbelsäule gerade, umgeben von abgeklärten Statuen und Räucherstäbchen: Hol Mr. Happy raus und heize ihm ein. Wenn du eine Frau bist, greife in den exotischen Garten der Lust oder umfasse deine Brüste und massiere sie. Wir haben darüber schon im Kapitel über brillanten Sex gesprochen. Für die meisten ist es jedoch so ungewohnt, dass man es wiederholen muss.

Ich lebe in dem kleinen Bergstädtchen Nevada City mit nur 2500 Einwohnern. Es besteht mehr oder weniger aus einer Straße mit kleinen Nebenstraßen, die davon abzweigen. Die nächste Stadt, Grass Valley, ist ein bisschen größer und hat 9000 Einwohner. Aber wenn man von Nevada City nach Grass Valley fährt, ist eigentlich keine Lücke dazwischen, kein unbewohntes Gebiet. Es sind nur Häuser, mehr Häuser, mehr Häuser, Läden, Läden, Tankstellen, Häuser. Genauso künstlich ist die Unterscheidung zwischen sexueller und kreativer Energie, die wir vornehmen. Sexuelle Erregung, Aufregung, Glück, Kreativität, Mitgefühl, Eloquenz, das alles sind verschiedene Arten von Erregungszuständen – und wenn wir in Ruhe darüber nachdenken, geht eins ins andere über.

Wenn also zum Sitzen sexuelle Erregung hinzukommt, wird sie sich schnell im ganzen Körper ausbreiten und in andere Erregungsarten einfließen. Du wirst dich lebendiger und optimistischer, energiegeladen und frei fühlen.

Ein paar Dinge sind dabei zu beachten: Erstens, wenn du ein Mann bist, stimuliere deinen Penis so lange, bis du genügend erregt bist, und hör dann auf – es geht nicht darum zu ejakulieren – dann entspann dich und atme, lass die erregte Energie, die du geweckt hast, sich ausbreiten. Zweitens, sieh dir dabei keine pornografischen Bilder an, auch nicht im Kopf. Lerne, mit Energie umzugehen, im wahrsten Sinne „Chi Kung" – ohne ein Verlangen nach etwas außerhalb deiner selbst zu haben. Drittens, wenn du eine Frau bist, finde einen Weg, Herz und Vagina in der Erregung zu verbinden. Manche Frauen sagen, dass das am besten durch Brustmassage und Stimulation der Vagina zugleich erreicht wird. Die Stärkung der Herz-Vagina-Verbindung ist der beste Weg, um die erregte Energie in Kreativität fließen zu lassen.

Kapitel 18
Gebet, Andacht, Hingabe

Der Titel dieses Kapitels mag einige Leserinnen und Leser überraschen. Vielleicht denkst du: „Okay, jetzt wird mir alles klar. Erst werden wir mit verlockendem Gerede über Brillanz, Produktivität und Erfindungskraft eingelullt, aber das alles ist nur Fassade für eine Art religiöse Bekehrung." Aber aus demselben Grund, aus dem wir über entheogene Substanzen und sexuelle Praktiken gesprochen haben, müssen wir auch über Gefühle und Erfahrungen sprechen, die ans Religiöse und Spirituelle grenzen. Denn wenn wir wirklich die Faktoren kennen wollen, die Brillanz fördern, müssen wir jeden Stein umdrehen.

Als wir am Anfang den Brillanz-Kreislauf kennengelernt haben, haben wir festgestellt, dass wirklich originale Gedanken, die subjektiv erfahren werden, nicht das Resultat angestrengten Nachdenkens sind, sondern aus einer tieferen Schicht kommen. Wir haben einiges übers Sitzen gelesen, nämlich schweigend und still darauf zu warten, dass ein Impuls von allein entsteht, um dann die Flamme mit Aufmerksamkeit und Willen anzufachen. Jetzt tauchen wir noch einmal tiefer in dieses Thema ein und fragen, woher die Impulse stammen. Wir erinnern uns an die Analogie mit den Blasen in der Cola. Wenn du eine Idee hast, die nicht von jemand anders stammt, die original, frisch und neu, noch nie gedacht oder zum Ausdruck gebracht worden ist, woher kommt sie? Was ist ihr Ursprung? Wenn wir ehrlich sind, müssen wir zugeben, dass wir es nicht wissen.

Die Impulse für radikale Brillanz entstehen nicht zufällig chaotisch aus dem Nichts, ohne offensichtliche Verbindung zu den Lebensumständen. Sie liefern praktische Lösungen für reale Probleme und sind oft genau der richtige brillante Impuls, der die Menschheit auf die nächste Entwicklungsstufe hebt. Es kann auch sein, dass derselbe Impuls oder dieselbe Erfindung im Bewusstsein von zwei Menschen gleichzeitig in verschiedenen Teilen der Welt auftaucht.

Viele der brillanten Menschen, mit denen ich gesprochen habe, erzählen, es ist, als würden sie ein Diktat aufnehmen oder von einer unbekannten Quelle etwas downloaden, die intelligenter, gütiger, kreativer ist, die häufig einen außerordentlichen Sinn für Humor hat und die Dinge aus einer größeren Perspektive sieht, als wir sie sehen können. Das bringt uns dazu, die Fußspuren des „Besuchers" zu erkennen, den wir noch nie gesehen haben. Es ist, als würdest du am Morgen in deinem Haus aufwachen und ein wunderschönes Bild vorfinden. Du hast nie den Maler gesehen, nur das Bild. Aber die Hand des Malers ist offensichtlich.

Die unbeantwortete Frage, woher die Impulse stammen, sowohl innerhalb deiner eigenen Kreativität als auch innerhalb der Schönheit und der geometrischen Komplexität und Kompliziertheit, die häufig in der Natur vorkommen, ist der Ursprung der Dimension menschlichen Handelns und Fühlens, die mit Andacht, Anbetung und Hingabe verbunden ist. Deshalb haben wir Tempel, Moscheen, Synagogen und Kirchen an heiligen Orten, es ist der Grund, warum Menschen sich andächtig niederknien – wir fühlen, dass es etwas Tieferes gibt als Denken, das nicht leer ist. Dieses Mysterium ist intelligent, humorvoll, voller Liebe, gütig und kreativ. Etwas, das viel größer ist als unser Geist, fließt durch uns.

Obwohl die subjektive Erfahrung, dass wir etwas „downloaden", sehr verbreitet ist, ist die Art, wie wir das interpretieren, was wir downloaden, sehr unterschiedlich. Je mehr wir ihm Form geben, es verstehen und erklären, desto mehr wird es zu einer artikulierten, organisierten Religion. Tatsächlich kann das Mysterium für einige ziemlich dogmatisch werden. Aber manchmal scheint die Weisheit hindurch – ohne dass sie verstanden oder definiert werden muss.

Einige behaupten, dass sie Botschaften von jemandem überbringen, der einmal ein Mensch war, der aber jetzt gestorben ist, zum Beispiel Mutter Maria oder Jesus oder Lady Diana oder John Lennon. Wieder andere erklären die Erfahrung, Botschaften zu erhalten, mit einem „höheren Selbst", mit einer Dimension in uns, die zu uns gehört, aber eine viel intelligentere, freiere und wertvollere Ausgabe von uns ist. Und nochmals andere behaupten, in Kontakt mit Wesen zu sein, die entweder auf anderen Planeten leben, wie die Plejaden, oder in einer vollkommen anderen Dimension, wie der Erzengel Michael.

Es gibt aber auch viele Leute, die diese Art Download subjektiv erfahren, während sie mit beiden Beinen fest auf der Erkenntnis „ich weiß nicht" stehen. *Das heißt, wenn ich still und ruhig werde, verschwindet vorübergehend das Gefühl eines abgetrennten Ichs wie ein Tautropfen, der in den Ozean hineinschmilzt, und es ist, als würde etwas Allumfassendes, jenseits von mir sich ausdrücken, aber ich habe keine Ahnung, was es ist. Ich konnte dessen Wirkung spüren, weiß um die Schönheit dieser Intelligenz, ich fühle so etwas wie dessen Liebe, aber ich weiß nicht, was es ist. Ich weiß nicht, ob es ein Mann oder eine Frau ist, ich weiß nicht, ob es Englisch, Swahili oder Russisch spricht, ich weiß nicht, ob es ein Alter hat. Ich weiß nicht, ob es gerade mit mir spricht oder ob es auf eine geheimnisvolle wunderbare Weise, die ich nicht verstehe, mit allen gleichzeitig sprechen kann. Ich spüre die Gnade und trete beiseite.*

Erneut war Leonard Cohen für mich der Meister in dieser Art Haltung. Er hat mir mehrfach erzählt, dass er deutlich fühlt, dass sein Leben dazu bestimmt ist, ein treuer Diener dieser Quelle jenseits seines Selbst zu sein, aber ich habe nie gehört, dass er auf das Eingeständnis verzichtet hätte, nicht zu wissen, was es ist, dem er sich hingibt.

I make my plans
Like I always do
But when I look back
I was there for you ...
I see my life
In full review
It was never me
It was always you.

Dieser Text des Songs *There For You* aus dem Album *Dear Heather* war gerade herausgekommen, als ich Leonard traf. Ich zitierte den Text ebenso wie den Song *If It Be Your Will* und fragte ihn rundheraus, als ich an seinem Küchentisch saß, an wen oder was der Song gerichtet ist. „Ja, das ist es eben", antwortete er. „Wir wissen es nicht. Wir können es nicht wissen. Ich rede nicht gerne über Dinge, über die ich nichts sagen kann."

Wenn wir die unvermeidliche Wahrheit erkennen, dass es etwas in uns gibt, das intelligent, stimmig, humorvoll, schön und kreativ ist, fühlen wir uns dazu inspiriert, freiwillig die Hände vom Lenkrad zu nehmen und auszurufen: „Bitte übernimm du die Kontrolle!" Das ist das Gefühl der Anbetung, das Gefühl der Hingabe, selbst wenn du nicht weißt, wem oder was du dich hingibst.

Finde den richtigen Weg

Das erinnert mich an eine Begebenheit vor vielen Jahren im Haus meines Lehrers H. W. L. Poonja in Indien. Eines Tages saßen ein paar von uns in seinem sogenannten Wohnzimmer herum, während er gerade Briefe las, und ich schrieb zufällig ein kleines Gedicht. Es lautete: „Bitte nimm diesen Körper. Er ist nicht besonders brauchbar, er ist sehnig und dünn und nervös, aber bitte nimm ihn und benutze ihn. Bitte nimm diesen Geist, er ist chaotisch, durcheinander, aber bitte nimm ihn und benutze ihn." Als ich fertig war, faltete ich das Blatt mit meinem Gedicht zusammen und schob es in den Stapel ungelesener Briefe. Nach ungefähr einer Stunde kam er zu meinem Gedicht. Er las es ganz langsam, sah sich dann nach einem Umschlag um, um zu sehen, wo es aufgegeben worden war, bis ihm klar wurde, dass es persönlich abgegeben worden war. Er sah auf und fragte streng in den Raum: „Wer hat das geschrieben?" Ich fühlte mich wie ein Kind, das ins Cockpit eines Flugzeugs spaziert war, aus Spaß ein paar Knöpfe gedrückt hatte und plötzlich feststellen musste, dass es in den Himmel sauste. „Ich", flüsterte ich wie eine Kirchenmaus. Er sah mich 15 quälend lange Sekunden an, faltete dann den Brief wieder zusammen und legte ihn auf den Stapel mit den gelesenen Briefen. Er sah mich wieder an und sagte: „Okay." Das Gedicht hatte ich beinahe zufällig geschrieben. Ich suchte nur nach Anerkennung durch eine Vaterfigur. Aber seitdem war mein Leben nicht mehr wie vorher. Rückblickend wird mir klar, dass ich mein Leben nicht meinem Lehrer anvertraut hatte. Ich gab es dem, dem er sein Leben anvertraut hatte. Wenn du einmal übergeben hast, kannst du es nicht zurücknehmen und selbst wenn du könntest, würdest du es nicht wollen.

Ich möchte dich ermutigen, deinen eigenen persönlichen Weg zu finden, um in deinem Leben Demut und Hingabe auszudrücken. Nutze jedes Symbol und jede Glaubenslehre, einfach alles, was bei dir funktioniert. Ich hoffe zutiefst, dass du einen Weg findest, dich etwas Größerem als deinem eigenen Geist hinzugeben, sodass etwas Einzigartiges, noch nicht Dagewesenes durch dich zum Ausdruck kommen kann.

Nimm dir jetzt Zeit, lege das Buch beiseite und schreibe dein eigenes Gedicht – genau wie ich vor all den Jahren. Gib dich dem Unbekannten hin, das du nicht verstehst und nicht verstehen kannst.

Kapitel 19
Brillante Freundschaften

Eine Freundschaft kann vieles bedeuten: Man kann einfach zusammen herumhängen, gemeinsam Dinge tun, die Spaß machen, Einsamkeit lindern, Sport treiben oder gegenseitige Interessen teilen. Nicht jede Freundschaft ist geeignet, gegenseitig das Beste aus sich herauszuholen – dies erfordert eine bestimmte Art von Engagement und Einvernehmen untereinander.

Ich kann mich glücklich schätzen, weil ich viele brillante Freundschaften habe. Eine, die für mich besonders herausragt, ist die zu John Gray. Wir beide gehören zur selben Männergruppe in Marine County, Kalifornien, und treffen uns einmal im Monat. Ich wohne ungefähr zweieinhalb Stunden entfernt in der Sierra Nevada. Einmal fühlte ich mich nicht wohl, wollte deshalb nicht zum Treffen fahren und die Strapazen auf mich nehmen, am selben Abend wieder zurückzufahren. Darum schickte ich eine E-Mail an die Gruppe und fragte, ob ich bei jemandem übernachten könnte. John antwortete als Erster. Nach dem Treffen folgte ich also seinem Auto zu seinem Haus. Dort angekommen fragte mich John, ob ich noch eine Tasse Tee wolle. Also setzten wir uns in die Küche und unterhielten uns. Zuerst sprachen wir über das Treffen. Nach ungefähr einer Stunde verlagerte sich das Gespräch auf Männergruppen im Allgemeinen und inwiefern sie nützlich sind. Ungefähr um Mitternacht ging es darum, was es in der heutigen Welt bedeutet, ein Mann zu sein. Irgendwann sahen wir auf, wir hatten stundenlang geredet. Es war 2:00 Uhr morgens.

Im nächsten Monat war mir immer noch nicht nach Fahren zumute, aber nach einer weiteren Unterhaltung mit John. Also schrieb ich John und fragte direkt, ob ich bei ihm übernachten könne. Dasselbe wiederholte sich. Wir gingen zum Treffen, fuhren zu John nach Hause und redeten bis in die Nacht. Wir stellten fest, dass wir dabei Dinge aussprachen, die wir nie zuvor gesagt, nie zuvor irgendwo gelesen hatten. Wir hatten zusammen originale Ideen über Männlichkeit, wir riefen gegenseitig tatsächlich brillante Gedanken in uns hervor. Und ich sagte zu John: „Hör zu, ich habe das Gefühl, dass wir an etwas dran sind. Wir holen gegenseitig Ideen aus uns heraus, die noch nie formuliert worden sind. Warum nehmen wir unsere Gespräche nicht für die Nachwelt auf?" Aus den Gesprächen entstand ein Buch, das 2015 unter dem Titel *Conscious Men* veröffentlicht wurde. Es erschien in 12 Sprachen. Das ganze Buch entstand aus Gesprächen, manchmal waren wir einer Meinung, manchmal nicht, manchmal haben wir erbittert gestritten, manchmal laut gelacht. Brillanz ist aus Freundschaft entstanden.

Wenn du in der Phase zwischen 3:00 Uhr und 12:00 Uhr übersprudelst vor Ideen, empfehle ich dir, mit anderen brillanten Menschen darüber zu sprechen. Denn auch, wenn du nicht zusammen mit jemandem etwas vollbringst, kannst du starke brillante Freundschaften haben, durch die deine Gaben mehr gefördert werden, als es ohne sie geschehen würde.

Das Grundprinzip brillanter Freundschaften ist ganz einfach: Es ist eine Frage des Willens. Plane Zeit mit einem Freund oder Kollegen ein, der sich im selben Bereich auskennt wie du. Wenn du einen politischen Blog schreibst, triff dich mit einem anderen politischen Blogschreiber. Wenn du Gitarre spielst und singst, komm mit anderen Musikern zusammen. Wenn du Hobbygärtner bist, triff dich mit anderen Hobbygärtnern. Immer mit dem gegenseitigen Willen, Brillanz zu dienen.

Spazierengehen

Mein Lieblingspartner im Hinblick auf brillante Spaziergänge ist mein enger Freund Jonathan Robinson. Er hat *Communication Miracles for Couples* und *The Little Book of Big Questions* geschrieben und war einmal der jüngste Psychotherapeut, der jemals in Kalifornien eine

Zulassung bekommen hat. Er ist genauso wie ich an der Entwicklung des Bewusstseins interessiert, was ihn zu einem außerordentlich inspirierenden Gesprächspartner macht. Wir treffen uns mindestens einmal pro Woche. Am liebsten unternehmen wir zusammen Spaziergänge mit seinen beiden Mini-Golden-Retrievern. Die Bewegung des Körpers beim Gehen sorgt durch die Links-rechts-Abstimmung der beiden Körperhälften fürs Gleichgewicht des Gehirns. Gewöhnlich folgen wir einem festen Muster. Einer von uns präsentiert fünf oder zehn Minuten eine Idee, der andere lauscht einfach. Dann treten wir in einen Dialog. Wenn wir fertig sind, wechseln wir.

Es gibt drei Arten, wie du reagieren kannst, wenn jemand einen neuen, brillanten Gedanken vorträgt:

- Ermutigung: „Ja, das gefällt mir. Das ist brillant! Oh mein Gott, du bist toll! Wow!"
- Skepsis: „Ist das dein Ernst? Ich kann nicht glauben, dass du damit meine Zeit verschwendest. Du hast das anscheinend nicht gründlich durchdacht, es ist sehr vereinfacht. Das sind veraltete Vorstellungen, die ich schon tausendmal gehört habe. Wen sollte das interessieren?"
- Neugier: „So habe ich das noch gar nicht gesehen. Erzähl mir mehr. Gilt das für jeden? Was hat das für politische Konsequenzen? Wie hoch ist die Wahrscheinlichkeit, dass das noch zu unseren Lebzeiten geschieht? Den Teil habe ich nicht verstanden ... Erzähl mir mehr darüber ... Was bedeutet das Wort?"

Wenn ihr in einer brillanten Freundschaft gegenseitig das Beste aus euch herausholen wollt, ist es sinnvoll, sich das Verhältnis dieser drei Reaktionsarten bewusst zu machen und zu beobachten, wie ihr standardmäßig reagiert. Oft tendieren wir unbewusst zu einer dieser Haltungen. Manche zum Beispiel ermutigen bedingungslos. Das kann für einen Sprecher, der unsicher ist oder neues Terrain betritt, sehr hilfreich sein, aber ein anderer wird dadurch vielleicht nicht herausgefordert, über das hinauszukommen, was er bereits weiß. Manche reagieren automatisch kritisch. Das bereitet dich sicherlich gut auf die unvermeidlichen Beiträge von Trolls vor, wenn du einen Blog erstellst oder Videos auf YouTube postest. Es kann dem Sprecher helfen, Feuer zu fangen. Zu viel davon würde jedoch das Feuer löschen. Manche sind von Natur aus neugierig und stellen viele Fragen. Das bringt den Sprecher dazu, seine Ideen zu durchdenken. Wenn man jedoch nur Fragen stellt, ist man zwar in einer sicheren Position, aber der Sprecher bekommt kein Feedback, das nützlich sein kann. Am besten ist es, nicht bei einer Reaktionsart zu bleiben, wenn man jemandem zuhört, der eine neue Idee vorträgt. Ich empfehle, es mit einem Verhältnis von 50 % Neugierde, 40 % Ermutigung und 10 % Kritik auszuprobieren.

Du kannst deine Kreativität erheblich steigern, wenn du auf diese Weise bewusst brillante Freundschaften entwickelst, und du wirst dich dabei ertappen, Dinge zu sagen und auf Ideen zu kommen, die du normalerweise nicht ausdrücken würdest – also führe bei solchen brillanten Spaziergängen immer ein Aufnahmegerät mit dir.

Brillante Dinnerpartys

Ebenso wie man brillante Freundschaften mit einzelnen Menschen pflegt, kann man auch brillante Dinnerpartys geben – wofür es der entsprechenden Vorbereitung bedarf. Lade Menschen ein, die kreativ sind, mache Künstlerfreunde ausfindig, Autoren, Erfinder, innovative Geister, soziale Architekten. Für gewöhnlich ist es interessanter, eine ausgewogene Mischung von Menschen zu haben. Sorge dafür, dass klar ist, dass es nicht einfach nur ein Abendessen sein wird, sondern eine Brillanz-Schmiede. Ideal sind sechs Personen, maximal acht.

Ich weiß, dass wir an anderer Stelle die negative Wirkung von Alkohol betont haben, besonders bei regelmäßigem Konsum. Aber bei dieser Gelegenheit kann Alkohol dein Freund sein. Nehmt einen kleinen Aperitif und ein paar Gläschen Wein während des Essens. Das lockert die Stimmung für die nachfolgende Übung. Während des Essens könnt ihr einfach genießen, beieinander zu sein, und dem Gespräch seinen natürlichen Lauf lassen.

Danach geht ihr zum strukturierteren Teil des Abends über: dem Partyspiel „Radikale Brillanz". Es dauert ungefähr zehn Minuten pro Gast: fünf Minuten, um eine starke kühne originale Idee vorzutragen, einen eigenen Gedanken, der aus dem Nichts hervorsprudelt. Anschließend haben die anderen Gäste fünf Minuten für eine Reaktion. Denkt an das richtige Verhältnis von Ermutigung, Kritik und Neugier. Du hast die Rolle des Moderators: Wenn du bemerkst, dass von der Gruppe nicht genügend Ermutigung kommt, dann musst du etwas Positives sagen. Wenn du merkst, dass mehr Neugier herrschen könnte, musst du Fragen stellen.

Nimm die Präsentation und die Reaktion auf, entweder als Audio oder noch besser als Video, denn bei jeder brillanten Dinnerparty entstehen brillante Videos.

Kapitel 20
Beharrlichkeit und brillante Einladungen

Vorbilder, zu denen du aufsiehst und die dich inspirieren, können ein kraftvoller und beseelender Antrieb sein. Als Vorbild kann jeder dienen, der heute lebt und wie ein Leuchtturm der Inspiration für die Welt agiert und handelt – so, wie du gerne sein würdest, in ein, zwei oder fünf Jahren.

Bevor wir fortfahren, möchte ich eine kurze Geschichte erzählen. Ich war Anfang dreißig und durch Glück und harte Arbeit zu so viel Geld gekommen, dass ich nicht mehr arbeiten musste, wenn ich bescheiden lebte – also bin ich sozusagen in Rente gegangen. Als meine Frau damals mit unserem ersten Kind schwanger wurde, wurde mir klar, dass meine Ersparnisse nicht reichen würden. Wie aus heiterem Himmel tauchten einige scheinbar qualifizierte „Finanzberater" auf und boten mir fantastische einmalige exklusive Investitionsmöglichkeiten an. Ich biss an und investierte mein Geld in fünf verschiedene Unternehmen, die nach einem Jahr alle den Bach hinuntergegangen waren. Ich musste eine Familie ernähren und besaß weniger als 20.000 $. Die meisten Menschen würden in dieser Situation einen festen, sicheren Job annehmen. Ich ging einen anderen Weg: Ich schrieb ein Buch. Du denkst vielleicht, dass es kein besonders vernünftiger Plan ist, ein Buch über nonduale Bewusstheit und Psychotherapie zu schreiben, wenn man in einer finanziellen Notlage ist. Aber vernünftig zu sein, gehörte nie zu meinen hervorstechenden Eigenschaften. Es dauerte ein paar Jahre, das Buch zu beenden. Ich steckte Herz und Seele hinein. Es erschien 1997 unter dem Titel *Relaxing into Clear Seeing*. Aber es brachte nicht viel ein. Niemand kannte mich.

Als das Buch herauskam, wohnten wir in Marine County, Kalifornien. Viele Menschen, die ich bewunderte, lebten dort zurückgezogen in den Bergen. Eine davon war Barbara Marx Hubbard, die ein Buch mit dem Titel *Conscious Evolution* (Deutsch: *52 Schlüssel zur bewussten Evolution des Selbst*) veröffentlicht hat. Ich hatte sie im Laufe der Jahre viele Male auf Konferenzen sprechen hören, kannte sie aber nicht persönlich. Mein Buch stimmte ziemlich genau mit ihrer Botschaft überein. Also entwickelte ich einen Traum, eine wilde Fantasie, dieser Frau, die ich bewunderte, mein Buch zu zeigen.

Jedes Mal, wenn du mit jemandem in Kontakt treten willst, den du nicht kennst und der von einer Organisation umgeben ist, triffst du zuerst auf die „kleinen Türhüter". Das sind die Menschen, deren Job es ist, Eindringlinge fernzuhalten. Die Standardreaktion jedes Türhüters auf die Frage: „Ich wollte fragen, ob es vielleicht möglich ist ...", ist: „Nein". Gleichgültig, was du fragen willst. Es heißt immer „nein". Und das war auch die Antwort, die ich von Barbaras Mitarbeiter bekam.

Aber ich war ausdauernd und beharrlich – und davon handelt dieses Kapitel: Beharrlichkeit.

Ich zerbrach mir den Kopf, wer von meinen Freunden sie vielleicht kannte. Zur Erinnerung: Ich hatte noch nie ein Buch geschrieben und war vollkommen, zu 100 % unbekannt. Mein alter Freund Pete Russell, den ich aus England in den 1970er-Jahren kenne, lebte in einem Hausboot in Sausalito. Als ich ihn besuchte, stellte sich heraus, dass er sie kannte, und er versprach mir, den Kontakt herzustellen. Ich erinnere mich noch an den Tag, als ich eine Nachricht von ihr auf dem Anrufbeantworter hatte (damals gab es noch keine E-Mails). Sie sagte, sie wäre bereit, mein Manuskript zu lesen. Ich fuhr zu ihrem Haus in Greenbrae und warf es in den Briefkasten. Am nächsten Morgen, weniger als 12 Stunden später, bekam ich einen Anruf. „Ich habe Ihr Buch heute Nacht fast durchgelesen", sagte sie. „Wir müssen uns sehen." Und so trafen wir uns noch am selben Morgen. Wir machten einen langen Spaziergang und sie erzählte mir, wie sehr ihr alles, was ich geschrieben hatte, gefiel und wie sehr es ihre Zustimmung fand. Sie schrieb eine glühende Empfehlung für die Coverrückseite und machte viele nützliche Verbesserungsvorschläge. Durch meine Beharrlichkeit, das Nein des Türhüters nicht hinzunehmen, machte ich die Bekanntschaft vieler Menschen und schließlich wurde das Buch veröffentlicht mit Lobpreisungen von einem Dutzend brillanter Leute. Es muss einen Zusammenhang zwischen Beharrlichkeit, Ausdauer und Inspiration geben.

Nicht zu schwer, nicht zu leicht

Damit Beziehungen zu Vorbildern eine möglichst große Wirkung auf deine Brillanz haben, musst du sie sorgfältig auswählen. Wenn du ein Vorbild wählst, das leicht erreichbar ist oder deinem gegenwärtigen Stand nahekommt, was die Verwirklichung deiner Gabe angeht, wird es nicht die notwendige stimulierende Wirkung haben. Dein Nachbar oder ein Studienfreund zum Beispiel eignen sich eher für eine brillante Freundschaft als für ein brillantes Vorbild. Andererseits, wenn du jemanden wählst, der vollkommen unerreichbar ist, wie den Papst, Bill Clinton oder Adele, wird die ganze Sache frustrierend und enttäuschend werden. Du musst einen Mittelweg finden: jemanden, den du mit genügend Beharrlichkeit und Ausdauer theoretisch treffen könntest und den zu treffen wirklich inspirierend wäre.

Jetzt bist du dran

Es ist nicht so wichtig, wie reich jemand ist oder wie berühmt. Wichtig ist, jemanden zu finden, der dich wirklich inspiriert: eine Verkörperung dessen, was du selbst anstrebst. Wenn du so jemanden findest, sei so mutig, Kontakt aufzunehmen und um ein Treffen zu bitten (vielleicht sogar darauf zu bestehen!). Das gehört vielleicht zum Besten, was du tun kannst, um deinen brillanten Einfluss auf die Welt zu erweitern.

Also warum es nicht gleich heute tun? Schreib die Namen derjenigen Menschen auf, die dich wirklich inspirieren. Denke daran: Mach es dir nicht zu leicht, wähle keinen Freund oder ein Familienmitglied, aber auch nichts Unmögliches. Dann werde aktiv. Fang mit dem Kontaktformular auf der Website an, versuche, eine E-Mail-Adresse, eine Telefonnummer oder einen Agenten zu finden. Wenn dein Vorbild irgendwo irgendeine Art von öffentlicher Veranstaltung gibt, ob ein Seminar oder einen Vortrag, fahr hin und besuch sie.

Jetzt ist es an der Zeit – mit zitternden Knien –, um ein Kennenlernen zu bitten. Dafür gibt es eine gute Möglichkeit. Kennst du den Spruch: „Man bekommt im Leben nichts geschenkt"? Das ist natürlich Unsinn, trotzdem glauben wir, dass es stimmt. Und genau deshalb spielt es keine Rolle, wie beschäftigt oder berühmt jemand ist, niemand kann widerstehen, wenn er etwas geschenkt bekommt. Es ist ein Wunschtraum. Niemand kann einer Einladung zum Essen widerstehen. Deshalb sag zu deinem Vorbild einfach und charmant: „Sie inspirieren mich unglaublich. Ich habe ein paar Fragen und würde Sie gerne zum Essen einladen, wenn ich darf." Ich kann mich nicht erinnern, dass eine solche Einladung in ein schönes Restaurant schon einmal ausgeschlagen worden wäre.

Gute Fragen für ein gutes Gespräch

Wenn ihr schließlich zusammensitzt und Essen bestellt habt, bist du vielleicht ein bisschen nervös und hast Lampenfieber. Hier einige Fragen, mit denen ihr ins Gespräch kommt:

- Wie kam es dazu, dass Sie das jetzt machen? Wie sind Sie darauf gekommen?
- Welchen Rat würden Sie jemandem wie mir geben, der mehr bewirken will?
- Woran arbeiten Sie gerade, was interessiert Sie gerade leidenschaftlich?
- Was sind die größten Fehler, die Sie begangen haben? Was würden Sie nicht noch einmal machen?

- Ich arbeite gerade an diesem Thema und würde wirklich gerne Ihre Meinung dazu hören.
- Kennen Sie jemanden, von dem Sie denken, dass ich sonst noch darüber sprechen sollte?

Vergiss nicht, ein Selfie mit deinem Vorbild zu machen, zur Erinnerung an dieses Ereignis, das dein Leben verändert hat. Stell es auch auf Facebook und Instagram, denn es dokumentiert die Entwicklung deiner Persönlichkeit. „Hey, Freunde. Keine große Sache, ein ganz gewöhnlicher Tag, esse gerade mit Richard Branson zu Mittag. Was ist bei euch los?"

Solche Beziehungen aufzubauen ist brillant. Menschen, die es schon geschafft haben, geben dir enormen Auftrieb, es ihnen gleichzutun.

Kapitel 21
Rechne nicht mit einem Bestseller

Jeder potenziell brillante Mensch, wie du, muss früher oder später darüber nachdenken, wie Brillanz und die unvermeidliche Notwendigkeit, Geld zu verdienen, in Einklang gebracht werden können. Hier geht es um Schriftstellerei. Bevor man vom eigenen Schreibtisch aus publizieren konnte, war Publizieren ein „Gentlemanberuf". Ich wuchs in England auf und meine Eltern waren beide Intellektuelle und Kreative. Mein Vater war Journalist und schrieb später noch 17 Bücher. Meine Mutter war Lektorin beim Verlag Faber und Faber, ihr Schreibtisch in den Büroräumen am Russel Square war auf der anderen Seite der Tür von T. S. Eliot. Ich wuchs in einer Umgebung auf, in der Kreativität nicht in erster Linie am kommerziellen Erfolg gemessen wurde. Verträge wurden noch per Handschlag abgeschlossen und für die Entscheidung, etwas zu veröffentlichen, war ausschließlich der Wert des Werkes ausschlaggebend – die Qualität der Sprache. Was sonst?

Heute laufen Publikation und Schreiben nach vollkommen anderen Spielregeln ab. Wenn die Idee zu einem Buch in dir keimt, wird dich ein Herausgeber nach deiner „Plattform" und deinem Marketingplan fragen. Wie viele Follower hast du bei Facebook? Wie lang ist deine Adressliste? Wie viele Treffer ergibt eine Googlesuche mit deinem Namen?

Bevor die sozialen Medien und das Internet eine so bedeutende Rolle in unserem Leben spielten, gewann ein Buch hauptsächlich durch Rezensionen in Zeitungen und Zeitschriften an Beliebtheit und durch mündliche Empfehlungen. Es war praktisch unmöglich, eine dieser beiden Wege zu beeinflussen. Ein Rezensent, der für ein angesehenes literarisches Organ schrieb, hatte einen Universitätsabschluss in Literatur. Es wäre als Korruption betrachtet worden, wenn ein Rezensent das Werk eines Freundes oder Kollegen empfohlen hätte, um es populärer zu machen, ganz zu schweigen, wenn er dafür bezahlt worden wäre. Bücher wurden an höchsten Standards gemessen und nur Werke von hoher Qualität konnten den Test bestehen.

Heutzutage brauchst du nicht einmal die Zustimmung der Lektoren eines Verlages, um ein Buch zu publizieren. Wenn du einen Computer besitzt und entsprechende Software bedarf es nur eines Klicks, um dich zu einem veröffentlichten Autor zu machen. Jeder kann ein Buch schreiben oder einen Film drehen und tatsächlich gibt es mehr Menschen als je zuvor, die genau das tun.

Es ist nicht nur einfach, sondern auch ziemlich weitverbreitet, das System zu manipulieren. Jeder, der ein Buch geschrieben hat und versiert im Internetmarketing ist, kann dafür sorgen, dass „Joint-Venture-Partner" E-Mail-Rundschreiben an ihre Adressliste verschicken, alles innerhalb einer Woche, in denen Geschenkprämien angeboten werden, wenn man an einem bestimmten Tag kauft. *(Anm. des Verlages: Geschenkprämien sind in Deutschland aufgrund der Buchpreisbindung nicht möglich.)* Simsalabim! Selbst ein Buch von relativ geringem Wert kann jetzt als „Bestseller" bezeichnet werden.

Aber warte, was ist das für ein polterndes Geräusch? Ah, es ist Ernest Hemmingway, der sich im Grabe umdreht.

Wenn du Bücher schreibst, wirst du wahrscheinlich früher oder später mit einem Literaturagenten oder einem Verleger sprechen. Bist du Filmemacher, musst du mit einem Studio Kontakt aufnehmen. Willst du ein neues Produkt auf den Markt bringen, musst du Investoren finden. Irgendwann muss jeder mit jemandem ein Gespräch darüber führen, wie sich etwas verkaufen wird. Dieses Gespräch kann schwierig werden. Manche ignorieren das Thema völlig und sagen: „Ich folge einfach dem kreativen Impuls." Sie lehnen jegliches Marketing oder mögliche Verbindung zum Publikum vollkommen ab und bleiben unnötigerweise unbekannt.

Van Gogh, William Blake, Emily Dickinson, Thoreau und viele andere brillante Geister starben in Vergessenheit. Keiner von ihnen machte auch nur einen Moment lang ein Zugeständnis an den „Mainstream", vielmehr könnte man sagen, dass die Mehrheit radikal brillanter Menschen dem Publikum aus dem Weg geht, um populäre Werte infrage zu stellen.

Wenn du heutzutage mit einem Verleger oder Literaturagenten sprichst, wird dir geraten, dein Werk mehr dem „Mainstream" anzupassen. „Denk dran, du bist nicht deine Zielgruppe", wurde ich häufig von wohlmeinenden Ratgebern ermahnt. Ich habe oft ein Manuskript eingereicht, das meiner Meinung nach voller brillanter Ideen war (genau wie unsere Katze stolz ein totes Eichhörnchen in unsere Küche bringt als ihren Beitrag zum Familieneinkauf), um mir sagen zu lassen, dass mein Buch „Eulen nach Athen trage". Diese Mahnung kann sich als sehr nützlich erweisen. Es erzieht uns dazu, Disziplin und Strenge zu entwickeln, Vorurteile auszumerzen, keine unbewiesenen Thesen aufzustellen, universelle Werte zu verfolgen und eine frische und verständliche Sprache zu benutzen.

Was genau bedeutet „Mainstream"? Es bedeutet, eine Sprache und Inhalte zu benutzen, die nicht nur dir und deinen engen Freunden entsprechen, sondern auch für einen Milchbauern in Wisconsin oder einen Lehrer in Texas verständlich und wertvoll sind. Heutzutage liegt das Interesse von Unternehmen und Regierungen in erster Linie darin, die Aufmerksamkeit auf Katastrophen, auf Angst und das Bedürfnis nach mehr Dingen zu lenken. Deine Arbeit dem Mainstream anzupassen, verlangt häufig von dir, deine Botschaft in Übereinstimmung mit der herrschenden Annahme zu bringen, dass wir schwach, ungeschützt, Opfer eines drohenden gnadenlosen Angriffs sind und dass unser Leben so viel besser wäre, wenn wir unser iPhone, den Computer, das Auto, das Haus, den Partner, unseren Körper, unser Gesicht, unsere Persönlichkeit upgraden würden. Menschen können jedoch nicht kontrolliert werden oder man kann ihnen nicht endlos neue Sachen verkaufen, wenn sie sich stark, fähig, wach und grundlos glücklich fühlen. Du kannst etwas schreiben, einen Film drehen oder etwas produzieren, das dem Bedürfnis entspricht oder die Angst lindert. Du denkst im Voraus darüber nach, was sich am besten verkauft und am meisten Geld bringt, und produzierst dann etwas, um das Ziel zu erreichen.

Dieser moderne Extremsport des „Mainstreaming" birgt ein bedeutendes Risiko. Jedes Mal, wenn du den Wert deines Werkes in Dollars misst, in verkauften Exemplaren, im Amazon-Ranking oder im Listenplatz in der New York Times, wenn du versuchst, dich nach dem Publikum von *Keeping Up with the Kardashians* zu richten, dem *Shopping Channel* oder *Reality-TV*, setzt du dein kreatives Leben dem Risiko eines fatalen Unfalls aus.

Um radikal brillant zu sein und Menschen zu erreichen, denen wir helfen können, müssen wir eine bewusste Entscheidung treffen für die Balance zwischen dem brillanten kreativen Impuls, der uns durchströmt und dem zu gehorchen zutiefst befriedigend ist, und der Notwendigkeit, Geld zu verdienen.

Es ist wichtig, deine einzigartige Botschaft, deine Einsichten und Gaben, die nur durch dich und niemand anderen fließen, zu entdecken und auszudrücken. Wenn deine einzigartige Gabe nicht in diesem Leben durch dich verschenkt wird, wird sie niemals zum Ausdruck gebracht werden.

Ziemlich oft werde ich engagiert, um Menschen dabei zu unterstützen, ein Buch zu konzipieren oder fertig zu schreiben. Ich rate ihnen dann immer von Anfang an, nicht den Versuch zu unternehmen, einen *New-York-Times*-Bestseller zu schreiben.

Stattdessen empfehle ich, an acht bis zehn Menschen zu denken, die sie bewundern und deren Anerkennung ihnen alles bedeutet, und dann ihr Buch so zu schreiben, dass es diesen Menschen gefällt. Du bist vielleicht nicht deine eigene Zielgruppe, aber hoffentlich auch nicht die Zuschauer von *Keeping up with the Kardashians* oder des Einkaufskanals.

Zum Beispiel schreibe ich jetzt dieses Buch für dich. Ich habe keine Ahnung, ob Dutzende, Hunderte oder Tausende Exemplare verkauft werden. Ich weiß nicht, ob es unbeachtet bleibt oder ein breiteres Publikum findet, und würde gerne in jedem Fall glücklich sein. Aber es gibt zwölf Menschen, deren Meinung mir wichtig ist: John Gray, Tim Ferris, Lynn Twist, Michael Pollon, Alex Ebert, Charles Eisenstein, Chameli Ardagh, David Suzuki, Steve Kotler, Jean Houston, Barbara Marx Hubbard, Malcolm Gladwell.

Wenn diese Leute das Buch lesen und es ihnen gefällt, macht mich das zufriedener, als wenn ich den ersten Platz auf einer Bestsellerliste erreiche.

Ich bitte dich jetzt, dasselbe zu tun, wenn du gerade an einem Projekt arbeitest oder gerne an einem arbeiten würdest, um die Entwicklung der Menschheit voranzubringen. Wessen Meinung würde dir viel bedeuten? Wähle zehn Menschen. Denk dabei an Menschen, die schon etabliert sind und deren Werk du am meisten bewunderst. Nimm sie als Maßstab, während du an deinem Projekt feilst, damit du wirklich das gibst, wofür du geboren bist.

Wie wäre es, wenn einer oder alle von ihnen sagen würden: „Ja! Es ist brillant!" Dann lebst du nicht nur in einem Vakuum kreativer Impulse, sondern es hält dich gleichzeitig davon ab, daran zu denken, wie du möglichst viel Geld verdienen kannst.

Wenn du den zarten Regungen ursprünglicher kreativer Impulse treu bleibst, die in dir den Weg an die Oberfläche suchen, werden dir angesichts der Befriedigung, die dir diese Integrität verschafft, finanzieller Gewinn und Popularität zweitrangig erscheinen. Du verkaufst vielleicht Millionen Exemplare wie Eckhart Tolle, der diesem Prinzip folgte. Vielleicht bleibst du auch unbeachtet wie Henry David Thoreau. Jedenfalls wirst du deinem Herzen treu bleiben, statt auf den Strich zu gehen: als Prostituierte oder Stricher des Wortes.

Kapitel 22
Brillantes Mentoring und Coaching

Wenn es einen gemeinsamen Faden gibt, der alle brillanten Menschen verbindet, die ich kennengelernt, mit denen ich gearbeitet und die ich interviewt habe, ist es die Erkenntnis, dass wir Menschen brillanter, kreativer und leuchtender sind, wenn wir Unterstützung bekommen und zusammenarbeiten. Brillante Menschen sind keine Experten, sondern lebenslang Lernende. „In Zeiten drastischer Veränderungen sind es die Lernenden, die die Zukunft erben", schreibt Eric Hoffer in seinem Buch *Reflections on the Human Condition*. „Die Gebildeten stellen für gewöhnlich fest, dass sie für eine Welt gerüstet sind, die nicht mehr existiert."

Bis in die frühen 1990er bezog sich das Wort „Coaching" nur auf Sport. Wenn jemand vorher sagte: „Ich bin Coach", war die einzig sinnvolle Reaktion: „Welche Sportart?". Es war Thomas J. Leonard, der mit einer Gruppe von Freunden zusammen erkannte, dass Sport einer der wenigen Bereiche menschlicher Aktivität ist, in denen ständig bessere Leistungen erbracht werden. Das gilt nicht für Musik, man kann nicht sagen, dass Musik heute unendlich viel besser ist als das, was Mozart produziert hat. Es gilt nicht für Malerei, wir können nicht sagen, dass Leonardo da Vinci im Vergleich zu heutiger Kunst ein Amateur ist. Es gilt sicher nicht für Religion. Aber alle vier Jahre werden bei den Olympischen Spielen neue Rekorde aufgestellt. Menschen laufen schneller, springen höher und zeichnen sich jedes Jahr durch Verbesserung der körperlichen Leistungsfähigkeit aus. Th. J. Leonard wurde klar, dass das in hohem Maße auf die Beziehung zwischen einem Athleten oder einem Team mit seinem Coach zurückzuführen ist.

Coaching ist etwas ganz anderes als Unterrichten. Ein Lehrer zeigt, wie etwas gemacht wird, sodass du es nachahmen kannst. Ein Coach erkennt dein Potenzial, das, was du erreichen kannst, und steht dir dann ermutigend zur Seite, um dieses Potenzial zu entfalten. Ein Coach sagt: „Erzähl mir mehr darüber – über die Idee, die du gerade angesprochen hast."

Rudolf Steiner war der ursprüngliche Begründer der Waldorfpädagogik, die heute zunehmend populär ist. Die erste Schule wurde in der Waldorf-Astoria-Zigarettenfabrik in Stuttgart eingerichtet, wo Steiner gebeten worden war, eine Schule für die beschäftigten Arbeiter zu betreuen. Steiner wies die Lehrer an, jeden Abend, bevor sie ins Bett gingen, eine Art Visualisierung durchzuführen. Sie sollten sich jedes Kind in der Klasse ins Bewusstsein rufen und dann an die Kinder denken, nicht, wie sie gerade waren, sondern wie sie aufgrund ihres Potenzials sein könnten. Meine Kinder hatten das Glück, auf eine Schule zu gehen, die auf diese Grundsätze gegründet ist. Die Lehrerin meines älteren Sohnes, Carol Nemec, befolgte Steiners Rat jeden Abend. Die acht Jahre, die er in ihrer Klasse war, rief sie jeden Abend von jedem Kind ein Bild in sich wach, dachte dann an das Potenzial des Kindes und stellte es sich voll entfaltet vor. Heute sind all diese Kinder erwachsen. Manche wurden Künstler, manche Schriftsteller, einer hat eine eigene Firma gegründet. Nicht einer von ihnen hat einen „Boss".

Genau das ist das Ziel von Coaching und Mentoring: Jemand sieht durch deine Ängste, durch dein beschränktes Selbstbild hindurch in dein wahres Potenzial, umschmeichelt, ermutigt, preist und feiert es, damit es sich voll entfaltet.

Den richtigen Coach finden

Heute bieten so viele Menschen so viele Arten von Coaching an, dass man oft ratlos ist, für wen man sich entscheiden soll. Hier ein ganz einfaches, verlässliches Rezept. Der Schlüssel ist, jemanden zu finden, der etwas beherrscht, worin man ebenfalls gut sein will, und der das immer noch leidenschaftlich gerne tut. Er muss sich dafür noch begeistern können. Wenn du beispielsweise ein Buch schreiben willst, lass dich von jemandem coachen, der erfolgreich Bücher geschrieben hat, der immer noch schreibt, immer noch gefordert und motiviert ist.

Sehen wir uns an, wer im Gegensatz dazu kein guter Coach ist. Willst du ein Buch schreiben, lass dich nicht von jemandem coachen, der noch nie ein Buch geschrieben hat und es anstrebt, genau wie du. Die Person kann dir nicht helfen, denn sie hat es noch nicht bewerkstelligt.

Andererseits lass dich nicht von jemandem coachen, der das, was du anstrebst, vor einigen Jahren erreicht hat, den es jetzt aber langweilt. Ein guter Coach muss deine Leidenschaft teilen. Wenn die Leidenschaft verflogen und nur noch die Erinnerung da ist, bekommst du erinnerte Informationen, aber nicht die ansteckende Begeisterung, die du brauchst.

John Gray zum Beispiel ist einer der besten Beziehungscoachs, die es gibt. Wenn du verheiratet bist und an deiner Ehe arbeiten willst, ist John der perfekte Kandidat, denn seine eigene Ehe mit Bonnie ist liebevoll und glücklich. Sie ist bis heute aufregend für ihn, manchmal ist er gefordert und er arbeitet ständig daran, sie noch besser zu machen. Gay und Kathleen Hendricks sind aus demselben Grund ebenfalls großartige Beziehungscoachs. Ihre Beziehung ist wundervoll und leidenschaftlich und beide finden sie immer noch aufregend.

Andererseits halte ich es für keine gute Idee, sich in Beziehungsangelegenheiten von jemandem coachen zu lassen, der Single ist oder gerade geschieden wurde, auch nicht von jemandem, dessen Ehe zwar „in Ordnung" ist, aber nicht mehr als Herausforderung angesehen wird und ohne Leidenschaft ist.

Einer – wie ich finde – der derzeit besten Coaches ist Dave Ellis. Er hat das Buch *Life Coaching* geschrieben und ist Autor von *Becoming a Master Student*, dem meistverkauften Collegelehrbuch aller Zeiten. Dave hat einen Ökonomen aus Bangladesh namens Muhammad Yunus gecoacht, der später den Nobelpreis bekommen hat. Dave hat Lynn Twist gecoacht, die später die Pachamama Alliance gegründet und an der Neufassung der ecuadorianischen Verfassung mitgewirkt hat, um den Amazonas-Regenwald zu schützen. Dave hat die Geschäftsführer und Vorsitzenden der größten Non-Profit-Organisationen wie Save the Children und CARE gecoacht. Jeder, mit dem Dave Ellis arbeitet, ist anschließend maßgeblich daran beteiligt, die Welt zu einem besseren Ort zu machen.

Damit man maximal von einem Coaching profitiert, muss man nicht nur den richtigen Coach finden, sondern auch die richtige Einstellung dazu haben. Selbst der beste Coach der Welt kann dir nicht helfen, wenn du nicht vollkommen einverstanden bist, und selbst ein mittelmäßiger Coach kann eine große Hilfe sein, wenn du brennst. Erinnerst du dich an die Analogie zum Sport? Es ist genau dasselbe. Ein hervorragender Coach kann dir nicht dazu verhelfen, die Olympischen Spiele zu gewinnen, wenn du nicht bereit bist, jeden Tag hart zu trainieren, und die richtige Einstellung entwickelst.

Der erste Schritt ist, sich „Standardeinstellungen" bewusst zu machen, die du vielleicht mitbringst, häufig sind es dieselben, die du aus Gewohnheit generell zum Leben hast. Wenn es dir schwerfällt, sie allein zu erkennen, bitte nahe Freunde und Kollegen um Feedback und fordere sie auf, ehrlich zu sein.

Hier einige verbreitete „Standardeinstellungen":

- Skepsis: *Ich werde nichts von all dem hier glauben, bis du es mir beweist. Wenn du mir zeigst, dass es stimmt, mach ich mit.*
- Widerstand: *Du überzeugst mich nicht, bei mir funktioniert nichts. Das wird wahrscheinlich nicht gelingen.*
- Überheblichkeit: *Ich weiß viel mehr darüber als du. Ich bin unglaublich gut ausgebildet und qualifiziert. Du weißt eigentlich nicht, wovon du redest. Du bist inkompetent.*
- Sachkenntnis: *Ich habe das seit Jahren studiert, ich kenne alle Studien.*
- Passivität: *Ich hoffe, dass das funktionieren wird, ich muss mehr Geld verdienen. Wie lange wird es dauern, bis das Coaching wirkt?*
- Opferhaltung: *Ich wünsche mir, dass es funktioniert, aber mein Vater*

war äußerst grausam und autoritär, als ich ein Kind war, und deshalb habe ich eine ausgeprägte Neigung, alles zu sabotieren. Ich bin verletzt und geschädigt.

- Sich treiben lassen: *Ich bin offen für alles, was kommt. Ich habe keinen bestimmten Plan oder erwarte bestimmte Ergebnisse. Ich bin wirklich für alles offen.*
- Anerkennung suchen: *Ich habe alle Übungen gemacht, die Sie empfohlen haben, und noch mehr. Ich lese alles, was Sie empfehlen, dreimal. Es ist erstaunlich. Sie sind erstaunlich. Ich denke, Sie sind der beste Coach, den man sich vorstellen kann. Ich profitiere so stark von Ihnen.*
- Unbeschwert und humorvoll: *Ich war noch nie ein Freund von Produktivität, hab lieber Bier getrunken und Chips gegessen. Aber hey, zum Teufel, man sollte alles einmal ausprobieren. Diese ganze Coachingsache wird bestimmt lustig.*
- Vergleich: *Es hat mich interessiert, was Sie über verleugnete Anteile gesagt haben und dass man mit ihnen sprechen sollte, um Widerstand zu überwinden. Ich habe damals Gestalt bei Fritz Paul gelernt und kenne mich auch mit Teilpersönlichkeiten aus.*
- Voreilig handeln/sich zu früh freuen: *Ich habe ein großartiges Gefühl bei diesem Coaching, ich brenne total. Alles ist großartig, ich bin total inspiriert und finde es gut. Ich spüre keinen Widerstand, wir haben in zwei Wochen alles erreicht, was ich wollte.*
- Neugier: *Erzählen Sie mir mehr über das, was Sie gerade gesagt haben. Ich durchschaue es im Moment nicht ganz, aber ich würde gerne tiefer blicken.*

Die richtige Einstellung

Wenn du dir die Haltung bewusst machst, die du zum Coaching mitbringst, die du wahrscheinlich auch generell zum Leben hast, sorgt allein schon dieses Bewusstsein dafür, sie aufzulösen. Dann kannst du beginnen, eine Haltung zu entwickeln, die funktioniert, die dich bereit fürs Coaching macht. Meistens müssen dazu scheinbare Gegensätze geschickt im Gleichgewicht gehalten werden:

- Wille/Offenheit: Du bist konzentriert und entschlossen, zu einem Ergebnis zu kommen, aber gleichzeitig offen für alles, was dir auf dem Weg begegnet.

- Verantwortungsvoll/empfänglich: Du bist bereit, die volle Verantwortung für den Prozess und das Ergebnis zu übernehmen, und gleichzeitig bereit, auf deinen Coach zu hören und Aspekte zu bedenken, die du vielleicht übersehen hast.

- Entschieden/neugierig: Du bist dir dessen, was du für wahr erkannt hast, und der Früchte eines Experimentierens sicher und willst gleichzeitig die Meinung deines Coachs hören.

Lass dich von Anfang bis Ende coachen

Brillante Menschen, die außerordentlich viel bewegen, installieren häufig Hilfskanäle, bevor ein Projekt überhaupt in Angriff genommen wird. Zuerst engagieren sie einen Coach, dann entscheiden sie gemeinsam, wie das Projekt aussehen könnte. Der Coach sollte der erste Punkt in deinem Budgetplan sein und das Erste, wofür du bezahlst, wenn du die Geldmittel hast. Menschen, die in hohem Maße vom Coaching profitieren, vertrauen demselben Coach von Anbeginn des Projekts, bis es abgeschlossen ist. Wenn du Zweifel hast, ob du den richtigen Coach gewählt hast, geh damit um wie mit Bindungsangst vor der Hochzeit oder kurz danach. Es ist ganz natürlich, dass dein Engagement wackelt, aber du musst daraus nicht die Notwendigkeit ableiten, zu handeln oder Entscheidungen zu treffen. Wenn du den richtigen Coach findest und dich verpflichtest, ihn das ganze Projekt hindurch zu behalten, wird das sicher die strahlendste Brillanz aus dir herausholen.

KAPITEL 23
Hier geht es nicht um dich

Das meiste, was wir bis hier über radikale Brillanz gesagt haben, bezieht sich auf die Vorteile, die du davon hast. Aber das alles hat noch eine andere Dimension, die über dich und dein Leben– ja sogar dein Lebensziel und deine Gabe hinausgeht, wo meine und deine und seine und ihre Bedeutung nahezu in Vergessenheit gerät. Nichts deutet darauf hin, dass es schon einmal eine Zeit wie diese gab, in der das Handeln einer einzigen Art nicht nur unseren Lebensraum, sondern das Gleichgewicht vieler anderer Lebensformen zu zerstören droht. Die meisten Menschen erkennen, dass wir mit verschiedenen Krisen beispiellosen Ausmaßes konfrontiert sind: globale Erwärmung, Terrorismus, finanzielle Ungleichheit, Abnahme der Ölproduktion, Verunreinigung natürlicher Ressourcen und viele mehr. Sie alle haben gemeinsam, dass wir für keine eine fertige Lösung haben. Die Zukunft sieht salopp ausgedrückt ein bisschen wacklig aus. Wir erinnern uns an Einstein: Ein Problem kann nicht im selben Bewusstsein gelöst werden, in dem es entstanden ist. All die Herausforderungen und Probleme, mit denen wir konfrontiert sind, wurden durch eine bestimmte Art zu denken geschaffen und sie werden irgendwann durch das Einschreiten einer weiterentwickelten Art zu denken gelöst werden – und mehr Menschen werden sichtbar, die brillante Ideen haben.

Das ist eine große Sache. Wenn es sich um den Keller deines Hauses handelte, der Trockenfäule hat, wäre es vielleicht etwas anderes. Du könntest versuchen, ihn sanieren zu lassen. Würde das nicht gelingen, könntest du umziehen und die Versicherung würde vielleicht sogar einspringen. Wenn es die Nachbarschaft wäre, in der du lebst, könntest du in einen anderen Stadtteil übersiedeln oder in eine andere Stadt, einen anderen Staat, sogar ein anderes Land. Aber wenn es der Planet ist, auf dem wir leben, wird es ernster. Die meisten von uns haben kein verlässliches Bewusstsein von etwas anderem. Dies ist alles. Dies ist zu Hause. Das ist alles, was wir in unseren Erinnerungsspeichern haben.

Im späten 19. Jahrhundert, als immer mehr Menschen aufgrund der industriellen Revolution in große Städte zogen, hatte man Schwierigkeiten wegen der vielen Pferde auf den Straßen. In London gab es ungefähr 11.000 von Pferden gezogene Hansom-Taxis, ebenso wie einige Tausend von Pferden gezogene Busse. Insgesamt gab es mehr als 50.000 Pferde, die die Menschen jeden Tag durch die Stadt transportierten. Das sorgte für große Probleme: Ein Pferd produziert durchschnittlich 16 Kilogramm Mist am Tag. Der zieht Fliegen an, die Typhus und andere Krankheiten verbreiten. Ein Pferd produziert täglich ungefähr drei bis sechs Liter Urin. Das sind insgesamt 150.000 bis 300.000 Liter. Die *Times* (keine geringere) prophezeite 1894, dass „jede Straße in London in 50 Jahren unter fast drei Metern Dung begraben sein würde". Es war absolut keine Lösung in Sicht. Die Menschen waren alle dazu verdammt, in Sch... begraben zu werden. Denselben Eindruck haben manche Menschen übrigens im Hinblick auf die Politik in Amerika. Natürlich hat niemand Henry Ford vorausgesehen und die Produktion motorisierter Fahrzeuge zu erschwinglichen Preisen. 1912 war das Problem gelöst. Aller Ärger und alle Sorge waren umsonst. Natürlich hat der Verbrennungsmotor ein noch größeres Problem geschaffen, um das sich vielleicht Elon Musk und seine Freunde bei Tesla kümmern werden. So war es immer: Wir lösen und überwinden unsere Probleme und entwickeln einen komplexeren, differenzierteren Zustand, indem Menschen Ideen dazu haben.

Du bist unbedeutend. Du bist essenziell.

Es gibt zwar erst seit 5000 Jahren Schriftzeugnisse, Homo sapiens ist in seiner jetzigen Form jedoch seit ungefähr 20.000 Jahren auf diesem Planeten. Lebende Organismen in der einen oder anderen Form gibt es hier seit vier Millionen Jahren. Unsere Lebensdauer von ungefähr 80 Jahren ist nicht einmal ein Augenblinzeln im Verhältnis zur ganzen Geschichte vom Wunder des Lebens auf der Erde, nur ein 50 Millionstel. Wenn die ganze Geschichte die Entfernung von San Francisco nach Los Angeles wäre, wären dein und mein gesamtes Leben weniger als ein vierzigstel Zentimeter. Dieser kleine Fels bewegt sich um die Sonne, die nur eine von Milliarden von anderen Sonnensystemen ist und sich in der Milchstraße befindet. Astronomen schätzen, dass es ungefähr 100 bis 200 Milliarden Galaxien im Universum gibt. Wenn wir diese Zahlen betrachten, beginnen wir uns klein zu fühlen und unser individueller Lebensweg erscheint komplett unbedeutend.

Denk an einen riesigen Fluss wie den Mississippi oder den Ganges in Indien und stell dir ein einzelnes sich bewegendes Wassermolekül im Verhältnis zum Ganzen des Flusses und seiner Reise vor. Das eine Molekül ist unbedeutend für die Reise des Flusses. Wenn du es herausschöpfen würdest, würde der Fluss unbeschadet weiterfließen. Und dennoch: ohne Wassermoleküle kein Fluss. Jedes einzelne Molekül ist ein Teil der Bewegung des Flusses. Genauso ist es mit dir und mir: Deine Brillanz und dass du ein Leben lebst, das zulässt, dass diese Brillanz dich durchströmt, ist ein winziger Beitrag zur Entwicklung der Menschheit. Im Verhältnis zur ganzen Geschichte in gewisser Hinsicht unbedeutend und irrelevant, aber zugleich essenziell, insofern deine Brillanz und seine Brillanz und ihre Brillanz und die Brillanz aller zusammen für die Entwicklung der Menschheit wesentlich ist.

Und jetzt denk an den Zustand dieses Planeten: globale Erwärmung, wirtschaftliches Ungleichgewicht, Terrorismus, unnötige Kriege, Kindesmissbrauch, häusliche Gewalt. Aus einem bestimmten Blickwinkel könnte man sagen, gegenwärtig ist alles perfekt, aber wir sind intelligent genug, um zu sehen, dass wir in Zeiten ungeheuren Ungleichgewichts leben. Es besteht die dringende Notwendigkeit – und dies ist ein Aufruf an dich und mich und jeden, den wir kennen – vorzutreten und unser Bestes zu geben, die möglichst beste Version von uns, die beste Gabe in diesem Leben zu geben. Die Überlegung, dass du klein und dennoch wichtig bist, damit die Menschheit die Dringlichkeit der Probleme in diesen schnelllebigen Zeiten erkennt, stellt radikale Brillanz in einen ganz neuen Zusammenhang. Du trittst hervor, du benutzt die hier beschriebenen Übungen nicht nur, um deinen Lebensweg, deine Sehnsüchte zu erfüllen, sondern du setzt dich auch für deine Kinder, deine Enkel und unzählige Generationen danach ein.

Wie, denkst du, wird das Problem der globalen Erwärmung gelöst? Wahrscheinlich nicht durch göttliche Einmischung, wahrscheinlich nicht mit der Zeit von allein, wahrscheinlich wird die globale Erwärmung durch einen oder mehrere gelöst, die brillante Ideen zu unserem Energieverbrauch haben. Wie, glaubst du, wird finanzielle Ungleichheit, wirtschaftliches Ungleichgewicht in der Welt gelöst werden? Wahrscheinlich nicht durch Abwarten. Wahrscheinlich durch jemanden wie Muhammad Yunus, der einen Nobelpreis für seine Arbeit mit Kleinkrediten erhielt, jemand, der eine so brillante Idee hat, dass finanzielle Ungleichheit ein für alle Mal überwunden ist. Wie wurden Pocken ausgerottet? Wie wurden viele Krankheiten ausgerottet? Weil Menschen brillante Ideen hatten. Einsteins Ideen haben die Quantenphysik maßgeblich beeinflusst und hatten praktische Auswirkung darauf, wie wir heute Energie nutzen. Albert Einstein erfüllte sich nicht nur seinen eigenen Lebenstraum, sondern leistete einen enormen Beitrag für die Zukunft der Menschheit.

Lynne Twist hat ihr Leben vollständig dem Ende von Armut und Hunger gewidmet. Sie ist eine der Gründerinnen der Pachamama Alliance und unterstützt zusammen mit ihrem Mann weltweit große Projekte für soziale Gerechtigkeit und ökologische Nachhaltigkeit. Lynne ist ein mutiges und inspirierendes Beispiel dafür, sein Leben hinter „mein" und „meine Bedürfnisse" zu stellen. Ich fragte sie danach, was es bedeutet, ein solches Leben zu führen. Sie antwortete: „Wir Menchen wollen mit unserem Dasein hier einen Unterschied bewirken. Das allein ist die tiefsinnigste Art zu leben. Danach sehen wir uns alle mehr als nach irgendetwas anderes. Es wird gesagt, dass es unumgänglich ist, Nahrungsmittel und Schutz zu haben, dass das an erster Stelle steht. Das erscheint logisch, aber ich kann dem nicht zustimmen. Ich habe meine Zeit mit Menschen in Bangladesh verbracht, die schutzlos waren und seit Tagen nichts gegessen hatten – ihr primärer Wunsch war, einen Unterschied in der Welt zu bewirken. Das ist es, was Menschen wollen! Das ist es, was unserem Leben Bedeutung gibt! Ich selbst habe ein Leben gewählt, in dem ich mich und meine Bedürfnisse unterordne – es geht um mehr und so habe ich mich etwas *Größerem* verpflichtet. Das bedeutet nicht, dass es dabei keine Probleme oder Kämpfe gäbe, denn es führt dich in ein Leben, das du niemals planen kannst. Es hat nichts mit Ehrgeiz zu tun, sondern einzig und allein mit Hingabe und Aufgabe. Und diese totale und bedingungslose Kapitulation wird dich dorthin führen, wo dir *alles* gegeben wird."

Deine Vision von der Zukunft

Mein Freund Dave Ellis unterstützt gerne Menschen, die Zukunft zu planen. Er fordert dich auf, zunächst deine eigene Zukunft zu planen. Was würdest du in zwei Jahren gerne tun, wie viel Geld würdest du gerne verdienen, wo würdest du gerne wohnen? Dann rät er dir, einen Fünf-Jahres-Plan zu erstellen und, was du heute tust, daraufhin auszurichten. Dann wird es anspruchsvoller. Er bittet dich einen 50-Jahres-Plan zu entwickeln. Wie soll die Welt in 50 Jahren aussehen, wie sollen wir leben? Wenn du das mit 20 machst, genießt du vielleicht die Früchte deiner Vision. Wenn du es erst mit 60 machst, erlebst du es wahrscheinlich nicht mehr. Was wird in 100 oder 200 Jahren sein? Wir können mit Sicherheit sagen, dass wir dann gestorben sind. Trotzdem kannst du dir vorstellen, wie die Welt in 200 Jahren aussehen soll, und kannst das, was du heute machst, dem Ziel anpassen. Wie du lebst, kommt dann nicht nur deinem eigenen Wohlergehen zugute, sondern deinen Ur-, Ur-, Ur-, Urenkeln. Was wünschst du dir für sie?

Der Bau des Yorker Münsters begann 1220 und wurde 1472 fertiggestellt. Man brauchte also 252 Jahre zur Fertigstellung, acht Generationen. Es beherbergt einige der schönsten Bildhauerarbeiten des Mittelalters.

Ein Steinmetz hat vielleicht Jahrzehnte mit der kunstvollen Darstellung eines Löwenkopfes oder eines Engels verbracht und niemals erlebt, wie der Stein an Ort und Stelle kam. Hunderte von Handwerkern arbeiteten an der Kathedrale, aber erst die fernen Nachkommen zukünftiger Generationen konnten sie vollendet sehen.

Das ist ein Beispiel dafür, wie Brillanz von deinem eigenen Glück und finanziellen Gewinn oder dem Wunsch nach Geltung und Berühmtheit losgelöst und in den Dienst einer größeren Sache gestellt werden kann. Du spendest die Früchte deiner Arbeit Menschen, die noch nicht geboren sind.

Ich schlage vor, du nimmst dir jetzt etwas Zeit dafür, bevor du das Buch weglegst. Hast du Kinder? Liebst du sie? Willst du, dass sie gedeihen, klare Luft atmen, die größtmögliche Chance haben, ihre Kreativität und Liebe zu entfalten? Hat es dir Freude gemacht, Eltern zu sein? Wünschst du dir, dass deine Kinder dieselbe Freude erleben? Jetzt denk an deine Enkel, egal, ob schon geboren oder nicht. Was für ein Leben wünschst du dir für sie? Willst du, dass sie klare Luft atmen oder verschmutzte? Willst du, dass sie klares Bergquellwasser trinken können oder dass mehrere komplexe Filtersysteme hintereinander notwendig sind, damit sie Wasser trinken können? Willst du, dass sie um die Welt reisen und interessante Menschen kennenlernen können, ohne um ihr Leben fürchten zu müssen? Willst du, dass sie Menschen anderer Länder in die Augen sehen und mit gegenseitigem Respekt begegnen können oder dass sie sich schämen müssen wegen des Ungleichgewichts zwischen den Reichen und den Armen? Wenn du deinen Enkeln alles Gute wünschst, ob geboren oder nicht, willst du, dass sie Kinder großziehen werden? Welche Zukunft wünschst du dir für deine Urgroßenkel?

Wenn du magst, dann lies den Brief, den ich an die Enkel meiner Enkel geschrieben habe:

Ihr Lieben,

ich bin der Opa eures Opas. Ich heiße Arjuna und wurde 1957 in England geboren. Diesen Brief schreibe ich aus Kalifornien im Jahr 2018 im Alter von 60 Jahren. Natürlich bin ich längst gestorben, noch bevor ihr geboren wart.

Das Erste, was ich euch wissen lassen möchte, ist, dass ich euch über alles liebe – genauso wie ich meine beiden Söhne liebe, die ich Abbi und Shuba nenne. Bisher haben sie noch keine Kinder und ich warte täglich darauf, dass es so weit ist. Ich weiß, dass ich meine Enkel lieben werde, die eines Tages auch Kinder haben werden – und eines Tages wird eines deren Kinder dein Vater oder deine Mutter sein.

Ich interessiere mich sehr für die Welt, in der ihr einmal leben werdet. Heutzutage benehmen wir Menschen uns äußerst dumm: Wir verschmutzen die Umwelt, ohne uns darum zu kümmern, was wir euch hinterlassen. Wir schauen in erster Linie auf unseren eigenen Nutzen und übersehen dabei, wie es euch in der Zukunft ergehen mag. Mein Beitrag für eine bessere Welt ist, dass ich keine Plastiktüten benutze und ein Elektroauto fahre. Was aber noch mehr zählt, ist, dass ich alles tue, um Menschen darin zu unterstützen, brillante Ideen zu haben, damit sie Probleme lösen, anstatt mehr zu kreieren. Und damit das zukünftige Leben besser wird – für euch! Dieses Buch hier habe ich für euch geschrieben.

Manchmal blicke ich auf die Generationen zurück, die vor mir waren, und erkenne, wie viel wir heutzutage besser verstehen, als sie es taten. Auch ihr werdet möglicherweise auf unsere Generation zurückschauen und wissen, dass ihr viel mehr versteht als wir es tun. Ihr seid wesentlich weiter entwickelt und reifere Persönlichkeiten als ich es bin – ich wertschätze und ehre euch mit meiner Liebe und meinem Segen,

Eurer Ururgroßvater,

Arjuna

Wir, du und ich und die Menschen, die wir kennen, können grundlegende Entscheidungen treffen. Wir können handeln, Maßnahmen ergreifen, die die Lebensqualität noch nicht geborener Menschen bestimmen. Du liest ein Buch über radikale Brillanz und radikal gelebte Meisterschaft, also musst du jemand sein, der sich Gedanken macht, jemand, der etwas verändern will. Wie du dein Leben, deine Zeit und die Klarheit deines Bewusstseins verwendest, ist der Boden, auf dem dein Beitrag Form annehmen kann, und das wird wiederum das Leben von mehr Menschen beeinflussen, als du und ich uns vorstellen können.

Das ist eine ganz andere Dimension der Frage, warum wir unser Leben neu ordnen sollten, um die Möglichkeit zu erhöhen, von einer Intelligenz jenseits unseres Verstehens benutzt zu werden als wir selbst, sodass wir ein Louis Pasteur, ein Kopernikus, ein Muhammad Yunus oder eine Lynne Twist sein können.

KAPITEL 24
Du willst hier raus?

Glückwunsch!

Wir sind am Ende unserer gemeinsamen Reise und es ist jetzt Zeit, unsere Erfahrung zu vollenden und Pläne zu schmieden, was als Nächstes kommt.

Brillante Menschen haben eines gemeinsam: Sie wissen Erfolge und Meilensteine zu feiern und zu würdigen und Gelerntes so einzubauen und zu integrieren, dass sie es später nutzen können.

Ich lade dich deshalb ein, dass wir folgende Praktiken durchführen:

- Schritt 1:

Beginnen wir mit Einordnen.

Brillante Menschen können Vergangenes durchgehen, einordnen und integrieren, sodass sie auf das, was nützlich ist, aufbauen können und alles andere dankend ablehnen.

Du kannst das jetzt mit dem hier Gelesenen machen.

Ich schlage vor, du nimmst ein Blatt Papier und schreibst alle wichtigen Gedanken auf, an die du dich erinnerst. Das können Übungen sein, Zitate ebenso wie Grundprinzipien radikaler Brillanz. Schließe bei diesem ersten Schritt nichts aus. Schreib alles auf, an das du dich erinnerst: das Gute, das Schlechte, das Brillante und das Unwichtige. Wenn es sein muss, kannst du ein bisschen schummeln und zurückblättern, um dich an einige Themen zu erinnern, die wir behandelt haben.

- Schritt 2:

    Nun bewerte alles, was du aufgeschrieben hast, auf einer Skala von 1 bis 5 danach, wie wichtig und nützlich es für dich im Leben sein könnte.

    1 ist außerordentlich nützlich und hilfreich, ich werde es bestimmt übernehmen und sofort anwenden.

    2 ist sehr nützlich, ich will mehr darüber erfahren, weiter darüber nachdenken und es vielleicht später übernehmen.

    3 ist unentschieden. Das sind Ideen, die dir schon vertraut waren, bevor du das Buch gelesen hast, oder Ideen, die wenig Bedeutung für das Gebiet haben, auf dem du Brillanz entwickeln willst.

    4 ist keine wirkliche Zustimmung. Das ist alles, auf das du genauso gut hättest verzichten können. Es ist der Bereich: Das Buch ist in Ordnung, aber den Teil hätte ich wirklich nicht zum Leben gebraucht.

    5 ist völlig anderer Meinung zu sein. Ich bin verärgert, empört, der Teil war reine Zeitverschwendung. Ich fand es überflüssig und es widersprach vollkommen meinen Werten.

    Dann nimm dir deine Liste vor und schreibe alles, was mit 1 und 2 bewertet wurde, auf ein neues Blatt Papier, die alte Liste kannst du wegwerfen.

- Schritt 3:

    Jetzt folgt das Eingliedern.

    Überlege dir, wie du die Ideen, Übungen oder Zitate, die du mit 1 oder 2 bewertet hast, nutzen kannst.

    Welche Schritte kann ich unternehmen oder welche Verpflichtungen eingehen, um dies in mein Leben zu integrieren, solange es noch frisch in meinem Kopf ist?

    Das ist eine unglaublich nützliche Übung für jedes Seminar, Buch oder jede Dienstleistung, die darauf zielt, dich zu unterstützen, denn sie hilft dir zu entscheiden, was hilfreich ist und was nicht.

Dankbarkeit

Bei Dankbarkeit denken wir an ein Gefühl als Reaktion auf etwas besonders Schönes, das uns zuteil geworden ist. Das ist eine sehr passive Auffassung von Dankbarkeit: Wir haben auf das Ereignis keinen Einfluss gehabt und ebenso unkontrolliert war die emotionale Reaktion. Du kannst Dankbarkeit aber auch bewusst praktizieren.

Ein Beispiel: Wenn du an einem Seminar teilnimmst, wird dir mit Sicherheit einiges gefallen und anderes nicht. Aufgrund unserer kritischen Einstellung, die in unserer Kultur weitverbreitet ist, werden wir uns oft nur auf die Dinge konzentrieren, die uns nicht gefallen, und entsprechend ein Feedback geben, dass es hätte besser sein können. Das heißt jedoch, dass du dich auf all das konzentrierst, was du nicht übernehmen willst, statt auf das, was dir gefallen hat. Dankbarkeit bewirkt genau das Gegenteil. Indem du deine Aufmerksamkeit in einem Seminar darauf richtest, was nützlich für dich ist, den Rest außer Acht lässt und dich dann offen dafür bedankst, ist es so, als würdest du es viel gründlicher aufnehmen.

Dankbarkeit ist so ähnlich wie Verdauungsenzyme einzunehmen, wenn du eine schwere Mahlzeit zu dir genommen hast. Das Essen wird leichter bioverfügbar. Wofür auch immer du ausdrücklich dankbar bist: Es wird dir leichter für Brillanz zur Verfügung stehen und nützlicher für dich sein.

Um mein Buch nun abzuschließen: Bitte übernimm alles, was dich unterstützt und bau es in deine Lebenspraxis ein.

Wenn dich eine oder mehrere der genannten Personen inspiriert hat, dann kannst du sie vielleicht ausfindig machen, ihre Website anschauen und dir sogar vornehmen, dich intensiver mit ihr zu befassen und noch mehr von ihr zu lernen – vielleicht lädst du sie ja auch zum Essen ein ...

Danke, dass du bis hierher gelesen hast. Auf der nächsten Seite findest du Möglichkeiten, die nächsten Schritte zu machen.

Die nächsten Schritte

Wenn es dich reizt, tiefer in die Erforschung der radikalen Brillanz einzusteigen, gibt es dafür unterschiedliche Möglichkeiten. Im Buch konnte ich dir nur einen Ausschnitt zeigen, einen Geschmack davon geben. Mehr Informationen, Videos, Audios, Termine und Listen mit ausgebildeten Coaches findest du auf der Website **radicalbrillance.com**, wo du dich auch registrieren kannst, um noch detailliertere Informationen zu erhalten.

Du kannst auch Mitglied unserer *Radical-Brilliance-Communitiy* werden.

Wenn du mich treffen und unter persönlicher Anleitung praktizieren möchtest, biete ich in vielen Teilen der Welt regelmäßig Praxisretreats an. Während eines solchen Retreats benutzen wir die Werkzeuge für radikale Brillanz, um bestimmte Phasen des Kreislaufs zu aktivieren und mit Energie aufzuladen. Du kannst dich von mir in Einzelgesprächen coachen lassen oder ich kann dich an einen der Menschen weiterleiten, die ich ausgebildet habe.

Schließlich haben wir auch ein Trainingsprogramm, um Menschen darauf vorzubereiten, Coachs für radikale Brillanz zu werden. Es handelt sich nicht um ein Coachingtraining für Einsteiger, sondern setzt einige Erfahrung in der Arbeit mit Menschen voraus. Wenn du schon Coach, Berater, Psychologe oder Trainer bist oder auf andere Weise mit Menschen arbeitest, ist das vielleicht etwas für dich.

Jetzt bin ich an der Reihe, mich zu bedanken.

Stell dir vor, du schmeißt eine große Party, mit Luftballons und Girlanden, köstlichem Essen und vielleicht sogar einer Band – und dann kommt niemand. Wäre das nicht traurig? Nachdem du so viel Energie in die Vorbereitung gesteckt hast, damit die Gäste Spaß haben, wäre deine ganze Mühe umsonst.

Indem du dieses Buch zu Ende gelesen hast, hast du meinem Leben mehr Tiefe, Sinn und Zweck gegeben. Fast alle Freude, die es bringt, ein

Buch wie dieses zu schreiben, rührt vom Nutzen, den es für andere hat. Danke, dass du es gelesen hast.

Ich würde mich aufrichtig freuen, deine Kommentare auf meiner Facebookseite zu lesen: **Facebook.com/arjunardagh** und tue mein Möglichstes, alles zu lesen und zu beantworten.

Möge die brillante Gabe, die bei deiner Zeugung in dir gesät wurde, auf deinem Lebensweg reichlich Früchte tragen.

Mögest du den Mut, die Energie und den Humor haben, die Gabe, die in dir schlummert, voll zu entfalten.

Vita

Arjuna Ardagh ist Autor, Speaker und Coach. In den letzten 25 Jahren hat er mehr als 2000 Menschen ausgebildet, ist weltweit als Referent aufgetreten und hat neun Bücher publiziert – darunter den internationalen Bestseller „Die lautlose Revolution".

Mit seiner humorvollen, eloquenten und professionellen Art begeistert und inspiriert er, wo auch immer er ist.

Sein Coaching ist sowohl individuell als auch in Organisationen gefragt. Arjuna Ardagh tritt als Sprecher bei Konferenzen in der ganzen Welt auf und ist in Fernseh- und Radiosendungen sowie in Printmedien in mehr als 10 Ländern präsent.

Er ist Mitglied des Transformational Leadership Council.

Gemeinsam mit seiner Frau Chameli lebt er in Nevada City, Kalifornien.

www.radicalbrilliance.com
www.arjunaardagh.com

Bücher von Arjuna Ardagh

Relaxing into Clear Seeing (1997)

How About Now (1998)

The Last Laugh (2003

The Translucent Revolution (2005)

Leap Before You Look (2007)

Let Yourself Go (2008)

Better than Sex (2013)

Conscious Men (2015) mit John Gray

Deutsch:

Warum nicht jetzt? (2001)

Die lautlose Revolution (2006)

Besser als Sex (2014)

Wie Männer zu sich selbst finden (2017) mit John Gray

Dr. David R. Hawkins: Heilung und Genesung
Ein praktisches Handbuch, das klinisch erprobte Selbst-Heilungsmethoden bereitstellt, die einem ermöglichen, die Verantwortung für die eigene Gesundheit zu übernehmen, um ein glückliches, gesundes und erfüllendes Leben zu führen. Es wird die Bedeutsamkeit betont, spirituelle Übungen in die eigenen Genesungsprogramme zu integrieren. Ein wichtiges Buch im Kontext eigenverantwortlicher Heilung.
504 Seiten, Hardcover, ISBN 978-3-931560-24-9

Dr. David R. Hawkins: Loslassen. Der Pfad widerstandsloser Kapitulatiion
Beschreibt eine einfache und effektive Methode, mit der man sich von aller Negativität befreien kann und alle Hindernisse auf dem Weg zur Befreiung loslassen kann. Es ist ein außerordentliches Hilfsmittel für alle Bereiche des menschlichen Lebens: für Gesundheit, Kreativität, Erfolg, Heilung, Beziehungen, Erfüllung und spirituelles Wachstum. Dr. Hawkins` letztes und bestes Werk (wie viele Leser sagen).
504 Seiten, Hardcover, ISBN 978-3-931560-25-6

Dr. David R. Hawkins: Erleuchtung ist möglich - Wie man die Ebenen des Bewusstseins durchschreitet
Ein praktisches Handbuch, in dem der Autor bei seiner mittlerweile weltweit bekannten „Tafel der Bewusstseinsebenen" anknüpft. Er erklärt ausführlich deren Erscheinungsbilder, Auswirkungen und den Weg zu ihrer Überwindung. Die Leser erhalten Anleitungen, um den eignen Standort zu erkennen, ihre Ziele zu definieren und zu erreichen.
447 Seiten, Hardcover, ISBN 978-3-931560-21-8

Dr. David R. Hawkins: Hingabe an Gott - Der mystische Weg aus der Dualität
Stellt von Anfang an wesentliche und fortgeschrittene Lehren und Informationen für die spirituelle Entwicklung des Suchenden zur Verfügung. Der Inhalt ist weder Philosophie noch Metaphysik, weder Pädagogik noch Theologie, sondern ein Auszug der innersten Wahrheiten spiritueller Realität, wie sie nach und nach erkennbar und durch Erfahrung verstehbar werden, je weiter man dem Pfad folgt. David Hawkins schreibt: „Der wirkliche Autor dieses Buches ist Bewusstsein selbst."
328 Seiten, Hardcover, ISBN 978-3-931560-22-5

Empfehlungen aus dem Sheema Medien Verlag

Dietrich Wild: Der Tigerbericht (Hörbuch)
Eine poetisch-musikalische Reise in die Wüste Sinai - übermittelt von Shunryu Suzuki-roshi, aufgeschrieben und erzählt von Dietrich Wild, mit optimal abgestimmter Musik von Al Gromer Khan. *„Wenn du vollkommen still wirst, hörst du alles!"*
Doppel-CD, Spieldauer: 108 Min., ISBN 978-3-931560-18-8

Sabine Treeß: Dem Ruf der Seele folgen - Releasing und schamanische Reisen
Was ist meine Berufung? Wie kann ich das verwirklichen, was ich schon lange in mir erahne? Folge dem Ruf Deiner Seele – nur Mut! Ein Praxisbuch mit Anleitungen für den Loslassprozess mit sich selbst, Anregungen für schamanische Seelenreisen in die nicht-alltägliche Wirklichkeit und einer CD mit angeleiteten schamanischen Trommelreisen für den Einstieg und einer Trommelsequenz ohne Text für die weiteren Reisen. Farbig illustriert
184 Seiten, Hardcover, ISBN 978-3-931560-28-7

Jim Dreaver: Frei von Geschichten leben
Es braucht drei Schritte, um unserem Leben eine neue Richtung zu geben: Sei präsent mit deinen Erfahrungen, nimm deine persönliche Geschichte dazu wahr und erkenne die Wahrheit. Einfach und präzise beschreibt Jim Dreaver anhand seiner eigenen Entwicklung, wie es gelingen kann, ganz in der Gegenwart anzukommen und auch die schwierigsten Herausforderungen mit neuen Augen zu sehen. Carlos Santana hat das Buch gelesen und empfiehlt es!
240 Seiten, Paperback, ISBN 978-3-931560-43-0

Bücher. Aus Liebe.
www.sheema-verlag.de
www.facebook.com/Sheema-Verlag

Besuchen Sie unsere Homepage,
dort finden Sie weitere Bücher, Hörbücher und CDs.
Wir freuen uns auf Sie!

www.sheema-verlag.de

KONTAKT

Sheema Medien Verlag
Bücher. Aus Liebe.

Hirnsbergerstr. 52
D - 83093 Antwort

Tel.: 0049 - (0)8053 - 7992952
Fax: 0049 - (0)8053 - 7992953

E-Mail: info@sheema.de

http://www.sheema-verlag.de

MÖGEN ALLE WESEN GLÜCKLICH SEIN